東南アジア占領と日本人

戦争の経験を問う

東南アジア占領と日本人

帝国・日本の解体

中野 聡

岩波書店

目　次

＊読みやすさを考慮し、引用史料は常用漢字に改め、平仮名・現代仮名遣いに直した。また強調のための傍点は引用者によるものである。それ以外の引用者による補足は〔 〕で示した。

装丁＝虎尾 隆

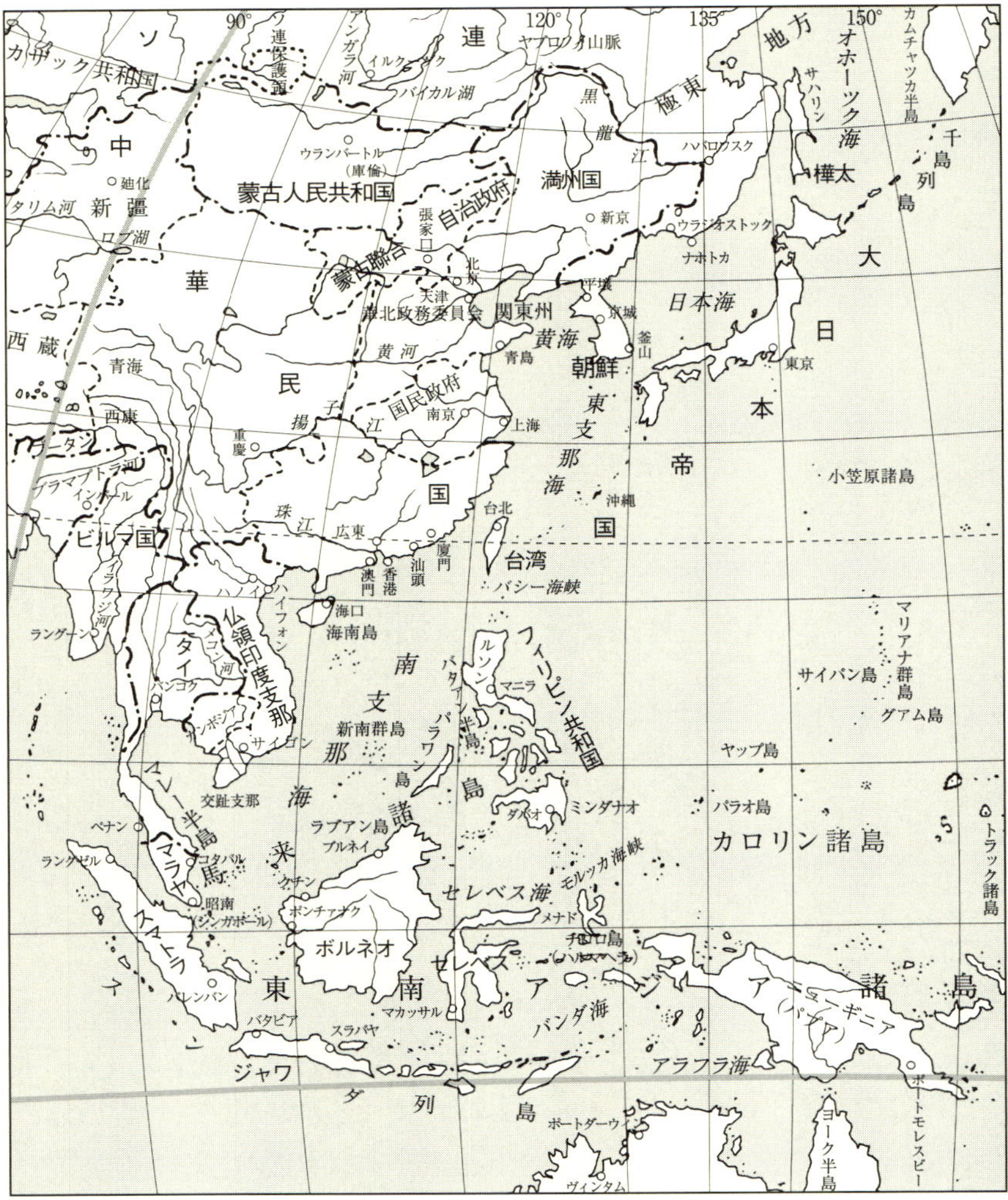

1944年頃の「大東亜共栄圏」

序章

歴史経験としての東南アジア占領

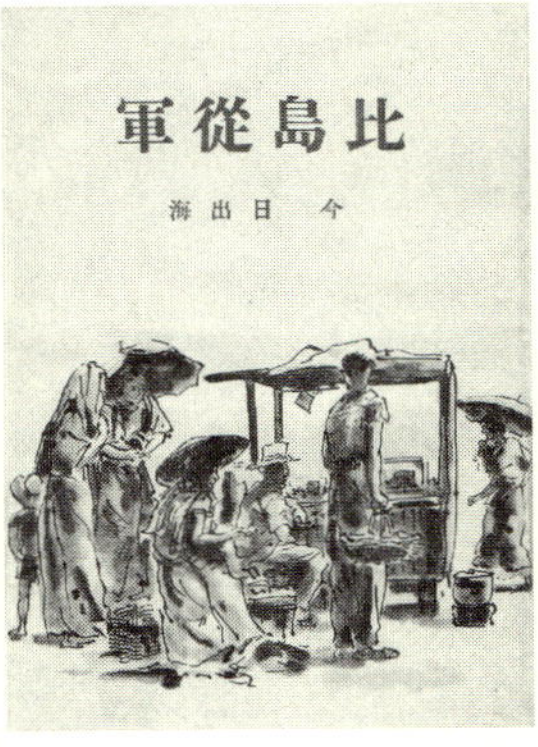

今日出海『比島従軍』(1944 年)

高見順『ビルマ記』(1944 年)

「南方徴用」

一九四一年一一月一五日、土曜日[1]。

文筆業のかたわら明治大学教授を務める今日出海《こんひでみ》(一九〇三生)は、この日、九州への講演旅行からの帰りの疲れがとれず、不機嫌であった。委員を引き受けていた東宝劇場の大衆劇コンクールも予想通りとはいえつまらず、劇場をとびだした今は、常に似ず、まっすぐ帰宅した。すると妻の桂子が劇場に呼び出しの電話をかけて待っていた。自分がいない劇場で名前を繰り返し呼ばれたかと思い、今はたまらず赤面したが、妻に「まア落着いて、これを御覧なさい」と言われて見ると、茶の間の飯台の上に白い封筒の郵便が載っていた。

急いで中を見ると、白い徴用令書であった。何度読み返してみても、徴用するという事実以外に、何のために徴用するのか、どんな仕事を私に国家が課すのか皆目解らなかった。

一九四四年に出版した『比島従軍』のなかで、今日出海は徴用令書を受け取ったときの戸惑いを、このように書き記している。東京帝国大学仏文科出身で、演劇、映画、美術、文芸に熱中した二〇代を過ごし、明治大学専門部文芸科講師に採用されて大学教員として生活の安定を得た今は、軍とはまったく無縁の人生を送ってきた。日露戦争の前年に生まれ、一九二五年から中等学校以上で正課となった軍事教練を受けずに済んだ時代に学生生活を過ごし、敬礼の仕方もろくに知らない世代である。フランス語の「読み書き喋る位は少しは出来る」。だから陸軍省の情報局が翻訳官にでも徴用するのではあるまいか。こんな想像をめぐらせる夫に向かって、妻は、「戦争があるんじゃないかしら」と言った〔今一九四四、七―八頁〕。同じ頃、徴用令書を受け取った作家の高見順（一九〇七生）は、プロレタリア文学からの転向作家としての過去を意識して「炭坑にでも働きに行かせられるのだろう」となかば冗談、なかば本気で家族の者に告げた〔高見一九七二、三八九頁〕。王子製紙社員の小野豊明（一九一二生）は、税務署からなにかきたと思ったら徴用令だったと回想する〔小野一九九四、五七一頁〕。

この日から一〇日をさかのぼる一九四一年一一月五日。御前会議（天皇が臨席して国策を決定する閣僚・軍首脳・元老の合同会議）は「帝国国策遂行要領」を決定、対米交渉が一二月一日午前零時までに成功しなければ、「現下の危局を打開して自存自衛を完うし大東亜の新秩序を建設する為此の際対米英蘭戦争を決意」した〔参謀本部編一九六七、上、四一七―四一八頁〕。同日中に海軍は連合艦隊司令長官の山本五十六《いそろく》に対して「一二月上旬」の「開戦を予期し諸般の作戦準備を完整するに決す」とした「大海令一号」を発令した。翌六日、陸軍も「戦闘序列」を発令、「南方攻略作戦」の準備に入った。すなわち、新たに総軍としての南方軍（司令官・寺内寿一陸軍大将）と南海支隊を編成、南方軍のもとに第一四軍（フィリピン派遣軍、通称号・渡集団、司令官・本間雅晴中将）、第一五軍（タイのちにビルマ派遣軍、林集団、飯田祥二郎中将）、第一六軍（ジャワ派遣軍、治集団、今村均《ひとし》中将）を新たに編成、さらに第二五軍をマラヤ派遣軍（富集団、山下奉文《ともゆき》中将）として編入した。こうして、日本の戦争史上空前の規模と速度で極秘の作戦準備と動員が始まったのである〔防衛庁防衛研究所戦史部（以下、防衛研究所）編一九八五、三七頁。軍事史学会編一九九八、上、一八二頁〕。

このときの日本人の経験については、軍人はもちろんのこと、徴用された作家・文化人たちを中心におびただしい「語り・回想 narrative」が存在する。この戦争では、多くの民間人が国家総動員法・国民徴用令により徴用され、陸海軍に勤務した。軍属とも言う。通常その任期は一年であった。

月曜日の朝、徴用令書の指示に従って、今日出海は本郷区役所(現・文京区湯島)に出頭した。すると驚いたことに、九州旅行で会ったばかりの井伏鱒二をはじめ、『朝日新聞』に「高杉晋作」を連載中だった人気作家の尾崎士郎、東大同窓の阿部知二、高見順、高見順と同様の転向作家で庶民派の作風で知られた武田麟太郎など、旧知の文士仲間が呼び出されていた。ほかにもまったく「正体の分からない」人々で、会場の講堂は溢れんばかりの人だった。仲間内で最初に体格検査に呼び出された尾崎士郎が、何か紙をもらって戻ってきたので皆でよって見ると、「内地又は外地で宣伝情報の任務につく」と書いてある。そこにはまた㊙㊚㊛㊜の印が押してあった。さらに集合の際の注意書きには、「可成《なるべく》携行するもの」として「夏服(国民服は特に可)夏シャツ一二着」ともあった。「暑いところ、つまり南方へ行くのではあるまいか」という想像が一同の間に拡がった〔今一九四四、一二―一三頁〕。このとき太宰治と島木健作も本郷区役所に出頭したが、肺疾患の既往症から身体検査で不合格となっている〔高見一九七二、三九一―三九二頁〕。

やがて「甲班」の今日出海と尾崎士郎には、――恋愛小説『若い人』で知られていた――石坂洋次郎などの文士も加わって第一四軍宣伝班員としてフィリピンへ、「乙班」の高見順は第一五軍宣伝班員としてタイからビルマへ、「丙班」の阿部知二と武田麟太郎はジャーナリストの大宅壮一などとともに第一六軍宣伝班員としてインドネシアへ、「丁班」の井伏鱒二は海音寺潮五郎などとともに第二五軍宣伝班員としてマラヤ・シンガポールへと向かうことになる。もちろんこのときは、まだ誰も知らない。彼らのような作家・文化人だけでも、開戦当初に少なくとも三〇名、一九四四年までに七〇名以上が、軍宣伝班(のち報道班・報道部)に「南方徴用」された〔神谷・木村編一九九六、七―一〇頁〕。

小野豊明は、本郷区役所ではなく、本郷三丁目の森永製菓ビルに呼び出された。そこで面接官の陸軍少佐から「南方のほうへ行っていただきたい」と丁重に挨拶されたという。目の前に塚本昇次神父が、後ろに神学生がいたので、「カトリックに関係ある」ことだけがわかった。この戦争では、「宣伝」とならんで「宗教宣撫」が重視され、派遣先に応じてさまざまの宗教関係者が徴用された。東京帝国大学在学中にカトリックに入信していた小野は、フィリピンに派遣される総勢二六名の第一四軍宗教宣撫班員のひとりとなっていく〔小野一九九四、五七一―五七五頁〕。

同じ月曜日の午後、帝国議会の衆議院本会議場では、内閣総理大臣に就任したばかりの東條英機が中央の演壇に立ち、「ジェスチャーたっぷりに身振り手振り、独特の一オクターブ高い声で日米交渉の不調を訴え、挙国一致でこの国の困難を排除する決意を延々と述べ続けていた」。その様子を傍聴席から眺めていた東京新聞社会部記者の松本直治《なおじ》(一九一二生)に、「もし、松本さん」と給仕の少年が本社からの伝言を告げに来た。「来たんですよ。召集令状ですよ」。徴兵検査が丙種合格で「私に赤紙の来る訳はない」と思っていた松本は「ビックリ仰天」して「嘘こけ」と返した。しかし、言われるまま社に戻ると、上司から「白紙動員だよ……送別会、いや壮行会」をやると告げられた〔松本一九九三、七―九頁〕。松本直治はこのあと、大本営派遣の報道記者として、マレー半島・シンガポール攻略戦を取材していく。

このように、一一月中旬の週末をはさんで、今日出海のような文士や画家、漫画家、映画人、演劇人、松本直治のような新聞記者・カメラマン、放送・印刷技術者さらには宗教関係者まで、さまざまの職業や技能をもつ人々が、郵便で、あるいは職場で、――「赤紙」(兵役への召集令状)との対比で「白紙」と呼ばれた――徴用令書で一斉に呼び出され、有無を言わさず未知の職場へと――「南方占領」要員として――徴用されていった。開戦当初は作戦軍に同行して活動を開始する必要から、ここに述べたように宣伝・報道関係者が多かったが、その後、各地で日本軍による占領が始まると、「南方徴用」の範囲は官吏や企業人へと拡大していくのである。

軍人たちの経験

軍人(将兵)の場合は、戦闘序列の発令以降、全体としては部隊単位で秘密裏に作戦軍の動員と編成が進められた。ただし、各派遣軍の幕僚や軍政部関係の要員については、軍の巨大な組織の各所から適材適所で選ばれた者たちに個人単位で異動が命じられた。突然の命令への戸惑いは民間人と変わらなかった。広東省駐屯の第二三軍司令官から第一六軍(ジャワ派遣軍)司令官を命じられた今村均中将(一八八六生)でさえ、それが何のために編成された軍隊なのかは、東京に着くまで何も知らされていなかったという[今村一九六〇、七三頁]。

満州独立守備隊の陸軍中尉・人見潤介(一九一六生)は、第一四軍宣伝班要員への転属と台湾軍司令部への出頭の命令を、一一月六日の深夜、極寒の満州(中国東北地方)北部、「共産匪」討伐作戦の戦闘司令部にかかってきた上級司令部からの電話で受領した。二〇歳で京都府宮津の青年学校・小学校兼任教師から志願して入営した人見は、一九三八年以来、満州奥地で抗日パルチザン活動を展開する東北抗日聯軍に対する「討伐戦」の毎日を送る部隊の情報主任であった。「一介の武弁」を自任し、自身も農家出身で、満州国と満州の農民を愛し、「同じ死ぬなら満州で」とまで思う人見にとって、転属命令は不本意極まりなかった。ところが、「すっかりしょげこんで」異動を申告した人見を部隊長の島田恵之介《けいのすけ》大佐は「適任だ」と励ました。人見は、東北抗日聯軍の強力な反日宣伝・民衆工作に対して、日本軍も「武力一辺倒」ではなく「五族協和・王道楽土」の理想を「もっと声を大にして宣伝して民衆の理解と協力を得ながら」討伐を進めるべきだとする上申書をしばしば提出し、島田も「全く同感」と意見を付して司令部に送っていたからである。それが異動命令を呼んだのだと、人見は後悔した。奥地での討伐戦の日々で国際情勢にも疎かった人見は、このときはまだ、せいぜい「中国の南のほうで新しい作戦」でもするのかと思っていたという〔人見一九八〇、六五―六六頁。人見一九九四、四八二―四八七頁〕。

外務省の青年外交官から赤紙召集され、仙台の歩兵連隊に歩兵砲隊付少尉として配属されていた陸軍少尉・斎藤鎮男（一九一四生）もまた、松島埠頭で上陸作戦の演習中に連隊長に呼び出され、いきなり「第一六軍軍政部付」となったので「即刻帰宅し、転任準備のでき次第東京の近衛師団司令部に出頭するように」と命じられた。「まったくチンプンカンプン」だったと回想する。部下と顔を合わせる暇もなく東京に駆けつけて近衛師団司令部に出頭した斎藤は、そこで、第一六軍が今村中将を司令官とする二個師団五万五〇〇〇の将兵からなるジャワ派遣軍としてまさに編成中であることを知った。言われるままに斎藤は「軍政部編成室」に直行し、そこで対面した同僚の軍政部要員たちとともに、ただちに、南方軍司令部から交付された「南方占領地行政実施要領」などの文章に基づき、独自に

「ジャワ軍政実施要綱」の策定に取りかかった〔斎藤一九七七、一〇—一三頁〕。南進政策については、「漠然とわかっている」がインドネシアの占領など「考えたこともない」彼らは「観念として、占領する場合にはどうするかという議論を皆で」始めたと斎藤は回顧する〔斎藤一九七七、一〇—一三頁。斎藤一九九一、一七一—一七二頁〕。

各派遣軍を統括する総軍として編成された南方軍の総司令部は、一九四一年七月に日本が軍事進駐したフランス領インドシナ(仏印)南部のサイゴンに設営されることになる(一九四二年七月シンガポール、一九四四年五月マニラに移転、同年一一月サイゴンに復帰)。このとき総司令部に配属された将校のひとりに、大名華族出身の少尉、榊原政春(一九一一生)がいた。越後高田藩主家の第一六代当主・子爵でもある榊原は、一九三七年、東京帝国大学法学部を卒業と同時に国策会社の台湾拓殖株式会社に入社して社長秘書を務めたが、一九三八年八月に赤紙召集されて野砲第一連隊に二等兵として入隊した。応召時には初年兵として入営して「二、三カ月、馬の足を洗いながらポ《ママ》ロを担ぎ、何も解らぬ下士官、上等兵様に殴られる事幾度か。これが帝国の軍隊かと思った事も」あった。しかし、ふり返れば苦労知らずの華族青年にとって軍隊経験は「良い貴い経験」で、「何人よりも軍人の行き方を察知したつもりでいる」と榊原は日記に述べている(一九四二年八月一五日[2]〔榊原一九九八、七頁〕)。一九四〇年、榊原は世田谷の東部第一三部隊の少尉に任官した。入営前から南方進出事業に関わっていた榊原にとって、南方軍総司令部への転属は願ってもないことだった。その弾む心を榊原は、日記(一九四一年一一月一八日)に、「今まで南進日本のために専念し、今後も努力せんとする僕にとっては当然であり、また絶好の機会だ。僕は勇躍前進する」と記している。

出発と開戦

一九四一年一一月二二日、土曜日。

あられも混じる、手がかじかむような氷雨が降るなか、与えられた四日間の準備期間を、あいさつ回りや送別会、南方行きの服装や国民服の仕立てなど、さまざまに過ごした人々が、「南方徴用」に向けて出発する日が来た。この日の様子も、多くの人々が印象深く回想する、開戦直前の日々のひとコマである。

この日の朝、甲班（フィリピン派遣）と丙班（ジャワ派遣）の徴用員たちは、東京・竹橋の東部軍司令部への出頭を命じられていた。国民服が間に合わなかった今日出海は、指示にしたがい普通の背広を着て、しかし出征軍人よろしく玄関先で白い襷《たすき》がけで見送る隣組の婦人たちに恐縮してお辞儀ばかりしながら、自動車に乗り込み、東部軍司令部に向かった。軍司令部での見送りは禁じられていたのに、かなりの人が来ていた。そこから徴用員たちは、さらに芝の増上寺へ、何台ものトラックの荷台に大勢が立たされる状態で運ばれた。揺れに倒れまいとしながら、誰も口を利くものがなかったという〔今一九四四、一七―一九頁〕。

一方、榊原政春は、先祖が守役を務めた「二代目徳院様〔徳川秀忠〕」の墓所があるゆかりの場所でもある増上寺に、徴用員たちが続々とトラックで運ばれてくるのを見て、むしろ愉快そうに、その様子を日記にこう記している。

下士兵なし、将校自ら初年兵取り扱いの如き事務をやる。なるほど非常時だ。尾崎士郎、阿部知二等の作家あり、また画家あり、或いはまた新聞記者、通訳あり。会社の重役連も何等区別なし。考えれば中々面白い。こうやってこれらの人に初年兵の生活をさせ得るのもやっぱり時局だ。人間を超越した時代の力だ。そして彼等は実に真面目なものだ。また良くやってくれる〔一九四一年一一月二二日〕。

このとき集合した人々の数について正確な記録はないが、四〇〇人を超えたと小野豊明は記憶している。榊原の感想に反して、増上寺境内の現場はかなり混乱したようである。昼が過ぎても点呼の名簿と人数が合わず、次第に緊張が解けた徴用員たちのなかには「飽きて来るもの、無躾けに笑うもの、何もかも面倒になってむっつりするものが出来て席は乱れ放題になった」。やがて指示があり、電話をかけて「忘れ物」を家人に持参させてよいが、「その際何処へ行くかとか、何時出発するかとか言ってはならん」と命じられた。そして丙班に対しては出発が後日に延びたので青山の陸軍大学に引き揚げること、甲班に対してはその日の夜に東京駅から出発するのでいったん解散して各自集合することなどの指示があった。解散指示に大喜びでたちまち皆が去ったあと増上寺に取り残されたのは、要領の悪い文士たちばかりであった〔今一九四四、二一―二九頁〕。小野豊明は、さっそく親しかった近くの料理屋に飛びこみ、そこから自宅に電話した。妻は憲兵に「〔夜に出発するという〕そんな秘密を誰がもらしたか」と怒られながら、東京駅に来た。「いっぱい見送りにきていまして、みんな電話したんでしょう〔笑〕」と小野は回想している〔小野一九九四、五七二頁〕。

こうして夜遅く東京駅を出発した甲班の徴用員たちは、すべての窓のブラインドを下ろした三等車両のなかで尽きぬ話題を繰り広げ、眠ろうと目を瞑《つぶ》る者もなく、誰もが「白紙令状の舞い込んだ刹那の驚きや気持、それから数日間の忙しく、何処かに不安の消えやらぬ影のさす昂奮」を語りたがった。相手に聞かせるよりも、「生涯に二度とあるまい経験」を自らのなかで反芻して記憶に定着させたいからのようだったと、今日出海は記す〔今一九四四、三二―三三頁〕。小野豊明は、車中に尾崎士郎を探した。東京駅の入り口で、中年の女性から「あの、これを尾崎士郎に渡してやってくれませんか」と一升瓶を渡されたからだ。尾崎は一升瓶を受け取ると、小野らに向かって、一杯飲んでは徴用で休載となってしまった「高杉晋作」の「続き」を話してくれたという〔小野一九九四、五七二頁〕。

南方軍総司令部要員は、翌一一月二三日の夕方に東京駅を出発した。榊原政春少尉も徳川家(妻の実家)、榊原家、勤務していた連隊関係者などに盛大に見送られ、三等車両に乗り込んだ。一行は宇品で甲班の徴用員と合流、一一月二六日、海軍徴用の特別輸送船・諏訪丸で出航、下関を経由して「南方攻略作戦」準備の拠点である台湾に向かい、一一月三〇日、基隆港に入港した。ここから榊原ら南方軍総司令部要員はそのまま諏訪丸でサイゴンに向かい、一二月六日にはサンジャック(現ブンタウ)岬の沖に到達した。サイゴン入港に手間取るうちに彼らは開戦を迎えることになる。

今日出海ら甲班の徴用員たちは、基隆から第一四軍の編成が進む台北に移動し、台北師範学校附属小学校で満州から赴任した人見潤介中尉や宣伝班長の勝屋福茂中佐ら宣伝班将校たちと対面した。校庭で不揃いな徴用員たちを点呼した人見は、錚々《そうそう》たる文士の名前をそこに見いだして「びっくり仰天」したと回想する〔人見一九九四、四八五頁〕。ここから彼らはさらに台湾南部の高雄に移動して、数日間待機ののち第一四軍司令部使用船の帝海丸に乗り込み、比島派遣軍の上陸部隊を載せた大船団とともに開戦までの数日間を澎湖島沖の洋上で待機した。一二月八日の朝、上甲板に出た今日出海は、昨日まで帝海丸を囲んでいた周囲の大船団が忽然と姿を消したことに驚いた。そして朝食に羊羹のデザートがついたことに誰もが一様に驚いたところに開戦の報が届いた。昼過ぎには香港爆撃・ハワイ爆撃の知らせが入り、皆が食堂に殺到して「がアがア雑音の入るラヂオ」にかじりつきニュースを聞き取ろうとしたという。夕刻、食堂で徴用員たちは「本当に軍籍に身を置く宣誓式」で厳かに「一人一人進み出て署名捺印」した〔今一九四四、七五―七九頁〕。

一方、増上寺に甲班・丙班の徴用員が集結した一一月二二日、高見順ら乙班(ビルマ派遣)、井伏鱒二、松本直治ら丁班(マラヤ・シンガポール派遣)の徴用員が集合を命じられたのは、東京ではなく大阪城天守閣ちかくの中部軍司令部だった。このあと彼らは大阪城ちかくの連隊兵舎で一日延ばしに待機する日々を結局一〇日間過ごした。その無聊《ぶりょう》の日々の様子は『高見順日記(第一巻)』〔高見一九六五〕および井伏鱒二が「軍の検閲を受けてもいいつもりで書いた」当時の日記を「戦時中、その通り単行本に入れて出した」〔井伏二〇〇五、二〇頁〕という「南航大概記」〔井伏一九九七b〕にくわしい。申しわけ程度に軍事教練を受けながら、毎日のように買い物・見学や家族との面会に外出して、南方についての本を買い込み、各国事情についての経験者の講演を聞くなどしていたようだ(高見は一九四一年一月から三月までインドネシアを訪問していたので、その経験を講演している)。また、通訳担当の徴用者のなかにはタイ語さらにはビルマ語通訳がいたので、高見らには行き先の見当もついたようで、ビルマ関係の本も買って準備している。

一九四一年一二月二日、乙班・丁班一行は大阪港から輸送船・あふりか丸に乗船して南方に向かい、一二月八日午前六時、開戦の報を香港の沖合で聞いた。甲板で宮城遥拝《ようはい》の式が挙行され、開戦の詔勅がラジオで読まれるのを聞き「みんな万歳を叫んだ」。翌日、ガリ版刷りの船中新聞『南航ニュース』に、皆は思い思いに「英米と戦闘状態にはいったと知ったときの各人の感想」を寄せた〔井伏一九九七b、四六三―四六四頁〕。このときの『南航ニュース』が『高見順日記（第一巻）』にそのまま掲載されている。「来るべきものが来た！」という思いは一様だったようだが、「一身を天皇陛下に捧げましょう。皆仲よくやりましょう」など軍人・船員たちの生真面目な感想に較べて、「こうなるようになったと思う。もう少し早く発てばよかった。風邪をひいて頭が重いせいかショックというようなものは余り感じなかった」という井伏や、「考えてもどうにもならぬことは考えないことにかねてから練習しています。なにごともあなたまかせの歳の暮」と惚《とぼ》ける海音寺など、斜に構えた文士らしい感想が気兼ねなく語られているのが印象的である。高見順は軍人たちと同様に「来るものが来た。運だめし」と生真面目に応答した。同じく転向作家で中国戦線の経験がある里村欣三も「来るべきものが来たのみ。徴用令を貰った時と同じ感じである」と覚悟した様子であった〔高見一九六五、二五七頁〕。高見順は、戦後視点から記した否定的色合いの濃い回想記のなかでも、「欣喜雀躍する、そういうことでは、もちろんなかったが、しかし、私も、スーッとしたような気持だったことはたしかだ」と率直にこのときの印象を語っている〔高見一九七二、三九六頁〕。一二月一八日、一行はサイゴンに到着した。ここで高見ら乙班は丁班と別れて下船して「どこかに行ってしまった」〔井伏一九九七b、四七〇頁〕。徴用員たちは、まだ自分たちの行き先を知らされることなく、言われるままに動いていた。

蘭印（オランダ領東インド、現インドネシア）攻略作戦の順序が後になる関係で、阿部知二、武田麟太郎、大宅壮一など丙班（ジャワ派遣・第一六軍）の徴用員たちは、東京・青山の東部第八部隊（旧歩兵第三連隊兵舎、現・国立新美術館)で即席の軍事教練を受けているあいだに開戦の報を聞いた。ジャワ派遣軍宣伝班長を務めた町田敬二(一八九六生)によれば、開戦後は「ポスター作り、放送原稿の起草、宣伝用レコードの収集などから着手」し、さらに「特筆すべきこと」として、山田耕筰の編曲指揮のもと、――二〇年近くをインドネシアで生活し、また戦後インドネシアに残留して独立戦争で戦死することになる――市来竜夫(一九〇六生)やインドネシアの留学生の合唱で「インドネシア・ラヤ」をコロムビア・レコードで録音したという[町田一九六七、一三―一八頁]。彼ら丙班の宣伝班や斎藤鎮男少尉らジャワ派遣軍の軍政要員が東京を出発したのは、年が明けて一九四二年一月二日のことであった。すでに開戦から一カ月近くを経た彼らには、開戦後に徴用された三菱石油川崎製油所の玉置明善(一九〇八生)ら石油技術者たち、前東印度日報社の谷口五郎(一九〇二生)など引き揚げたばかりの現地実業人、ジャワ勤務経験のある三井・三菱・野村などの支店長級の会社員、軍政基幹要員になる各省の中堅官僚、さらには「南洋雄飛の志」をもつ青年たち――南方進出に備えて政府が一九四〇年に開いた専門学校「拓南塾」の卒業生たち――などが加わった。彼らは、翌一月三日、大阪港から輸送船・まにら丸で南方に向けて出発することになる[斎藤一九七七、一四―一六頁]。

村田省蔵(一八七八生)は、一九四一年一二月八日、揚子江を南京から漢口に上る東亜海運の貨客船・興泰丸の船中で開戦の報を聞いた。一九〇〇年に大阪商船に入社して以来、村田は長年にわたり日中海運事業・欧米への遠洋航路の開拓に取り組み、一九三四年には社長に就任して海運業界を代表する財界人となった。一九三九年に貴族院議員に任命され、さらに一九四〇年、第二次近衛文磨内閣で逓信大臣に就任(当初は鉄道大臣兼務)して政官界に足を踏み入れたが、一九四一年一〇月一八日、第三次近衛内閣は総辞職して村田は大臣を免ぜられた。「久しぶりに閑散の身」となった村田は、日中戦争下の中国各地の実情を知りたいと思い、秘書ひとりを連れて視察旅行に出た。青年社員時代を過ごした中国の「昔の詩情は消えさって硝煙の香につつまれ」た蘇州の光景や、「脇阪《ママ》部隊が一番乗りをやった光華門が新戦場となって生臭く胸に迫」る南京の光景に、村田は感慨無量を覚えたという。

その旅先であった。船が九江に着くかと思うところ「突如、船内のラジオがホノルルとか、真珠湾とか」怒鳴り始めた。「何かたいへんなことが起こった」と船客は夢中になってきき耳を立てた。そして開戦を知った村田は「いよいよ乗るかそるか、英米を敵にまわし、開戦となった以上はなんとしても勝たなければならない」「われわれもそのために何かお役にたたなければならない」と考えたという。ただちに決断して東京に引き返した村田は、近衛内閣の同僚(陸軍大臣)でもあった東條英機首相から、比島派遣軍最高顧問への就任を直接要請された。このとき東條は、「すべて軍人のみの判断」で事が行われた満州事変の「失敗を繰り返さないために」、軍司令官が専断に陥らないように軍顧問を親任官(天皇が親任式で叙任する官吏の最高位)としてつけたいと「いかにも謙虚な態度」で村田に就任を依頼したという。村田はただちにこれを承諾し、一九四二年二月、マニラに着任することになる〔大阪商船(株)一九五九、二七八―二八四頁〕。

開戦後、南方に向けた動員は一気に拡大していった。

哲学者・三木清(一八九七生)は、友人・坂田徳男への手紙(一九四一年一二月二二日)に、こう記している。「時局はいよいよ重大となり、烈しい試煉の時が来ました。哲学というものもこれからやはり大きな試煉に出會うことになるだろうと思います。一時の流行に迷わされることなく、後世の人から笑われないように、肚を据えてやってゆきたいと考えます。ここらで私も一つ清算して、来年からは新たに出発するつもりです」。ところがその三木のもとにも、まさかの徴用令書が届いた。三木は第二次徴用員として、フィリピンに向かうことになった。翌一九四二年一月、「不日出発、御奉公いたすことになろうと思います」「一年位は不在になろうと思います」と、引き受けていた講演の依頼を徴用を理由に断る詫び状の末尾に三木はこうつけ加えた。

何処へ連れてゆかれても何事かは学び得る希望をもって〔三木一九六八、四一八—四一九頁〕。

三井物産繊維部人絹課長の桑野福次(一九〇一生)のもとに徴用令書が届いたのは、一九四二年三月八日に日本軍が英植民地ビルマの首都ラングーン(ヤンゴン)を占領した後の三月二八日、土曜日で午後早めに帰って子供と遊んでいた夕方のことだった。当初の予定を変更して南方攻略作戦の範囲がビルマ全域に拡大、日本軍がビルマに占領軍政を施行する可能性が強まったことから、商社員としてビルマに駐在した経験のある桑野が軍政要員として徴用されたのである。仕事のこと、家族のこと、「いろいろ計画があったが一切ご破算」となった。しかし、留守の不便を気遣う徴用事務の陸軍少佐に向かって桑野は「国家のご用とあれば問題でありませんから、参ります」と答えたという。戦後(一九八八年)の回想で、桑野はそのように記したあと現代の読者に向けた「註」を付して、こうつけ加えている。「当時の国民のほとんど総てが、こう答えたはずで、特に著者だけが全体主義者・右翼であったわけではない。一方的な情報と偏向教育により、国民の総てが尽忠愛国の道を歩んでいた」〔桑野一九八八、一四—一五頁〕。

南方作戦・占領に向けて動員された徴用員や軍人の経験から、ほんのいくつかの断片を紡ぎ合わせてみた。唐突に徴用令書や異動命令を受け取ったときの戸惑いや緊張、これから何か大きなことが起きるのではないかということへの不安と期待、突然の非日常がもたらす興奮とある種の祝祭感。これらは彼らが残した「語り・回想」に、ほぼ一様に語られている心象風景である。日中戦争が泥沼化し、日米交渉も行き詰まるなか、一二月八日の開戦と真珠湾攻撃の報が多くの日本人に時代の閉塞感を打ち破る解放感と歓喜をもたらしたことは、これもまた文学作品や庶民の記録に語られてきたところである。開戦前に動員された人々は、それを一足早く味わった。そしてそこには、探しあぐねていた時代の出口を「新しい戦争」に見いだそうとした日本人の姿が見いだせる。

その出口の先に、彼らは何を見いだし、そして何事を学び得たのだろうか――本書では、日本の南方＝東南アジア占領[3]が、戦後の日本と日本人に向けて開かれた歴史経験としてもった意味を、主として東南アジア占領に関わった日本人の「語り・回想」を読み解くことを通じて考えていく。そのねらいを述べる前に、まず、東南アジア占領の端緒から終焉までを、ごく簡単にふり返っておこう。

日本の東南アジア占領

一九四一年一二月八日未明(日本時間・午前一時半)、日本は、陸軍・第二五軍第一八師団によるマレー半島北東岸コタバルへの奇襲上陸作戦により、アジア・太平洋戦争の戦端を開き、「南方攻略作戦」を開始した。その約二時間後、日本海軍・連合艦隊が米領ハワイ・オアフ島真珠湾を攻撃、米海軍太平洋艦隊の主力戦艦八隻を撃沈した。また、ほぼ同時に陸軍・第一五軍は――タイ政府との軍隊通過協定の成立を待たずに――仏印からタイ領内への「進駐」を開始した(一二月八日午後に協定が成立)。

さらに一〇日にはマレー沖海戦で日本海軍航空隊が英海軍新鋭戦艦二隻を撃沈して、日本は南方攻略作戦に必要な制海権をほぼ確保した。

その後も日本は緒戦で軍事的勝利を重ね、英領香港(一二月二五日占領)、米領フィリピン(一九四二年一月二日マニラ占領)、英領マラヤ(二月一五日シンガポール占領)、同ビルマ(三月八日ラングーン占領)、蘭領東インド(三月九日オランダ軍無条件降伏)と各地の占領を進めた。最後まで難航したフィリピン攻略作戦はコレヒドール島要塞の米軍降伏(五月七日)でひとまず終結し、五月一八日、ビルマ全域の「戡《かん》定《てい》」(武力による抵抗の排除)とともに日本は南方攻略作戦の終了を宣言した。しかし、そのわずか三週間後には、ミッドウェー海戦における日本海軍の敗北で早くも戦局は転換し始めることになる。

ここで言う「南方」とは、日本がアジア・太平洋戦争であらたに軍事的に進出し、あるいは占領・支配した地域の全体をさしている。このうち中部太平洋(ミクロネシア、メラネシア)、ニューギニア島とその周辺は、日本軍の最大進出線上にあって、一九四二年から四四年にかけて、アメリカ・オーストラリアを中心とする連合国と日本との激戦場であり続けた。その一方、今日で言う東南アジアの大陸部・島嶼部――現在のアセアン(東南アジア諸国連合)加盟一〇カ国すべてを含む――のほぼ全域が、ひとまず日本の軍事支配下におかれたのである。

日本は東南アジア全域を直接占領下においたわけではない。フランスの対独協力政府ヴィシー政権が統治していた仏印、中立国であるポルトガル領のティモール(東ティモール)および独立国タイについては、軍事進駐にとどめた。それ以外の地域はすべていったん日本軍の直接占領下におかれ、陸海軍がそれぞれ分担して統治を開始した。すなわち、陸軍が米領フィリピンと英領ビルマ、マラヤ(現マレーシア領半島部)、ボルネオ(現マレーシア領ボルネオおよびブルネイ王国)、香港そして蘭印のうちジャワ・スマトラを、海軍が米領グアム、蘭印ボルネオ(現インドネシア領カリマンタン)・セレベス・モルッカ諸島・小スンダ列島(バリ島からティモール島にいたる島嶼)、蘭印・豪(オーストラリア)委任統治領ニューギニア、豪委任統治領ビスマルク諸島を、それぞれ「主担任地域」として占領統治した[防衛研究所編一九八五、九六―九八頁]。陸軍はそれらを「南方軍政」と呼び、島嶼を中心に一部地域の占領を管轄した海軍の南方軍政では、内地化を念頭において海軍省がこれを管轄し「民政」の呼称が用いられた[小池一九九五、一六三頁]。

日本陸海軍の懸隔と内訌は、本書があらためて指摘するまでもないだろう。前節で紹介したのは、すべて陸軍にかかわる動員の風景である。文化人の動員も海軍は別個に行い、芥川賞作家の石川達三や、愛国科学小説家として知られていた海野十三などは海軍宣伝班に徴用された。ただし右の「主担任地域」を見ても分かるように、海軍の主担任地域は占領地というよりも戦場が多く、また戦略的要衝ではあっても占領地の面積や人口規模、政治・経済的重要性という点では陸軍占領地が圧倒的比重を占めていた。本書の記述も陸軍占領地に比重を置くことになる。

こうして始まった日本の南方＝東南アジア占領は、戦局の展開により各地で差はあるものの、おおむね三年から三年半余りにわたって続いた。このうち、ビルマとフィリピンについては、日本は、それぞれ一九四三年八月一日と一〇月一四日に独立政府を発足させて軍政を廃止したが、両国とも事実上日本軍占領下におかれ続けた点では他と異ならなかった。敗戦に先立って連合国の反攻により戦場と化し、日本の軍事支配が崩壊したのも、またこの両国においてであった。一九四四年後半になると、連合国の反攻は中部太平洋・ニューギニアから、いよいよ東南アジアの日本占領地に迫った。このうち日本が日米決戦の天王山と位置づけて「捷一号作戦」を発動したフィリピンでは、一九四四年一〇月二〇日に米軍がレイテ島に上陸、翌四五年一月九日にはルソン島に上陸して、三月三日には一カ月にわたる凄惨な「マニラ戦」が終結して日本軍のフィリピン支配は事実上崩壊した。開戦以来、日本軍と連合国軍が唯一陸上の前線で対峙してきたビルマでも、英領インドへの侵攻をめざした無謀な「インパール作戦」(一九四四年三―七月)の崩壊をへて連合国軍は反攻に転じ、これに呼応したビルマ国軍の対日蜂起(一九四五年三月)をとどめに日本軍は潰走し、五月二日にはラングーンが陥落したのである。

一方、ビルマとフィリピンをのぞく東南アジア各地では、日本は敗戦までおおむねその軍事支配あるいは占領を維持した。しかしそれらの地域の多くでも、戦争終末期に向けて大きな政治変動が胚胎していく。日本軍進駐下のタイでは、一九四四年八月一日に対日協力を進めてきたピブーン政権が崩壊して連合国に協力する自由タイ運動の影響力が強まっていく。同じく日本軍進駐下の仏印では、ヨーロッパにおける連合国によるフランスの解放とヴィシー政権の崩壊(一九四四年八月)後の情勢を受けて、一九四五年三月九日、日本は「仏印武力処理」により仏印軍の武装解除を強行し、安南帝国(ベトナム)、カンボジア王国、ルアンプラバン王国(ラオス)に独立を宣言させた。しかしここでも、フランスおよび日本からの解放をめざす民族独立運動組織ベトミンのゲリラ活動が強まっていく。陸海軍が複数の担当区域に分けて分割占領していた旧蘭印すなわちインドネシアでも、戦争終末期に向けて、旧蘭印すなわちインドネシア全体を独立させる動きが加速していく。こうしたなかで、日本は一九四五年八月一五日の敗戦を迎えるのである。

日本が占領を維持していた地域では、ポツダム宣言の受諾にともない、一九四五年八月一五日以降、各地の日本軍は、それぞれ連合国の命令に従って連合国軍による再占領までのあいだで各地の治安維持の責任を課された。そこから、ふたつの植民地独立戦争が始まっていく。すなわちインドネシアでは八月一七日にスカルノが独立を宣言、ベトナムでは連日のデモ行進のすえ翌九月に安南帝国からベトミンが権力を奪取した(八月革命)。両国ともに復帰をめざす宗主国フランス、オランダとのあいだで独立戦争へと突入し、東南アジアは、植民地独立戦争、内戦、域内紛争と国民国家の建設が絡まり合う疾風怒濤の時代を迎えることになるのである。

以上そのあらましをたどった南方＝東南アジア占領に関わった日本人は、軍人・軍属、受託企業社員や各地の在留邦人などの非戦闘員を合わせると優に二〇〇万人を超える。その正確な数字を特定することは困難だが、南方各地からの引揚者と、戦没者および未帰還者の推計を合計することで、戦時下における引揚(部隊の移動、徴用解除による帰国、戦局の暗転による内地への邦人の引揚)をのぞいた数について、ある程度の推測は可能である。厚生省社会・援護局の『援護五〇年史』によれば、引揚者と戦没者の総計は、南方全域では約二三三万人(うち戦没者が約一三一万人)、ニューギニア・太平洋諸島中部太平洋をのぞく東南アジア占領地では約一六五万人(戦没者約七六万人)に達する〔厚生省監修一九九七、一一八頁〕。被占領者側を見ると、南方攻略作戦対象地域の総人口は、一九四〇年前後の時点の人口統計を合わせるとおよそ一億四〇〇〇万人余であった(インドをのぞく)。日本による占領と戦争は、この地域にも大量死をもたらした。戦争による人的被害(戦没者数)は、日米の激戦地となったフィリピンでは一〇〇万人余が犠牲となり、ベトナムで約二〇〇万人、インド(ベンガル)で約一五〇万人が米飢饉の犠牲となり、インドネシアでは労務者(ロームシャ)供出や飢饉の影響による死者が三〇〇万人から四〇〇万人にのぼったとされるなど、戦後、各国政府が主張してきた数字を総計すると六五〇万人から九五〇万人にのぼる。

これら無数の人々の「南方」における生と死の経験は、言うまでもなく多様であって、その紡ぎ方も無限である。本書が試みるのも、あくまでそのひとつの紡ぎ方に過ぎない。そのねらいについて、筆者は、戦後の日本と日本人に向けて開かれた歴史経験としての南方＝東南アジア占領の意味を探りたい、と先に述べた。この戦後に開かれた経験という言葉で本書が念頭においているのは、ひとことで言えば、「東南アジア占領が日本および日本人に与えた歴史的衝撃」という問題である。

帝国解体の契機としての東南アジア占領――本書の視点

これまで日本の東南アジア占領といえば、研究史においても、またアジア・太平洋戦争をめぐる歴史認識(いわゆる「解放史観」をめぐる問題)という点でも、この地域の――欧米植民地支配からの独立という意味での――脱植民地化との関係が議論の焦点となってきた。言い換えれば日本による占領が東南アジアに与えた歴史的衝撃がもっぱら注目されてきたのである。

これら日本が占領支配した東南アジア諸地域は、独立国タイをのぞけば、すべて欧米諸国の植民地・属領・委任統治領であり、このうち大戦前に将来の独立が約束されていたのは、米連邦議会の立法(一九三四年)により一九四六年の独立が定められていたフィリピンだけであった。日本の敗戦後、東南アジア各地は、植民地と宗主国の間で独立に向けた政治あるいは戦争が展開する激動の時代に入り、一九五〇年代後半までにはオランダとフランス、一九六〇年代末までにはイギリスというヨーロッパの諸帝国が東南アジアから退場していくことになる。それを「解放」の名で呼ぶことはできないとしても、日本の占領が東南アジア脱植民地化のひとつの重要な契機となったことは客観的事実として明らかであり、関心がそこに集まるのも当然だ。

ここで研究史をごく簡単にふり返っておこう。日本の東南アジア占領をめぐる研究は、一九七〇年代までは欧米の東南アジア史研究者がリードしてきた[Benda 1958; Silverstein ed. 1966; McCoy ed. 1980]。その関心は——ヨーロッパが受けた植民地喪失の衝撃を反映して——東南アジア史における日本占領の意味、そして東南アジア史における戦前と戦後の連続と断絶の評価に集中してきた。これに対して日本では、占領史をめぐる当事者の「語り・回想」という点では一九七〇年代までの集積はもちろん重要であったが[読売新聞社一九六七—七六。東京大学編一九八〇]、研究面では、いくつかの先駆的業績[西嶋・岸一九五九。太田一九六七。小林一九七五]や断片的な論考が発表されるにとどまった[山本・盛田編一九九九。後藤一九八九]。日本における研究が本格化したのは一九八〇年代に入ってからである。南方軍政要員でもあった岩武照彦による一連の開拓者的研究や[岩武一九八一、一九八九]、日本軍政とアジアの民族運動の関係をめぐる共同研究が発表され[田中編一九八三]、比較占領史の観点からの東南アジア占領史への関心[袖井編一九八五]などを通して資料探索と歴史研究が本格化し、一九八五年には防衛庁防衛研究所から基本史料集『史料集　南方の軍政』[防衛研究所編一九八五]が刊行された。さらに一九八〇年代後半に入ると、トヨタ財団の助成による東南アジア各国・地域別の占領史の共同研究が始まったことによって研究水準は一気に飛躍し、一九九〇年前後からその具体的な研究成果が個別研究や論文集として発信され始めた。新たに発見された重要な史資料やインタビュー記録の刊行も相次いだ［後藤一九八九。倉沢一九九二。池端編一九九六。倉沢編一九九七。明石編二〇〇一］。

一九九〇年代までの日本における研究をリードしたのも東南アジア史の研究者であり、その問題関心は欧米における研究――東南アジア史における日本占領期の意味――を継承する傾向があった。しかし、彼らの貢献はそれにとどまらなかった。日本人研究者としての利点を生かした日本語史資料の渉猟・発掘や存命の日本人関係者への聞き取りを通じて、彼らは、それまでの海外における研究では史料上の制約や言語的障壁からなかば不可知の存在として描かれざるを得なかった「占領者としての日本（人）」像を明らかにしてきたのである。さらに一九九〇年代後半になると、新しい史料状況や、再び盛んになり始めた当事者の記録・回顧の出版などを呼び水として、これまで出遅れてきた感があった日本現代史研究者による東南アジア占領史へのアプローチが盛んになり、その関心も政治外交史・経済史から文化史・思想史へとその幅を拡げ、日本史にとっての東南アジア占領の意味や日本人の歴史経験としての意味が論じられ始めている［波多野一九九六。安達二〇〇二。武島二〇〇三。河西二〇〇五］。

これら近年の研究から浮かび上がりつつあるのは、世界戦争を戦い、被占領者としての東南アジアという「他者」との遭遇を通じて、それ自体が変化せざるを得なかった存在としての、またさまざまの矛盾や限界にぶつからざるを得なかった存在としての日本帝国と日本人の姿である。そこから新たな問いが生まれつつある。

考えてみれば、アジア・太平洋地域の植民地帝国のうち最初に崩壊したのは、ほかでもない「大日本帝国」であった。ポツダム宣言の受諾によって、日本はアジア植民地のどの宗主国よりも早く「本州、北海道、九州、四国およびわれわれ〔連合国〕が決める諸島嶼」以外の領土に対する主権を放棄させられたからだ。それはたしかに植民地を日本から解放し、日本の植民地帝国主義を破壊した。それでは、日本帝国の解体は、単に無謀な戦争の果てに訪れた敗戦の結果だけであったのだろうか。日本の東南アジア占領そのものが日本帝国の解体に与えた歴史的衝撃を考えることはできないだろうか。

この視点から本書が注目する問題のひとつが、戦争目的をめぐる「軍事資源獲得論」と「聖戦」論の相克である。南方作戦は、世界戦争のなかで機会主義的に発想され、日米関係などの悪化で枯渇する軍事資源を南方に求めて実行された作戦であった。その一方、ひとたび戦争が始まると、戦争と占領を担う日本人たちの間では、人種戦争を意識したアジア解放の「聖戦」論が澎湃《ほうはい》として語られていく。これに対して軍事資源の獲得を優先する大本営・南方軍参謀は、植民地独立論の誘発を危惧して、走り出した「聖戦」論の抑制をはかり、占領の現場とのあいだで大きな摩擦を起こしていく。

「大東亜共栄圏」の「虚像」と「実像」という問題にも、本書は、日本帝国が直面した矛盾と限界を浮き彫りにする視点から注目する。この対比から一般に想像されるのは、互恵・平等を想起させる「共栄」という宣伝文句(虚像)の一方で、東南アジア占領の実態(実像)は日本を支配者とする垂直的な支配であり、日本が占領下のビルマやフィリピンに与えた「独立」はカッコ付きに過ぎなかったという見方であろう。しかしはたして日本は、その「実像」を実現できたのであろうか。むしろ日本帝国が秩序の形成力に不足していたという現実が、日本帝国をその膨脹の極点において揺さぶり、「共栄」や「独立」の観念をめぐる力関係にも影響を与えていったのではないか。このような観点から本書では、東南アジア占領に関係した日本人の「語り・回想」を通じて、日本帝国が東南アジア占領によって揺さぶられ、解体されていく契機――「南方＝東南アジア占領の歴史的衝撃」――に注目していきたい。

成田龍一は、日本人の「戦争経験」が戦闘経験に比重がかかる一方、「他者と遭遇する空間」としての「植民地経験」の考察が「いまだに未熟」であることを課題として指摘した［成田二〇一〇、二〇頁］。たしかに、日本人の「戦争経験」は、戦地であれ「銃後」であれ、日本人が共に生き共に死んだ自己完結的で内向きの経験として語られてきた印象が強い。しかし、「植民地経験」もまた語られてこなかったわけではない。むしろ見逃されてきたのである。そして東南アジア占領とその破綻をめぐる日本人の「植民地経験」に注目するとき、東南アジアという「他者」に対して日本帝国のやり方が通用しないことを学ぶという経験そのものが日本人に与えた歴史的衝撃としての意味も浮かび上がってくる。この視点から、本書は、東南アジア占領者としての日本人の経験が日本と日本人の戦後に開かれた歴史経験としてもった可能性にも注目していきたい。

東南アジア占領史の語り手たち――本書の方法

以上のようなねらいをもって、本書は以下、南方＝東南アジア占領に関わった日本人のなかから、数から言えばほんのひと握りの人々を「語り手」として選び、その人々が自らの経験を戦時においてどのように語り、また戦後においてどのように反芻してきたのかを辿っていく。

まず、東京の戦争指導部とその周辺の人々。大本営陸軍部の参謀将校たちや、大本営政府連絡会議の要人たちの言動については、出版された一連の戦争指導部の記録——『杉山メモ』〔参謀本部編一九六七〕、『機密戦争日誌』〔軍事史学会編一九九八〕、『敗戦の記録』〔参謀本部編一九七九〕、『史料集　南方の軍政』〔防衛研究所編一九八五〕、『東條内閣総理大臣機密記録』〔伊藤ほか編一九九〇〕——や、重光葵《まもる》の一連の手記・日記〔重光一九八六〕など要人の日記・手記、アジア歴史資料センターの公開史料、防衛省防衛研究所戦史研究センター所蔵史料とりわけ石井秋穂《あきほ》大佐による複数の回想録(4)さらには近年の研究であらたに発掘された関係者の未刊行日記・記録など、幾多の史料がある。彼らによる戦争指導の実態は、公開史料の不足に泣く日本現代史のなかでは過去をかなり綿密に再構成できる主題のひとつである。本書ではとくに、占領地から遠く離れた東京の密室とも言える状況のなかで、大本営参謀や戦争指導部がいかなる発想から南方＝東南アジア占領に臨んでいたのかを、検討していきたい。

南方派遣軍の将兵が残してきた記録・回想は、言うまでもなく夥しい数にのぼる。ただその大半は、過酷な戦場の経験に焦点があてられている。もちろん「戦後日本人」の形成において戦場経験は歴史経験としてきわめて重要な意味を持つが、本書が検討の中心とするのは、主として派遣軍の中枢において軍政・占領政策を担い、東京の戦争指導部と、被占領地の政治指導者・住民との間に立った人々の経験である。

飯田祥二郎ビルマ派遣軍司令官の述懐〔飯田一九六二〕や今村均ジャワ派遣軍司令官の回顧録『戦い終る』〔今村一九六〇〕は、いずれも大本営や南方軍総司令部と派遣軍の摩擦を証言している。このほかとくに軍政に焦点をあてたものとしては、フィリピン派遣軍の軍政監部総務部長を務めた宇都宮直賢の回顧録［宇都宮一九八一］や、マラヤ派遣軍軍政監部総務部長を務めた渡邊渡《わたる》の史料集［明石編一九九八］などが注目できる。より若手（尉官クラス）の軍政要員の記録・回想としては、インドネシア軍政についての斎藤鎮男の回想録［斎藤一九七七］、南方軍総司令部に勤務した榊原政春の日記［榊原一九九八］・所蔵史料［明石編二〇〇四］、インドネシア、フィリピン、マラヤ・シンガポールの軍政・占領関係者のインタビュー記録（巻末引用・参照文献参照）などが刊行されている。各植民地に対する政治工作についても、ビルマ（南機関）、インド国民軍（藤原機関）、フィリピン（アルテミオ・リカルテ将軍の利用）などについて、それぞれ関係者の回想がある。

一方、地方レベルでの占領の現場についての記録・回想は断片的にならざるを得ないが、ひとつの例外として、人見潤介による、フィリピン各地における宣伝工作の報告文書が残されている。一九九六年に人見資料は一部をのぞいて復刻出版された［渡集団編一九九六］。主としてこれらの刊行史資料に依拠しながら、本書では、被占領地の政治指導者や住民との関係をめぐって日本の軍人がどのように思考し、行動しようとしたのかを検討していく。

徴用・雇用・企業派遣などのかたちで多数の民間の人材を軍が戦争と占領に活用したことは、アジア・太平洋戦争のもっともめざましい特徴のひとつであった。彼らの「語り・回想」は、数量的には軍人のそれに較べると限られるものの、軍人には欠けがちな視点からの東南アジア占領史の「語り手」として、重要な意味をもっている。

文民のなかでも、その経験のもっとも雄弁な語り手が、すでに登場した文士をはじめとするいわゆる「文化人」であったことは、その職責や作家的関心から当然で、従軍当時から戦後にかけてきわめて多くの「語り・回想」が彼らにより著されてきた。

もちろん、南方派遣軍に動員された民間人の中では、「文化人」はきわめて少数の例外的一隅を占めるに過ぎない。陸海軍全体の定員で総計約二万人にのぼった軍属全体のなかでは、南方派遣軍全体で定数七六五二人の占領運営を支える軍政要員として官吏・官僚・企業人が「司政長官」・「司政官」として徴用され［防衛研究所編一九八五、一九八頁］、さらに、陸海軍全体で定数一万三六九五人にのぼる、通訳・通信技手など軍の不足する人材を補う軍属が兵卒と同様の待遇で徴用された［同上、一九九頁］。軍属以外にも、タイピスト、電話交換手、運転手などで軍に雇用された女性を含む多くの日本人が南方に渡航し、さらに接収した敵産（敵国資産）工場・鉱山・油田などの受託経営を含めて夥しい数の日本企業が日本軍占領下の南方に進出した。進出企業の社員たちは産業開発交易要員と呼ばれた。一般渡航者を含めて、一九四三年六月時点で、東南アジア占領地（陸軍軍政地域）内の在留邦人は四万人を超えたという［同上、一八三―一八四頁］。

これら占領地に派遣された民間人のなかでも注目したいのがいわゆる「経済人」たちの「語り・回想」である。第二次世界大戦前の新聞記事において「経済人」という言葉が――古典派経済学における合理的行為者としての「ホモ・エコノミクス」とは区別して――経営者・企業幹部など経済界の指導層をさす意味で使われ始めたのは、おおむね一九三〇年前後からのようである(5)。とくに日中戦争が全面化した一九三七年以降、「経済人」の呼称は、総力戦体制に貢献すべき国家の一員という意味合いで頻繁に使われ始めている。南方作戦が一段落すると、軍政要員・進出企業社員として多くの日本人が東南アジア各地に派遣された。彼らもまた「大東亜共栄圏」の建設を担い国家に貢献しているという意味合いで、「経済人」、ときには「経済戦士」・「産業戦士」とも呼ばれていく。彼らはその経験を通じて、軍人とは異なる視点をもつ自己を自覚していくことになる。

フィリピン派遣軍の軍政最高顧問(のちに駐比全権大使)を務めた村田省蔵はその体験を日記などに克明に記録した。榊原政春の日記もまた、南方軍総司令部の将校として書いたものでありながら、「経済人」としての視点のめざめという観点から興味深く読むことができる記録のひとつである。同日記は、一九九八年、「原文のまま(無編集で)」『一中尉の東南アジア軍政日記』として出版された〔榊原一九九八、三七七頁〕。のちに自らが南方軍政研究者となった岩武照彦をはじめとする、南方軍政に駆り出された若手の中央官僚たちも、東南アジア占領の全体像を知るうえで貴重な証言者たちである。パレンバンの「石油部隊」をめぐる「語り・回想」も、企業人の戦争・占領経験として注目できる。このほか、商社員から戦前の駐在先であるビルマに派遣された桑野福次が「若い世代に知って貰う」ために戦後(一九八八年)に公刊した日記にも「一市民である私」〔桑野一九八八、一四頁〕の目線からの興味深い観察が豊かに記されている。これら作家とは異なった視点からアジアの「他者」と向かい合う経験を語る、多様な民間人の記録・回想を本書では参照していく。

忘れてならないのは、戦前からの在留邦人の経験である。開戦を在留先の東南アジアで迎え、敵性国民として収容・追放され、占領軍としてやってきた日本軍を歓呼して迎えた彼らの多くは、この戦争によって生活を破壊され、「引揚者」となっていく。インタビュー記録や、凄惨なマニラ戦(一九四五年二月)をフィリピン人の厚意に囲まれて奇跡的に生き延びた大沢清の回想録〔大沢一九七八〕をはじめとする在留邦人の回想を検討していく。

最後に、本書には登場しない「語り手」たちについて述べておくことで、本書の意図をより明確にしておきたい。冒頭に登場させた人々がそうであるように、本書がその「語り・回想」を追う人々として選ぶのは、わずかな例外をのぞき、ほとんどすべて戦時を生き延びた、すなわち「戦後日本人」となっていく人々である。先に述べたように南方派遣の日本人の生還率は全体で四四％、東南アジアに限定しても五四％に過ぎないのだから、これは明らかに偏った選択である。しかし、「戦後日本人」を生み出した歴史経験として南方＝東南アジア占領を捉える本書は、これら生き延びた人々がその経験を反芻していくなかで残してきた「語り・回想」をテキストとして用いていく。

いまひとつ重要な限定として、本書は、その「語り・回想」を追う人々に、日本帝国の「日本人」としての台湾人・朝鮮人を選んでいない。戦時徴用・従軍させられた台湾人・朝鮮人の総数は政府統計でも四五万一〇〇〇人にのぼり〔厚生省監修一九九七、一二三頁〕、南方派遣軍にも多数の台湾・朝鮮出身の軍人・軍属が従軍した。だから、植民地人を「日本人」から排除するのは、明らかに偏った選択である。しかし、まさに「戦後日本人」はその選択のうえに構築されてきたのであった。仏印に派遣された日本人の歴史経験を追った吉沢南の先駆的研究は、戦後長らくベトナムに残留して一九七九年に難民として出国した「日本人」＝台湾人、林文荘の驚くべき軌跡を追っている〔吉沢一九八六、一二二―一二四頁〕。同書で吉沢自身が一九七九年当時にはその存在を想像すらできなかった「思いもかけない忘れもの」〔同上、一二〇―一二一頁〕だったと述解しているように、敗戦直前には徴兵制施行とともに参政権の植民地への拡大も決めて国民化を完成させたはずの朝鮮と台湾という植民地と植民地人の存在を、戦後日本は「戦後日本人」からあっさりと排除して忘却したのである。

さらに本書は、残されてきた「語り・回想」をテキストとして用いるがゆえに、語らざる人々（サバルタン）の視点が可視化されにくいことを自覚している。たとえば、戦後四〇年近くにわたって「従軍慰安婦」が、その「存在」自体は戦争文学などで繰り返し語られながら、それが性奴隷制や植民地主義にかかわる「問題」であることがほとんど意識されてこなかったことをあげることができる。植民地人の存在や性奴隷の視点の排除や忘却が、「戦後日本人」の構築に向けた日本人の「回心と再生の経験」に欠けていた問題であるとすれば、それはどこかで南方＝東南アジア占領をめぐる日本人の歴史経験のあり方とも結びついている。本書は、残されてきた「語り・回想」から紡ぎだされた「支配的な語り」に寄り添いながら、そこに「欠けていること」を含めて、それらを読み解いていくという方法を採っていきたいと考えているのである。

第一章
大本営参謀たちの南方問題

市ヶ谷の大本営陸軍部(防衛庁防衛研修所戦史室編『戦史叢書 大本営陸軍部 第3巻』1970年)

1　日中戦争の出口としての南方

戦争指導班『機密戦争日誌』

一九四〇年六月一日、土曜日。

開戦に先立つこと一年半のこの日、大本営陸軍部作戦課・戦争指導班の班員、種村佐孝《さこう》少佐(一九〇四生)は、「本日より(中略)業務日誌を記載する」と記して、このあと戦争指導班の数名の将校たちが一九四五年八月一日までかわるがわるに書き継いでいくことになる機密日誌(以下、『機密戦争日誌』)を開始した(1)［軍事史学会編一九九八、七頁］。ドイツのポーランド侵攻(一九三九年九月一日)で始まった第二次世界大戦の奇妙な静けさが、独軍のベルギー・オランダ侵攻(一九四〇年五月一〇日)で破られ、ダンケルク占領・英軍の大陸撤退(六月四日)、独軍パリ占領(六月一四日)へと急展開するヨーロッパの戦況を受けて、陸軍参謀本部が、にわかに「南方」への武力進出の可能性を検討し始めた時期のことである。

この『機密戦争日誌』の全文が、軍事史学会の編集により公開・刊行されたのは、ようやく一九九八年のことであった。一九三六年に石原莞爾大佐の発案で「長期的な観点から国防国策を企画する組織」として陸軍参謀本部に設けられた戦争指導課は、翌年、石原が参謀本部を去ると班に格下げとなり、その後も班員は多くて五名程度と組織は弱体で、戦争指導を主導することはできなかった。しかし、彼らは大本営政府連絡会議(2)の事務局役として、陸軍参謀本部を代表して陸軍省・海軍省や海軍軍令部などと折衝したという。さらに編者は、刊行が遅れた一因としてしばしば「執筆担当者の個人的な見解や感情がむきだしに」なっている「日誌の性格」を指摘する〔軍事史学会編一九九八、上、viii―ix頁〕。政策立案では脇役ながら全体を見渡す位置にあった者たちが残した記録であり、時として個人的感情が吐露されるがゆえに、陸軍エリートたちの発想や認識さらには感情・職場の日常までが浮かび上がる興味深い「語り・回想」と言えるだろう。

もっとも長く(一九三九年一二月―四五年八月)戦争指導班に在職した種村佐孝は、一九五二年、この日誌の一部を自らの記憶や解釈をまじえてまとめた日誌風の著書『大本営機密日誌』を出版した〔種村一九五二〕。敗戦直前の八月一日に朝鮮軍参謀に転出してシベリアに抑留された種村が帰国後に書いた著書は、他の軍人・政治家の戦後の回想録と同様に反省と弁明の入り混じった戦後視点からの解釈が加わっていて、日誌原本の記述とはかなりズレがある。原本が公刊された現在となっては、その語り直し方自体が興味深い文献である。

著書の冒頭、種村は、一九四〇年三月末の時点では、翌一九四一年以降、中国から日本軍を段階的に撤兵させる案が省部(陸軍省・参謀本部)間で正式決定していたことを強調する。その一方、参謀本部の南方への関心は薄く、対米戦争の際のルソン島上陸作戦を立案したことがあるのみで、その他の南方諸地域には「無関心の状態」だったという。この事態を一変させたのが独軍の破竹の進撃とフランスの敗北であり、南方作戦はこのとき「はじめて正式に参謀本部の研究対象となった」〔種村一九五二、一二―一五頁〕。

「対支兵力量縮減」の主要なねらいが、対ソ連戦争の可能性を意識した国防体制の再編と軍備充実にあったこと〔防衛庁防衛研修所戦史室(以下戦史室)編一九七三、第一巻、二一〇頁〕を種村が述べていないのは、シベリア抑留からの帰国者としての語り直しを感じさせる。しかし、ヨーロッパ戦局の急転という「好機」によって他律的に日本の軍事的関心が南方に向いたことは、種村の言う通りだったようだ。『機密戦争日誌』に「南方」の字が初めて表れるのは、独軍パリ占領直後の一九四〇年六月一九日である。これに先立つ六月一一日、浄土真宗本願寺派第二二世法主の宗教家・探検家で知られる大谷光瑞《こうずい》の「南洋講話」を聞いたことが記録されている。この前後から陸軍省・参謀本部の部課長・主任者レベルの意見交換が始まり、七月八日には「対南方諸邦施策の省部決定」があり、八月になると「南方綜合作戦計画」(八月一五日―)や「南方戦争指導要綱」案が「研究」され始め(八月一九日―)、「南方作戦に要する被服の展覧」などがあったこと(八月一三日)も記録されている。

北部仏印への進駐問題

日本と南方＝東南アジアの歴史的遭遇の主役とも言える存在だった日本陸軍が、参謀レベルで南方問題に関心をもち始めたのが開戦のわずか一年半前であったというのは、考えてみれば驚くべきことだ。それでは、開戦までのあいだ、大本営参謀の問題意識のなかで、南方はどのように捉えられていたのだろうか。

まず確認できるのは、一九四〇年半ばという時点の南方問題とは、もっぱらに仏印(フランス領インドシナ)とりわけ仏印北部への進駐問題であり、それが日中戦争を出口に導く一策として考案されていたことである。

日中全面戦争が始まってから三年。日本は「重慶政府(蔣介石政権)」すなわち中華民国・国民政府を壊滅・屈服させる見通しを失っていた。そして、密使を通じた秘密交渉「桐工作」など複数のルートで虚々実々の和平工作が模索される一方、海軍航空隊を中心に一九三八年以来繰り返してきた――無差別爆撃として国際的非難を浴びた――重慶爆撃は、五月から八月にかけていっそう激しさを増した。しかし、一時は有望視された種々の和平工作も「望み薄」として九月一杯でいったん打ち切られ、日本は日中戦争の短期的な解決を放棄して「大持久戦」へと方針転換せざるを得なくなる。その一方、ヨーロッパでは、六月にフランスがドイツに敗北し、七月に始まった英独航空戦(バトル・オブ・ブリテン)でもイギリスの敗色が濃厚という見方が陸軍参謀本部では支配的だった。このような情勢判断と連動して、蔣介石政権を圧迫する決め手の一つとして急速に浮上したのが、仏印や香港に対する武力行使論であった。一九四〇年七月二三日、南支那方面軍は大本営直轄となり、一部を仏印国境地帯に進出させて、仏印への侵攻準備を開始した。その最大の目的は、東南アジアから中国南部につながる英米の蔣介石政権支援の糧道すなわち「援蔣ルート」を断つことで、なかでも「仏印ルート」は「ビルマ・ルート」とならんで「援蔣ルート」の大動脈と見られていた。

しかし、ドイツ占領下に樹立されたとはいえ建前上は中立を標榜するフランス・ヴィシー政権に対して北部仏印進駐を武力で強行することには、政府部内はもとより陸軍省でさえ慎重論が強かった。海軍も武力進駐には強く反対して、南支那方面軍が独断で越境しないよう実力で牽制する構えさえ見せた。南進に陸軍よりもはるかに強い関心を以前からもちながらも、海軍は戦争準備が整わない時点での武力南進が英米を刺激することを何よりも恐れていたのである。

その後、武力進駐の強行直前になって、現地の日本軍代表(仏印監視団長)西原一策少将が仏印政府とのあいだで「平和進駐」を可能にする西原・マルタン協定(一九四〇年九月二二日)を締結した。ところが、協定締結を知らない日本軍の一部が武力進駐を始めて仏印軍とのあいだで戦闘が発生して死傷者を出す事態となった。陸海軍の連携も乱れ、海軍護衛部隊はハイフォン(海防)に上陸を強行した陸軍部隊の西村兵団を残して海南島に引揚げる一方、陸軍航空機がハイフォンで「誤爆」事件を起こすなどの混乱が生じた。それはまさに、西原が大本営を非難して打った電報に記されたように、「統帥乱れて信を中外に失う」[戦史室編一九七三、第二巻、一四三頁]事態であった。その結果、一〇月初旬までに――不始末の責任を取らされるかたちで――陸軍参謀総長・作戦課長・作戦班長、南支那方面軍司令官、西原一策少将らが一斉に更迭された。種村佐孝は、それが六年にわたる「私の参謀本部在職中の最大の大嵐」だったと形容する[種村一九五二、三三頁]。

「統帥乱れて」武力行使に至った北部仏印進駐は、アメリカでは「インドシナに対する攻撃[3]」と大々的に報じられた。アメリカの反発は日本の予想をはるかに超え、ローズベルト政権は――事前に準備・決定していたことではあったが――ただちに対中国(蔣介石政権)借款供与(九月二五日)と屑鉄の対日禁輸(九月二六日)を発表した。その一方、日本は、北部仏印進駐直後の九月二七日、外務省・松岡洋右外務大臣の主導によりドイツとイタリアとの間で日独伊三国軍事同盟を締結した。陸軍参謀たちは仏印進駐問題に没頭していて『機密戦争日誌』も「日、独、伊問題」は「万事内閣にて準備せらるることとし大したることなし」(九月一五日)などと、どこか他人事のような書きぶりであった。しかし、国際社会は北部仏印進駐と三国軍事同盟の締結を一体の動きと見なし、日本は英米と決定的に敵対する後戻りのできない場所に自らの身を置くことになった。陸軍が日中戦争の出口として期待した仏印は、南方問題に、そして世界戦争に日本がのめり込んでいく入り口となったのである。

2　好機南進論と受け身の南進論

「支那事変処理要綱案」

重慶(蔣介石政権)和平工作の打ち切り、北部仏印進駐、三国軍事同盟の締結そして陸軍参謀本部の更迭人事。これらを踏まえて、一九四〇年一〇月はじめから、今後の日中戦争の方針を検討する「支那事変処理要綱案」の「省部首脳者に於ける討議」が始まった。『機密戦争日誌』は、「支那事変を解決する為南方問題を補捉《ママ》し武力を行使して解決せんとする所に特異性を存し且難問とする所あり」と記している(一九四〇年一〇月二〇日)。それは、日中戦争の解決を求めるがゆえに日本が世界戦争の中に足を踏み入れ、それが結果として後戻りのできない状況に自らを追い込んでいく状況を予言する言葉だった。

このとき陸軍省軍務局軍務課支那班長として「支那事変処理要綱案」に向けた陸軍案の起草の中心となったのが、のちに南方軍政の立ち上げを主導することにもなる石井秋穂中佐(一九〇〇生)であった。石井を長く取材した作家の保阪正康は、石井を「私がこれまでに会った旧軍人のなかではあまりにもタイプが異なっていた」「理知的・理性的な軍人」と形容する〔保阪二〇〇四、六八―六九頁〕。戦後、自衛隊にも政財官界にも入らず、故郷・山口で「晴耕雨読」の生活を送る一方、石井は戦史の重要な証言者であり続けた。

石井は戦後（一九六〇年）、「支那事変処理要綱案陸軍案」（一九四〇年一〇月二二日）を「大持久戦という一般構想を前提として起草した」〔戦史室編一九七三、第三巻、七〇頁〕と述べている。その要点は、蔣介石政権をただちに屈服させることをあきらめ、日本が支援する汪兆銘が樹立した南京政府を承認したうえで、戦線を整理し、あらためて蔣介石政権に軍事的圧力を強めて南京国民政府との合流（汪蔣合作）を促すという方針だった。ここで注目されるのが、こうした政策文書では初めて「武力南進論」が書き込まれた次の一項だった。

援蔣を禁絶し、長期大持久戦、並帝国国防の自主独立性を完整する為、成るべく速に南方問題を解決す。之が為好機を補捉し武力を行使す〔戦史室編一九七三、第三巻、七四頁〕。

この一文が示すように、「支那事変処理」の一環として陸軍が構想した「南方問題」解決の目的は、軍事戦略としての「援蔣禁絶」（援蔣ルートの遮断）にとどまらず、「長期大持久戦」を可能にして、「帝国国防の自主独立性」を確保すること、すなわち南方の軍事資源を確保することに及んでいた。日本は、石油・鉄・稀少金属など、近代的軍事力を維持するために必要な資源の大半をアメリカや欧米植民地としての南方＝東南アジアに依存していた。「自主独立性」を「完整する」という言葉には、このような資源の対欧米（植民地）依存を一刻も早く脱却したいという願望が込められていた。

その一方で少なくとも当面は、軍事資源を米欧（植民地）に依存せざるを得ないのもまた現実であった。だからこそ大本営・政府は、北部仏印進駐でも——これに便乗してゴム・米などの資源獲得を求めた主張を退けて——その要求と目的を「援蔣禁絶」に限定して、英米を無用に刺激することを避けようとした。ところが、アメリカの反発は彼らの予想を超え、日本は対米関係の決定的な悪化と石油の枯渇という最悪の事態を想定せざるを得なくなった。すると今度は、その打開策として軍事資源の獲得それ自体を目的とする武力南進を構想せざるを得なくなり(受け身の南進論)、またヨーロッパにおける独軍の優勢という「好機」がそれを作戦的に可能にしているという認識(好機南進論)が拡がった。石井が起草した一項は、武力南進案のそのような両面性を反映していた。開戦に至るまで、このふたつの武力南進論は、からみあい錯綜していくことになる。

南進に強い関心をもちながら、武力南進(対英武力行使)は対米戦争と不可分であると捉える海軍は、陸軍原案の「好機に投ず武力南進」論に強く反対した。対米戦争の準備が艦船などの装備面で十分に整うまでは国策として南進を決定すべきではない、ただし準備は必要(予算を要求する)というのが海軍の主張だった。陸軍は逆に、国策としての決定がないと日中戦争や北方(対ソ連)を念頭においてきた陸軍の大規模な再編には入れないというのが建前だった。結局、一九四〇年九月に英独航空戦でイギリスが防衛に成功し、ドイツのイギリス上陸作戦が無期延期されると、陸軍の好機南進論はやや沈静化して、一九四〇年一一月一三日の御前会議で決定された「支那事変処理要綱」の最終案からは「南方問題」は全面削除された。そして、武力南進の可能性や条件については、日中戦争の問題とは切り離して陸海軍間で研究・検討されることになった〔戦史室編一九七三、第三巻、七六―八一頁〕。

このように国策としての南進論の検討は一九四〇年末にいったん棚上げされた。しかしその一方、日本帝国陸海軍という巨大な組織の歯車は、この頃から南方作戦に向けて確実に回転し始めていく。一九四〇年一〇月から一二月末にかけて、陸軍は「南方作戦予定兵団」の編成を開始、馬匹編制(軍馬使用）の自動車化、「熱地方面の作戦特に上陸作戦」の訓練、インドネシア油田地帯の奇襲占領を目的とした落下傘部隊の創設などを進め、南方作戦の兵站基地としての台湾には、兵器・弾薬・燃料・一万両にのぼる自動車・大小各六〇〇隻にのぼる上陸用舟艇などが集積されていった。翌一九四一年三月下旬から四月上旬にかけては、シンガポール攻略作戦を想定して、南支那方面軍が東シナ海を横断して北九州に「敵前上陸」して佐世保要塞を攻略するという「大規模敵前上陸作戦演習」も実施された。一方、海軍も北部仏印進駐後の一九四〇年八月には来るべき戦争を想定した戦備促進に着手し、一九四〇年一二月までにはアメリカを直接目標としない限り「情勢に依り立上り可能」になったと宣言した。このあと海軍はさらに対米戦争の準備を完成させるために大量の船舶徴傭を進め、一九四一年四月には巡洋艦建造などによって「対米戦備七割五分」が完成したと宣言し、九月以降は戦時編成に移行し、連合艦隊の各艦船も母港に戻り臨戦準備態勢に入っていく〔戦史室編一九七三、第三巻、二八六―二九二、二九九―三〇四頁〕。

「謀略」工作も本格化した。なかでも先行したのが鈴木敬司陸軍大佐（一八九七生）によるビルマ工作であった。一九三〇年代にフィリピン、オランダ領東インド（蘭印）での諜報活動の経験も積んでいた鈴木は、一九四〇年三月、参謀本部付の諜報活動担当となり「援蔣ビルマ・ルート」遮断の方策について研究するように命じられた。そこで鈴木が注目したのが、ビルマの反英独立をめざすタキン党の存在であった。同年六月、鈴木は日緬《にちめん》協会書記と読売新聞記者を兼務する「南益世」なる人物を名乗ってビルマに潜入すると、独断でタキン党の長老幹部と接触し、独立運動の支援を約束した。このとき同党の事実上の最高指導者だったアウンサンは、イギリス官憲の追跡を逃れてビルマを脱出、中国共産党との接触をはかって廈門《アモイ》にいた。鈴木は租界の憲兵隊に命じてアウンサンらを捕らえて日本に連行した。羽田の東京飛行場で鈴木はアウンサンを出迎え、日本軍によるビルマ独立支援構想への協力を説得した。ビルマ史研究者の根本敬によれば、アウンサンは、鈴木の朝鮮人差別の言動や、娼婦を彼にあてがおうとした態度にあらわれる日本人の価値観、日本軍の中国侵略などに疑念を抱いたが、現時点では日本と組むことがビルマ独立のために最良の現実的選択だと判断して鈴木の説得を受け入れたと指摘している〔根本一九九六、九四―一〇四頁〕。同年一二月、東條英機陸相と杉山元《はじめ》参謀総長はビルマ謀略工作の推進を承認し、翌一九四一年二月、ビルマ独立運動を援助する謀略機関として「南機関」が発足した。南機関はバンコクに拠点をおき、一九四一年八月までに三〇名のタキン党員をビルマから脱出させ、海南島で軍事訓練を実施していくことになる〔戦史室編一九七三、第三巻、二九二―二九八頁。武島二〇〇三、二〇一―二一九頁〕。

好機南進論の放棄

このように、南方作戦の準備という巨大な歯車が唸《うな》りを上げて回転し始める一方で、大本営の陸軍参謀将校たちは、南進の是非をめぐってハムレットのように悩み続けた。その途上で、一九四〇年一一月から翌四一年四月にかけて、主として陸軍側が働きかけて検討され、四月中旬にいったん成案を得たのが、「対南方施策要綱」(一九四一年六月六日、大本営政府連絡会議決定)という文章である。この要綱については戦争指導班が陸軍側で立案調整の中心となったので、その紆余曲折は『機密戦争日誌』にくわしく記録されている。

成案を得るまでに半年近くを要した同要綱は、「帝国の自存自衛」(すなわち軍事資源の確保)を拡充するために、仏印・タイとのあいだで軍事・政治・経済にわたる「緊密不離」の「結合関係」を築くこと、蘭印とは「緊密なる経済関係」を確立すること、「他の南方諸邦」とは「正常の通商関係を維持」することを当面の国策とした。そしてそれらは外交的手段によることを原則として、意外にも、陸軍側に根強かった好機南進論を封じて、海軍側が主張してきた——アメリカが「対日武力圧迫(全面禁輸)」を加えてきた場合に初めて武力を行使すべきとする(『機密戦争日誌』一九四一年三月二〇日)——受け身の南進論に大きく歩み寄るものだった。そして、たとえイギリスの崩壊が必至の情勢でも武力は行使せず、外交的努力により資源の確保(とくに蘭印の石油確保)に努めることを基本方針として(第四項)、武力行使の条件(第三項)については、①アメリカ・イギリス・オランダなどの対日禁輸によって「帝国の自存を脅威せられたる場合」、あるいは②アメリカ単独またはイギリス、オランダ、中国と共同した「帝国に対する包囲体制」が強化されて「帝国国防上忍びざるに」至り、それらの「打開の方策」がない場合にのみ、日本は「自存自衛の為武力を行使す」としたのである〔参謀本部編一九六七、上、二二七—二二八頁〕。

『機密戦争日誌』の関連する記述を読むと、戦争指導班が海軍の主張に大きく歩み寄った決め手のひとつが、陸軍案に対する海軍側の回答が遅れている間に検討された、陸軍省軍務局戦備課による「物的国力判断」研究の結論であったことが分かる。芝生英夫少佐を主任として行われたこの研究は、一九四一年四月一日に対南方武力行使を発動して対米英開戦に踏み切った場合と、不行使の場合に分けて、一九四六年までの「物的国力」の水準をシミュレーションしたものである。

その結論は、①武力行使＝対米英戦争の場合、空襲などの武力による「本土破壊」を度外視したとしても、なお、貿易の麻痺、海運の逼迫、軽工業原料資源の枯渇などのために、物資供給力は長期にわたり低下して、非鉄金属・稀少金属が極端な欠乏に陥ると指摘するものだった。さらに、南方占領地では日本との間で――南方からの軍事資源の対日輸出のみという――「片貿易」が生じることが避けられず「民生を圧迫し、現地に搾取的経済情勢を生じ、占領地統治上諸種の困難に逢着《ほうちゃく》」する恐れがあるとも指摘していた。他方、②武力不行使により英米と経済断交に至らない場合は「我が物的国力は当初二カ年は低下するが、爾後逐年若干迄恢復する」、③経済断交に至る場合は「物的国力は急低下し、その恢復も頗《すこぶ》る困難」と判断した。そして「判決」としては、「帝国は速かに対蘭印交渉を促進して、東亜自給圏の確立に邁進すると共に、無益の英米刺激を避け、最後迄英米ブロックの資源に依り国力を培養しつつ、有ゆる事態に即応し得るの準備を整えることが肝要である」とした。事実上、②の選択肢を推奨する結論であった〔戦史室編一九七三、第三巻、三二九―三三三頁〕。今日ふり返ると、選択肢①の見通しは、民生圧迫がもたらした南方占領の行き詰まりを含めて正鵠《せいこく》を射ていたと評価できる内容である。

この「判決」を受けた『機密戦争日誌』は、迷いが吹っ切れたかのように、「南方武力行使など思いもよらずと云うべし」「支那事変処理に邁進すべし」(一九四一年三月二二日)と記し、翌日、戦争指導班自身による「判決」として「好機に投ずる対南方武力行使なし」と決定、「迂《ママ》余曲折を経て今日に至る」「第二十班として右判決不動なり」(三月二四日)と、いったんは好機便乗による南方武力行使の断念を固く決心した様子を記している。この時点では、対南方武力行使は日本にとってあまりにもリスクが大きすぎるという現実認識が、好機南進論という軍事的冒険主義に勝ったわけである。

好機南進論の再燃と南部仏印進駐

しかし、この現実認識の勝利は、長くは続かなかった。戦争指導班は、一九四一年四月から六月にかけて、「対南方政策要綱」の決定をめざして「好機南進論」の根強い陸軍各方面の説得に尽力した。参謀本部編『杉山メモ』には、一九四一年六月六日付の「大本営政府連絡会議決定」として「対南方施策要綱」が記載されている。しかし、審議の記録はない［参謀本部編一九六七、上、二一七—二一八頁］。実は、戦争回避に重点をおいた点でハト派的文章とも言えるこの「要綱」は、ちょうどこのとき陸海軍省・大本営部内で猛然たる逆風にさらされて事実上反故《ほご》にされ、かわって南部仏印進駐への動きが一気に強まったのである。

この時期、政府・大本営は、日ソ中立条約の調印（一九四一年四月一三日）、日米交渉における「日米両国諒解案」の提示（四月一六日）を受けて、一方で「諒解案」をめぐって日米間や政府・大本営内部における虚々実々の交渉・調整が展開し、また一方では独ソ開戦間近の情報が米・独双方の日本大使から伝えられ、三国同盟堅持論から日米提携への外交方針大転換論まで献策・憶測・主張が飛び交い、「情勢は誠に複雑怪奇」（四月二一日）「情勢の転回真に走馬灯の如し」（五月一三日）というありさまであった。そして結果的には、独ソ開戦必至の情報による「帝国国策」の見直しの流れが一気に強まるなかで、好機南進論が再燃したのである。日蘭会商——連合国側の植民地政府が継続していた蘭印政府に対して日本政府が石油・鉱産資源等の対日供給の確約や重要資源開発のための日本企業進出などを要求して行った交渉――が頓挫したことも大きな影響を与えた〔安達二〇〇二、一四二―一八六頁〕。大本営参謀たちの間では、「蘭印すら」蔣介石政権同様に英米の後援に期待して「露骨に帝国の要望に協力することを拒絶する」という屈辱的な情勢に対して、このまま「英米の圧迫を反発」できないほどに日本帝国の軍事力が後退するよりも前に、この際、南部仏印に進駐して仏印・タイの全域にわたって「帝国の軍事的地歩を先制確保」すべきであり、また独ソ開戦となれば北方の脅威を懸念せずに南方武力行使ができるという――受け身の南進論と好機南進論を合成した――見方が急速に拡がったのである〔参謀本部編一九六七、上、二三一―二三二頁〕。

一九四一年六月初旬の『機密戦争日誌』には、陸軍省・参謀本部の間で再燃した好機南進論に戦争指導班が押し切られた様子が生々しく記されている。六月六日、陸軍省の佐藤賢了《けんりょう》軍務課長と真田穣一郎軍事課長が参謀本部に会談を申し込み「断乎南方に武力行使すべき」だと主張すると、参謀本部の作戦課・謀略課も同調して、たちまち戦争指導班は孤立した(一九四一年六月六日)。翌日の日誌は、作戦課長や欧米課長らは出世の早い「優等生」であり、戦争指導班長の自分(有末次《やどる》大佐)は「劣等生」だと自嘲しながら「国力を検討し支那事変処理の現状を諦視する時劣等生たらざるを得ず」「上策を取るを得ず下策に甘んぜざるべからざるを当班の而して亦国家の現実の事態なり」と記している(六月七日)。好機南進論の否定が、国力の不足という冷静な現実認識に基づいていたことを示す記述である。

しかし、続く一九四一年六月九日、杉山元参謀総長のもとで開かれた参謀本部の部長会議でも、好機南進論が大勢を占めた。さらに対ソ戦強硬論者でもあった田中新一作戦部長は、謀略を念頭に置いて北方及び南方に「好機を作為補捉して武力を行使すべきだ」(傍点、引用ママ)とまで主張、慎重論を説く有末と激論になり「遂に憤慨し将に腕力に訴え」、有末は「同意の已むなき」に至った。日誌は「大作戦部長たるものが階級と腕力と暴力とを以て国家の大事を談ずるが如き不可なり」と、吐き捨てるように記している(六月九日)。しかも、戦争指導班からすれば心外なことに、海軍もまた「対南方施策要綱」の開戦慎重論が南進論の全面放棄(すなわち海軍予算の削減)につながりかねないことを懸念して、陸軍で高まった好機南進論に便乗して「英本土崩壊」の場合は「シンガポール」を攻略すると言い出した。「半年間の心血を注ぎたる結論を如何にしたるや」と戦争指導班は憤慨した(六月二一日)。

南部仏印進駐問題は、松岡洋右外相が英米の決定的反発を恐れて強い難色を示したことから一時「国政混沌して何が何やら分らず」(一九四一年六月一六日)という状況となった。しかし結局、独ソ開戦(六月二二日)という「好機」が決め手となり、まずは外交交渉によりつつ、必要な場合は武力を用いた南部仏印進駐の方針すなわち「南方施策促進に関する件」が大本営政府連絡会議決定をへて天皇に上奏裁可(報告・承認)され(六月二五日)、さらに、七月二日の御前会議決定「情勢の推移に伴う帝国国策要綱」により、南方進出のためには「対英米戦を辞せず」とする国策が次のように決定された。

帝国は其の自存自衛上南方要域に対する必要なる外交交渉を続行し其他各般の施策を促進す
之が為対英米戦準備を整え先ず「対仏印泰施策要項」及「南方施策促進に関する件」に拠り仏印及泰に対する諸方策を完遂し以て南方進出の態勢を強化す
帝国は本項目的達成の為対英米戦を辞せず〔参謀本部編一九六七、上、二六〇頁〕

この「対英米戦を辞せず」という「歴史的文句」の意図についてはさまざまの「語り・回想」がある。防衛庁戦史は「陸海軍を通じ真にその決意があって表明されたものとは認め難い」と述べる〔戦史室編一九七四、第四巻、二〇三頁〕。しかし、避戦論の色彩が強かった「対南方施策要綱」における受身の南進論から好機南進論へと日本が大きく舵を切ったことは間違いなかった。ただしこの時点では、戦争指導班も含めて、南部仏印進駐が外交的手段で実現した場合それが対英米戦争に結びつくとは予想していない。「南方施策促進に関する件」の上奏裁可にあたって大本営陸軍部・海軍部が用意した文章では、むしろ機先を制して進駐すれば英米は「勝算なき対日対抗策」を断念するだろうから、南部仏印進駐は「戦わずして勝つの上策」であるとする楽観論を謳っていた〔同上、二三一―二三二頁〕。

ところが現実は、御前会議を前にした土壇場の大本営政府連絡懇談会(一九四一年六月三〇日)で松岡外相が進駐延期論を唱えて「南に手をつければ大事になると我輩は予言する」〔同上、二四九頁〕と言った通りになった。アメリカは日本の「仏印共同防衛」声明(七月二五日)に対して日本の在米資産を凍結(英豪等も追随、日英通商航海条約を破棄)、さらに南部仏印進駐(七月二八日)に対して――日本が最も恐れた――対日石油の全面禁輸に踏み切った(八月一日)。続く八月一二日、ローズベルト米大統領、チャーチル英首相は首脳会談を行い、第二次世界大戦後の世界秩序に関する両国の共同原則を「大西洋憲章」として発表した。これにあわせてイギリスも対日全面禁輸に踏み切った。

アポリアとしての南進

またもやアメリカの出方を甘く見誤った日本政府・陸海軍は、石油の全面禁輸に大きな衝撃を受けた。対英米戦争を回避しつつ南方問題を解決するという意味での好機南進論は、ここに破綻したのである。その一方、受け身の南進論において、陸海軍を通じて異論のない南方武力行使の条件とされていた石油の対日禁輸は、いまや現実のものとなり、英米依存の軍事資源枯渇という条件が時限爆弾のように急速に熟成していくことになる。『機密戦争日誌』には、開戦に依然として慎重だった戦争指導班がアメリカの対日報復措置に衝撃を受け、「対英米戦を決意すべきや、対英米屈服すべきや」と懊悩し、種村少佐が三国同盟の実質的破棄も決意して対米外交打開をはかるべきだと主張したことや（一九四一年八月七、八日）、「一日の待機は一滴の油を消ヒす／一日の待機は一滴の血を多からしむ／而して対米百年戦争は避け度」（八月一〇、一一日）という苦悩の言葉が残されている。

一九四一年八月を通じて、戦争指導班を含めて陸軍参謀本部の幕僚の間では、おおむね武力南進・対英米開戦の決断を政府・大本営の指導者たちに迫る方向が固まっていく。しかし、「物的国力」の不足を知る彼らにとって、対米開戦の決意はあまりにも重かった。八月初旬、戦備課は、いまいちど①北方武力行使、②南方武力行使、③重慶攻略、④現状維持の四つの想定で「物的国力判断」の再シミュレーションを求められた。報告の詳細は明らかではないが、もはや④は陸軍として取り得る選択肢から事実上外されており、①から③までの武力行使案を比較して、そのなかでは②南方武力行使の先行・優先を推奨する内容だったと思われる。報告を聞いた石井秋穂は、「じり貧の場合と戦争した場合とが五年間にわたり研究されていた（中略）私は「戦をやれば不可能でもない」と感じた。もちろん苦しいと思った。誰も同じだったろう。八月四日芝生〔英夫少佐〕の頰は引っ込んで居った」と、戦後の回想記で述べている〔戦史室編一九七四、第四巻、四七五―四八〇頁〕。

このあと開戦に到るまでの、最高指導者たち・天皇の和戦の決断をめぐる経緯は、夥しい史書の語るところであり、本書の関心の外にある。ただ言えることは、最高指導者たちが開戦までの残りの数カ月間に直面したのが、それ以前に戦争指導班をはじめとする大本営の幕僚たちを悩ませたのと同じアポリア——解けない難問——だったということだ。そして、日本の帝国としての生存を追求するという前提に立つ限り、決断を迫られた人々が、この解けない難問を前に主戦と避戦の間を揺れ動くのは自然なことだった。[4]

その難問とは、日本帝国を維持するための国力と軍事資源の不足を打開することを目的とする戦争を決断しようとしても、その戦争を遂行するだけの国力と軍事資源が日本帝国にはない。ではどうすればよいか、という問いであった。開戦後の熱狂でいったん忘れられてしまうとはいえ、結局のところ、日本帝国は最後までこの問題を解くことができずに解体していくことになる。そしてふり返れば、日中戦争に出口を与え、日本帝国の英米依存からの脱却という「自存自衛」の夢をも叶えてくれるかに見えた南方という存在、南進の誘惑とは、結果として日本帝国にとって文字通りの「命取り」になったのである。

3　大本営の東南アジア占領構想

「資源の戦争」のリアリズム

南方＝東南アジア占領は、序章で述べたように二〇〇万を超える日本人が南方に占領者として大挙移動して、一億四〇〇〇万を超える人々を支配した巨大なプロジェクトであった。それは、大本営の参謀たちによって、どのような視点から、いかなる目的意識と見通しをもってデザインされたのであろうか。その設計図――南方作戦・南方占領に関して大本営が起案した政策文書群――の仕上げの段階で、言わばチーフ・デザイナーを務めた石井秋穂が残した「語り・回想」を中心に探ってみよう。

一九四一年一〇月に大佐に昇任した石井秋穂は一一月五日の御前会議――開戦の決意と戦争準備の開始――まで、武藤章局長のもとで日米交渉の陸軍側の主務者として交渉案の起案を担当したが、翌一一月六日、あらたに編成された南方軍の政務主任参謀を任じられた。ここから開戦までのわずか一カ月の間に、石井は南方軍参謀と軍務課高級課員を兼務しつつ、開戦前後のさまざまな政策文書とりわけ南方占領政策の起案にかかわった。

石井の戦後の「語り・回想」は、政策起案者の幕僚たちが、日本の戦争目的を「帝国の自存自衛を全うする」こと、すなわち「資源の戦争」に徹しようとする態度で一貫していたことを強調する。石井は、佐藤賢了軍務課長などが「大東亜共栄圏の確立」を戦争目的・開戦の名目として政策文書に盛り込もうとしたのに対して、海軍省軍務局の藤井茂中佐とともに「頑として単に自存自衛一本槍で押し通した」という。

この戦争は油が切れるので、日本国家としての経済的及び国防的生命をつなぐ必要に迫られ、已むに已まれず立ち上がるのである。只生きんが為である……もしも米、蘭から従来どおり油が買える様になれば戦争目的は達したことになる。最低限の戦争目的を規定しておかなければ和平が出来にくくなると云う考え方であった……ただこういうことは言える。一度戦争が起こったらもはや大東亜共栄圏の確立なり大東亜新秩序を建設するなりするところまで行かなければ終るまい。だから之らの言葉も結果的従属的戦争目的だと論ずることは不可能ではない〔戦史室編一九七四、第五巻、三四一頁〕。

このように石井は、南方作戦が結果として「大東亜共栄圏」という問題を派生させるであろうことを予想しながらも、あくまで戦争目的を「只生きんが為」すなわち石油に代表される資源の確保に限定しなければならないと考えていた、というのである。

開戦までに策定されていく種々の政策文書には、この発想がたしかに反映されていく。開戦決意の御前会議(一一月五日)で採択された「帝国国策遂行要領」は、「現下の危局を打開して自存自衛を完うし大東亜の新秩序を建設する為此の際対米英蘭戦争を決意」〔参謀本部編一九六七、上、四一七―四一八頁〕と戦争目的を宣言したが、これは非公表の文章であった。また石井ら大本営参謀は「大東亜の新秩序」がここに盛り込まれたことに強い抵抗感を覚え、その後審議された「対英米開戦名目骨子」では、この表現を排除しようと試みた。その結果、開戦に際して発表された宣戦の詔書には、「大東亜の新秩序」は盛り込まれず、もっぱら「東亜の安定を確保し以て世界の平和に寄与する」ことが天皇の変わらぬ信念であることが謳われた〔戦史室編一九七四、第五巻、四一六―四一八頁。参謀本部編一九六七、上、五六七―五六八頁〕。「大東亜の新秩序」を謳えば、それは東南アジアにおける覇権の争奪を戦争目的として宣言することになる。それを避け、たんに「東亜の安定」を語ることで、覇権の奪取が戦争目的ではない――石油の禁輸解除で講和できる――というメッセージを石井たちは発信したかったのである。そこには、戦争目的をあくまで「資源の戦争」に限定したいと考え、戦争目的の政治化・肥大化を嫌う大本営参謀たちの軍事官僚としての発想を読み取ることができる。こうした発想を、ひとまず「資源の戦争」のリアリズムと呼ぶことにしよう。

「南方作戦に於ける占領地統治要綱案」

「資源の戦争」のリアリズムは、ひとり石井だけでなく、戦争指導班も含めて南方戦争の研究と準備の過程で大本営参謀将校たちの多くが共有してきた発想であった。このことは、一九四一年二月から三月にかけて陸軍参謀本部第一部の三名（小畑信良大佐、西村乙嗣中佐、東福清次郎主計中佐）――彼らもまた、他の参謀将校たちと同様にとくに南方の知識や経験が豊富だったわけでなかった――が、「研究班」として起案した「南方作戦に於ける占領地統治要綱案」からも確認できる。一九四一年一一月に南方作戦開始にあたって策定された「南方占領地行政実施要領」のたたき台として知られる文章である〔岩武一九八九、一八―二七頁〕。同「要綱案」を自宅に保存し戦後（一九六一年）防衛研修所戦史室に寄贈した西村は、同案の起草過程について、参考資料はあったが事前の準備はなく、海軍とはまったく相談せず、陸軍省とも具体的に協議した記憶はないと答えており、事実上、白紙の状態から起案されたものであることが分かる。

その「第一統治方針」は、冒頭で次のように述べている。

占領地統治は武力を以て抵抗分子を排除し、我統治下に在来の組織慣行に準拠し統治機構を復活運営して迅速に治安と秩序を恢復し、以て資源の獲得を容易ならしむると共に、軍自ら統治に関する煩累を勉めて省略するを本旨とす。

さらに同「要綱案」は、基本方針として、「将来に於ける主権の帰属、統治機構の変革等に関しては、過早なる意志の発表を避け」、「現政権が我軍事行動を認容する邦国に対しては、其主権を尊重し独立国としてこれを待遇し(中略)其統治に干与」しないとした〔戦史室編一九七四、第五巻、四一九頁〕。このほか、「宗教は之を保護し信仰に基く風習を尊重すること」「残留華僑の懐柔利用を図り逃亡華僑の復帰を策す」「欧米土民は有力土民と共に統治実行機関の再組織に利用す」「帰順せる白系住民の利用し得る者は優遇し逃避せる者は財産を没収す」などとして、被占領地の文化を尊重し、敵性を帯びた中国系・ヨーロッパ系住民をもむしろ占領のために活用するなど、一見、柔軟で寛容な方針を示していた。これらは基本的に石井秋穂に引き継がれた。「住民の教育向上の如きには特別の関心を示さざること」など「聖戦」論とは距離感のある冷めた見方や、占領地の財政について「帝国側の必要とする経費は悉く現地調達の方針に依ること」とした点も、石井に引き継がれていく。その一方、「主眼を資源獲得」におくとしながら、「為し得れば占領地住民の自活を最低限度に可能ならしむ」として占領地の民生については硬軟どちらともとれる曖昧な表現にとどまっていた。この点はのちに石井が方針を明確にしていくことになる。

占領地別の方針としては、①英領マラヤについてはシンガポール、マラッカ、ペナンは「高度軍政地域」として確保する。残余はサルタンの自治を認め、旧タイ国領土はタイに返還することに備える。②蘭印についてはジャワ、スマトラ、セレベスについて日本軍が治安・軍自活・国防資源・作戦を掌握する。他の島嶼は日本軍の監督下に蘭印政府に実行させる。③フィリピンについては、「米軍の根拠地覆滅を主とし、比島の物資獲得を重視せず」、作戦軍は基本的には統治に「直接関与」しない〔岩武一九八九、二五―二六頁〕。このように「要綱案」は、帰属を鮮明にしないまま占領地を目的別に日本軍が占有したうえで、占領地行政に対する日本軍の関与は最小限にとどめようとした。なお、ビルマは「要綱案」では検討されていない。南方作戦において、西方でインド（イギリス）と接するタイ・ビルマの重要性は明らかだったが、ビルマ全土への戦線拡大は、この時点では想定されていなかった。そして、作戦が想定されなかったからこそ、鈴木ら「南機関」はビルマ独立運動支援工作という「謀略」を思う存分に展開できたのである〔戦史室編一九六七b、一四頁〕。

「比島処理方策案」の論理

「大東亜共栄圏」を語ることに消極的で、戦争目的を資源獲得に限定し、占領方針でも軍政を最小限度にとどめ、ビルマへの戦線拡大にも慎重――大本営参謀たちが構想した南方占領政策は、一見、戦争政策としては自制的で穏健であるかのような印象を持たせる。しかし、これらの方針は、実は被占領者に対するいかなる配慮とも無縁な「資源の戦争」のリアリズムから構想されていた。このことは、フィリピン占領方針を示した「要綱案」中の「対米作戦に伴う比島処理方策案」に鮮やかに示されている。

同案は、フィリピンを他の占領地と区別して「物資獲得を重視せず」「作戦遂行並に物資の獲得を容易ならしむる為比島現政府を敵側に立たしめざる方策」は講ずるが、たとえフィリピン政府が敵側に立つ場合でも、米軍根拠地覆滅のために米軍と一体としてフィリピン軍を排除するほかはいわゆる「比島戡定」のための作戦を行わず、「謀略其の他の手段に依り徐に其の自壊を待つ」としていた。さらに同案は、現政府の懐柔に成功し「帝国に反抗せざる政府」がフィリピンに存在する場合には、作戦軍は「其の主権を尊重し統治に干与」せず、必要な協定をのみ結ぶものとし、軍政を施行する場合でも「簡易を旨として治安を維持すれば足るものとす」としていた〔参謀本部第一部研究班一九四一、八二頁〕。すなわち、できるだけ「比島現政府」を懐柔して軍政を回避すること、軍政を実施する場合にもできるだけ限定的な体制をとる方針を提案したのである。一見きわめて寛大な間接占領政策である。

こうした方針の背景として、東南アジア植民地のなかでもフィリピンがすでに宗主国アメリカから将来の独立を約束された自治領であり政治・司法・行政の大半がすでにフィリピン人により担われていたこと、そしてフィリピン植民地政界と日本の間に戦前から少なからず交流があったことという、ふたつの特殊事情を指摘しておかなければならない。

スペインの植民地であったフィリピンは、一八九六年に武装蜂起した独立革命が一進一退の局面であった一八九八年、キューバ独立問題をめぐる戦争でスペインに勝利したアメリカが、パリ条約により併合してアメリカ植民地となった。併合に抵抗する独立革命は米比戦争(一八九九―一九〇二年「平定宣言」)により弾圧された。しかし、米国内には米比戦争当時から併合反対論・植民地放棄論が根強かった。フィリピン側でも、独立革命・米比戦争を主導した植民地エリートは、敗北後、対米協力に転じて「親米化」する一方で植民地議会を通じた独立運動を止めることはなかった。その結果アメリカは、植民地エリートの「親米化」を前提としつつ、将来の独立付与を念頭においた自治化政策に転じ、一九一七年には「安定した統治」の確立を条件とする将来の独立付与を国策として確定した。さらに一九二九年に世界大恐慌が始まると、米議会では植民地放棄論が一気に強まり、一九三四年には一九四六年の完全独立を定めたタイディングス・マクダフィー法が成立した。こうして独立に向けた準備が始まる一方で、当面の間はアメリカがフィリピンにおける主権を維持することを根拠として、アメリカは、一九三〇年代を通じてフィリピンを東アジア国際政治に関与するための拠点として利用したのである［中野一九九七］。

このような経緯から一九三五年に発足した自治政府フィリピン・コモンウェルスは、国民投票で定められた憲法と直接選挙で選ばれた正副大統領マヌエル・ケソン（一八七八生）、セルヒヨ・オスメーニャ（一八七八生）および上下両院議会をもつ自治植民地であり、一九四六年に完全独立することを前提とする独立準備政府であった。ケソンはコモンウェルス政府発足に向けた動きのなかで集権化に成功し、議会もケソン・オスメーニャ両派が合同した巨大与党ナショナリスタ党がほぼ全議席を独占した。「比島処理方策案」は、このケソン政権を「謀略」により懐柔して米比の離反をはかるという内容だったのである。日米関係が悪化するなかでケソン大統領は、日本を仮想敵とする独立後の国防に備える必要から米陸軍参謀総長を退いたダグラス・マッカーサー（一八八〇生）を最高軍事顧問に迎え、アメリカの指導・援助のもとでフィリピン陸軍の整備を進めた。しかしその一方でケソンは、一九三七・三八年と二度にわたり来日して、それぞれ有田八郎、宇垣一成両外務大臣と会談した。対日関係を良好に保つことで侵略を回避しようとする「小国外交」を展開したのである。また、かねてからケソンは、タイディングス・マクダフィー法に依拠して独立後のフィリピンの中立化と、列強諸国による中立保障を求める立場を明らかにしていた［同上、二三一―二三七頁］。このような立場をとるケソン大統領とならば日本が取引することは十分に可能だという認識が、「比島処理方策案」の背景にはあったのである。

そこで同案が「比島現政府」ケソン政権の「懐柔」に「利用」するとしたのが、フィリピン独立革命・米比戦争において革命軍の司令官の地位にあり、いまは横浜に亡命生活を営む革命の老闘士アルテミオ・リカルテ将軍(一八六六生)であった。革命政府大統領のエミリオ・アギナルド(一八六九生)が一九〇一年に米軍に逮捕されたあとアメリカへの忠誠を宣誓したのに対して、リカルテは一九〇〇年に逮捕されたあとも忠誠宣誓の拒否を貫いた。そして、グアム島流刑三年、香港追放、マニラでの獄中生活六年をへたのち再び追放先の香港から日本に亡命したリカルテは、一九一五年以降、横浜山下町の中華街に暮らしながら、駒場の海外植民学校でスペイン語教師として教鞭を執った。その亡命生活については、側近の太田兼四郎が戦後(一九七二年)に出版した回顧録『鬼哭』にくわしい。

フィリピン植民地政界のみならず社会全体が「親米化」する一方で、革命と米比戦争の過去を知る世代の間で、リカルテは節を曲げない不屈の闘士として尊敬を集め続けた。横浜の「喫茶店風に装った」居宅「カリハン」(Karihan タガログ語でレストランの意味)には、横浜に寄港した船から多くのフィリピン人船員・船客が立ち寄るのが常だった。リカルテもまたその出自は植民地エリートであり、ケソンはリカルテにとってサンファン・デ・レトラン学院の後輩であり、革命軍少佐として指揮下においた元部下でもあった。米軍に逮捕・投獄された経験をもつケソンもまた、リカルテを「先輩として畏敬」しており、訪米の途中たびたびリカルテの居宅を訪れていた。リカルテもまたケソンらフィリピンの政界エリートとの交流を通じて過激な反米独立論からは距離を置くようになった。日本亡命時代のリカルテの言動を詳細に分析した荒哲は、リカルテが日本に傾倒する一方で、その対米観は必ずしも首尾一貫しておらず、ケソンとの親交を通じて過激な反米闘争には反対し、ケソンの親米的な独立路線に追随するようになっていたと指摘している〔荒一九九九、二二三―二二六頁〕。なお「比島処理方策案」は、ケソン懐柔に失敗して「現政府の崩壊を企図する謀略」には、フィリピン政界の若手指導者であったマヌエル・ロハスが「才能を以て中堅官吏の信頼を集めケソンに敬遠」されており、「対抗勢力の首領として最適任者」と指摘していた〔参謀本部第一部研究班一九四一、八三、八九頁〕。

ここで注意しなければならないのは、「現政権」懐柔策が、「謀略」によって可能だから発案されたのではなく、あくまで「資源の戦争」のリアリズムから発想されたものだったという点である。同案第七項「比島処理方策案説明書」は、輸出入両面でアメリカに深く依存した戦前フィリピンの貿易構造を指摘する。フィリピンの主な輸出品は砂糖、コプラ、ココ椰子、麻、タバコであり、そのほか産出額の大半を日本に輸出する約一〇〇万トンの鉄鉱石、別に着目すべきものとして金および銅があった。その一方、輸入品は鉄鋼、綿布、紙、小麦粉、燃料油、ゴムなどが主なものであった。したがって需給関係から見てフィリピンは、戦争資源としては得るところが「甚だ僅少」で、フィリピンが「自存の為に市場を必要とする」砂糖、コプラ、椰子油などは「共栄圏内に於て消化困難」な一方、輸入を要するものの多くは共栄圏内に「求め難き品種」であるとして、次のように結論していた。

比島は之を手に収むるも獲るところ僅少にして却て係累を増すものなるが故に物資獲得の為ならば必需資源として麻及銅を貴重とはするも作戦を実施し全島を征服する迄の価値なきものとす

唯比島には米軍根拠地覆滅なる絶対的要求より作戦を実施する以上資源獲得をも併せ行うものに

して資源の為に戦うにあらざる主義を明確にする要あり。

このように参謀本部研究班は、資源獲得上フィリピンの価値を軽視し、「共栄圏」におけるフィリピンの存在は、その戦前の貿易構造ゆえにむしろ「係累を増す」と認識していた。さらに「説明書」は「作戦軍が占領地の統治に無関心なる能わざるは畢竟資源確保の為なり。従いて所得物資僅少なる比島の統治には毫も重大関心を示す要なし」と述べ、さらに「帝国に反抗せざる政府」の「主権を尊重」すべきだとした「処理方策案」の真意についても、「「主権を尊重する」は政府の軍に対する依存排撃の遁辞なり」、すなわちフィリピン政府が日本軍に依存することを「排撃」するための「逃げ口上」とまで言い放っていた〔同上、八七—八九頁〕。そこにはまことに冷酷な「資源の戦争」のリアリズムが表現されていたのである。

「南方占領地行政実施要領」

研究班が起案した「南方作戦に於ける占領地統治要綱案」は、年度末に作業を完結した一九四一年三月以降、好機南進論がいったん鎮静化したために「そのまま金庫に蔵せられた」。しかし同年一一月、南方作戦に向けた戦闘序列が発令され、本書冒頭で描いた一大動員が展開するのとまさに並行して、南方軍政務主任参謀となった石井秋穂が中心となって「南方占領地行政実施要領」が策定され、各派遣軍に通達されていった〔参謀本部編一九六七、上、五二六—五二八頁〕(5)。同文書が大本営政府連絡会議で採択されたのは一一月二〇日であったから、石井らは、金庫から取り出した「占領地統治要綱案」を参照しつつ、まさに時間との競争で起草したことになる。それゆえ多くの点で「南方占領地行政実施要領」は「要綱案」の内容を踏襲し、とりわけ「資源の戦争」のリアリズムを共有した。しかし、石井の判断で幾つかの重大な修正が加えられたことも見逃せない。

「南方占領地行政実施要領」は、まず、軍政の三大眼目を次のように定義している。

第一　方針　占領地に対しては差し当り軍政を実施し治安の恢復、重要国防資源の急速獲得及作戦軍の自活確保に資す

治安回復・国防資源の急速獲得・作戦軍の自活確保の三原則を示したことで知られる文章である。ここで石井は「要綱案」の方針に、ひとつの重要な変更を加えた。占領地全般に「差し当り軍政を実施」するとした点である。そのうえで「第二　要領」は、「要綱案」をほぼ踏襲する次のような方針をも示した。

一　軍政実施に当りては極力残存統治機構を利用するものとし従来の組織及民族的慣行を尊重す

（中略）

八　米英蘭国人取扱いは軍政実施に協力せしむる如く指導するも之に応ぜざるものは退去其の他適宜の措置を講ず（中略）華僑に対しては蔣政権より離反し我が施策に協力同調せしむるものとす

このように、占領軍政の負担を最小化するために連合国側市民・華僑をも含めた残存統治機構のハードとソフトを利用するという、「要綱案」とも共通する事実上の間接占領体制を基本方針としながら、石井は、なお軍政施行という占領の形式に強くこだわった。それが日中戦争の経験に対する「反省」からだったことを、石井は一九五七年に記した「南方軍政日記」で次のように強調している。

支那事変では、事変であって戦争ではないとの建前から為すことが総て不徹底に終わった。すな

わち勢力圏が拡大するにつれて所在に政権を作らせ、これに政治をやらせながら、その実わが方が大いに干渉して、必ずしも民心獲得には貢献しなかった。南方では晴れて戦争だから旗幟《きし》鮮明にやろうという希望がこの政策を立案した当時われわれの頭を強く支配した〔防衛研究所編一九八五、四四三頁〕。

この発言は、南方占領政策の展開を考えるうえで大変に重要な論点を示している。日中戦争が「事変であって戦争ではないとの建前」は、中国側を政治的主体として認め、占領地が日本に帰属していないという建前を日本が受け入れざるを得なかったことを意味している。しかし、現実には日本軍は暴力と圧制で中国民衆を支配し、苦しめた。この建前と現実の離反が「民心獲得には貢献しなかった」と石井はこの文章の前段で述べている。しかしここで石井が述べたいのは、南方占領において民心の獲得が優先すべき課題だったということではない。逆である。石井が何を優先したいと考えていたかは、次の「行政実施要領」「第二　要領」からも明らかである。

七　国防資源取得と占領軍の現地自活の為民生に及ぼさざるを得ざる重圧は之を忍ばしめ宣撫上の要求は右目的に反せざる限度に止むるものとす

つまり、石井が言う「南方では晴れて戦争だから旗幟鮮明にやろうという希望」とは、占領地をまさに占領地として扱うこと、支配者として被支配者に重圧を与えることを制度的に裏付けたいという「希望」だったのである。この点について石井は次のような率直で重要な述懐を残している。

軍政の三大眼目を規定したのは、作戦軍の利便が第一か民生が第一かで支那事変中いつも摩擦が絶えなかった苦い経験からで、これを真っ先に取り上げた次第である。

三大眼目の一つに国防資源の急速獲得を挙げ、且つそのため及び占領軍の現地自活のためには民生に重圧を与えてもこれを忍ばしめると規定したことは大英断のつもりであった〔防衛研究所編一九八五、四四三頁〕。

このような問題意識ゆえに、石井は、少なくとも当面の問題としては被占領者を政治的主体として認めることに否定的であった。その結果、石井が起草した「行政実施要領」は、「第二　要領」の「八」の後段において、「原住土民に対しては皇軍に対する信倚《しんい》観念を助長せしむる如く指導し其の独立運動は過早に誘発せしむることを避くるものとす」として、植民地独立運動の誘発を警戒し、これを回避するよう派遣軍に対して指示した。被占領者＝東南アジア植民地を政治的主体として承認して独立の要求を認めることは、「資源の戦争」の遂行そのものを危うくする懸念があると石井は考えたのである。

この観点から石井は、かねて独立付与が当然視され、派遣軍も軍政実施を想定していなかったフィリピンについても、開戦後、占領軍政の施行を強く求めた。さらに開戦まで作戦の対象地域としては想定されない一方で「謀略」としての独立運動支援工作が始まっていたビルマについても、緒戦の勝利を受けてビルマ全域の攻略・占領が日本軍の方針として固まると、石井は独立論の抑制に奔走し、軍政実施に強くこだわることになる。

「南方占領地行政実施要領」に続いて開戦直後の一九四一年一二月一二日に決定された「南方経済対策要綱」は、「資源の戦争」のリアリズムが生み出したマニフェストとも呼ぶべき文章である。同要綱の要点は、占領政策の焦点を「重要資源の需要を充足して当面の戦争遂行に寄与」する「第一次対策」に絞り、将来の問題としては「大東亜共栄圏自給自足体制」の確立をめざす「第二次対策」を想定しつつ、その具体策の検討は先送りした点であった。

さらに同要綱は、南方＝東南アジアを、日本軍が直接に占領しつつあるインドネシア・マラヤ・ボルネオ・フィリピンなどの「甲地域」（一九四二年二月、ビルマその他「皇軍の占領地域」と再定義された）、そしてインドシナ・タイなど日本軍が進駐するにとどまった「乙地域」に大別したうえで、政策に明確な優先順位を付け、何よりも「甲地域」（日本軍直接占領地域）における「第一次対策」を優先する方針を明確にした。そして「第一次対策」の三つの基本政策として、①「戦争遂行上緊要なる資源の確保を主眼」とすること、②「南方特産資源の敵性国家に対する流出を防止」するためにあらゆる措置を講じること、そして、③資源の獲得にあたっては「極力在来企業を利導協力」させること、「帝国経済力の負担を最少限度に迄軽減」させることを挙げたのである〔防衛研究所編一九八五、一二九—一三六頁〕。

結局のところ、これらの文書を通じてくどいほどに強調されていたのは、資源（石油）獲得至上主義の論理であり、戦争・占領のコストを被占領者の側に負担させ、被占領者の「民生への重圧はこれを忍ばしめる」という方針であった。「資源の戦争」のリアリズムが、これらの文書には貫徹していたのである。

相克する「資源の戦争」と「戦争の政治」

第二五軍（マラヤ派遣軍）で軍政部次長・部長、軍政監部総務部長を歴任して、初期マラヤ・シンガポール軍政を支えた渡邊渡大佐(一八九六生)は、開戦後半年あまり後に記し始めた私的回想録で「南方占領地行政実施要領」を「目先」だけを見た「浅薄なもの」だとして、非難の言葉を浴びせている。「要するに、ひもじいからそこのものを取って喰い、余分を持ち帰れと云う盗賊根性(中略)唯物的政策」だというのだ[明石編一九九八、第二巻、四二一—四二三頁]。石井も戦後の回想でそれが「唯物的政策」であったことを何ら否定していない。むしろ、民生への重圧を忍ばしめるという一項こそが「大東亜戦争の性格を雄弁に物語るもの」であり、「こうまで規定しなければいけないところに開戦の根因が宿っていた」と述べている[防衛研究所編一九八五、四四四頁]。

開戦前から周到に準備された「現地自活」の「唯物的政策」を、ここで一例だけ挙げておこう。通貨金融政策である。日本軍は、日本からの物資・現金の持ち出しなしに、占領地経済を掌握して必要な購買力を直ちに獲得することが必要だった。日中戦争では現地通貨(法幣)を排除して新たに軍票を発行したが、その価値を維持するために、日本から裏付け物資や資金の追加的投入が必要であり、これが国内経済の負担となった。この経験を「反面教師」として、東南アジア占領で日本軍が採用したのは、現地通貨の流通を禁止しないで、むしろ占領地ごとの外貨建て表示——グルデン、ドル、ペソ、ルピーおよびポンド——に沿った軍票を日本側で事前に製造して占領地に携行し、現地通貨と並行して流通させることだった。そして、各占領地の発券銀行を接収して利用し、また可能な限りの手段を使って現地通貨(現金)を市中から収集して、日本軍が必要とする現地通貨を確保しようとしたのである[柴田一九九五]。現地経済の混乱を最小限にとどめ(インフレを抑制し)、物資の裏付けを伴わない軍票の価値を維持するためにも、これ以外の方法はないと考えられたわけだ。もちろんそれは——既存の通貨制度に軍票経済を潜り込ませることによる——体《てい》の良い略奪であった。

このように、石井秋穂ら陸軍エリートの問題意識を占めていたのは、アジア主義的な「指導精神」でも「理念」でもなく、持たざる国の限界を強く意識した、開き直ったと言ってもよいリアリズムであった。

しかし、ここで立ち止まって考えるべきことがある。第二五軍の渡邊渡大佐は、参謀本部の軍政企画を非難する一文のなかで、それらが「観念的準備」に過ぎず、「秀才連中の如何にも常識と人生表裏の体験に乏しく私から見れば小供らしさ」の産物だったと述べている〔明石編一九九八、第二巻、四二一—四二三頁〕。次章以降で検討するように、東南アジア占領の比較的順調な滑り出しを考えれば、渡邊の非難がそのままあたっているとは言えない。しかし未体験の大戦争を企画する大本営参謀たちにとって、「資源の戦争」のリアリズムもまたひとつの観念論であり、関係者は自らの思考が現実的だと想像していたに過ぎなかった。はたして「一度戦争が起こったら」、「大東亜共栄圏」・「大東亜新秩序」を「結果的従属的戦争目的」に封じ込めることは現実的な選択肢であったのだろうか。彼ら大本営参謀たちは、ただちにこの問題に直面することになるのである。

一九四一年一一月二九日、土曜日。

この日の『機密戦争日誌』は、大本営政府連絡会議で「全員異議なく対米英蘭戦争開戦に決す　当班過去一年の足跡を顧み誠に感慨無量なり　七月二十六日資産凍結以来苦悩に苦悩を重ねて事遂に茲に至る噫」と記した。九月以来、和戦の決断のボールを上層部に投げてからはすっかり主戦派に転じた種村佐孝中佐ら戦争指導班員は、御前会議の開戦決定を待たず、「事既に成り閑散」の心境であった。日曜日の午後、種村は同僚とともに銀座で映画を楽しんだ(一一月三〇日)。一二月一日の御前会議で開戦が決定されると、真珠湾攻撃計画を知る極少数の陸軍幕僚として彼らはひたすら「戦争急襲の成功」を祈った(一二月三日)。彼らの目には、土壇場の日米交渉も「偽装外交着々成功しつつあり」としか映らなかった(一二月六日)。開戦前日の日曜日、班長の有末大佐は明治神宮に参拝し、ほかの班員たちは下士官やタイピストも連れて「箱根に清遊」して過去一年を慰労した(一二月七日)。一方、石井秋穂の戦後(一九六四年)の回想によれば、南方軍総司令部到着後、石井は戦争準備の整わないアメリカが日本の開戦決意を感知して和平を申し出ることに最後まで一縷《いちる》の望みをかけていた。しかし、一二月八日、真珠湾攻撃の成功と米英の対日断交の報を聞いてようやく「足の尖より頭の頂きまで、スッキリと戦争中の人となりぬ。思えば、何と長い間和戦の間を彷徨しぬるかな」という心境になったという[戦史室編一九七四、第五巻、五七六—五七七頁]。

こうして、物的国力の不足を知るがゆえに「和戦の間を彷徨」してきた大本営参謀たちも、和戦決断のボールを投げられて迷いに迷った重臣たちも、天皇も、劇的な開戦の報に酔い、過去の逡巡を忘れた。日本人の大多数もまた、戦争指導者たちがその無謀を知りつつ戦争に突入した事実を知る由もなく、日本帝国の緒戦の勝利に熱狂した。

一九四一年一二月一〇日。大本営政府連絡会議は、「今次戦争を支那事変を含め大東亜戦争と称す」と決定した[参謀本部編一九六七、上、五六八頁]。その命名の意図については、戦争指導班など大本営参謀の多くは、戦争目的を限定する意図から、これを単に地理的名称として捉えたようである。これに対して、東條英機首相ら戦争指導部の間では大東亜新秩序建設論へのこだわりが強かったという。一二月一二日、陸軍省情報局は「大東亜戦争と称するは、大東亜新秩序建設を目的とする戦争なることを意味するものにして、戦争地域を大東亜のみに限定する意味にあらず」と発表した。このことについて、戦争指導班員だった原四郎が戦後に著した『戦史叢書　大本営陸軍部　大東亜戦争開戦経緯』は、「その経緯は明らかではないが、しょせん戦争目的に対する大本営政府の不用意を示唆するものであり、戦争目的の理解を混迷ならしめるものであった」と批判的にふり返っている〔戦史室編一九七四、第五巻、五六九―五七〇頁〕。「資源の戦争」のリアリズムは、「戦争の政治」によって早くも動揺させられ始めていたのである。

第二章
東南アジア占領・言説と実像

宣伝班として従軍した漫画家・小野佐世男の描いた日本軍占領直後（1942年）のバタビア［小野 1945］

1　南方攻略作戦

緒戦の光景

一九四一年一二月二四日、水曜日、未明。
第一四軍（フィリピン派遣軍）主力のリンガエン湾（ルソン島北西部海岸）への上陸作戦が始まって二日目、順番を待っていた宣伝班はようやく上陸用舟艇に乗り込み、ラ・ウニオン州バウアンの浜辺に降り立った。戦闘はすでに終わって、敵の姿はない。夜が明けると、宣伝班は乾田のうえで休憩をとり、青空のもと、飯盒炊爨《はんごうすいさん》を始めた。

　宣伝班員の今日出海は、本間雅晴司令官上陸の模様を取材するよう命じられていったん海岸に出かけた。戻った頃にはすでに飯も炊きあがり、宣伝班長の勝屋福茂中佐が鶏の丸焼きを拵えていた。人《ひと》気《け》のない村のなか、兵士たちの「鋭い目を潜《くぐ》って、今朝まで逃げおおせた鶏」も、こうして宣伝班の兵士たちに見つけられ「直ちに丸焼き」にされたのである。勝屋は今に、ももの骨付き肉をジャックナイフで切って渡した。「こんな御馳走に上陸第一歩からありつけることは、これからの行軍に楽しみを増してくれることだ」と、今は日本軍の「現地自活」ぶりを『比島従軍』に無邪気に記している［今一九四四、一一四―一一七頁］。

　リンガエン湾上陸作戦の主力・第四八師団は、日中戦争において華南で転戦を重ねてきた歴戦の部隊だった。家畜を次々と捕まえて料理する様子には、手際良く「現地自活」をこなす農民兵士たちの姿が見える。村に人気がないのは、そんな日本軍を恐れて住民の大半が山間に避難していたからだった。最初に軍司令部がおかれたバウアンの町もほとんど無人で、宣伝班など軍司令部の関係者は、空き家と化した富裕層の邸宅を宿舎に定めた。そこにはコニャックやウィスキーが「置き忘れ」られ、東京でも「絶えて飲んだことがない」香りの高い珈琲を飲むことができた〔同上、一二八頁〕。

宣伝班に徴用された文化人や記者たちは、こうした「現地自活」行為が略奪にほかならないことには無自覚だったようだ。上陸三日目、今は「宣伝資材の徴発」を命じられ、北上してラ・ウニオン州の州都サンフェルナンドに向かった。焦土戦術で「町の大半」が焼き払われていることに今は「憤りに似た感情が抑え切れなかった」が、先着の宗教宣撫班に案内された市内で最も大きい印刷所（宗教書専門）で印刷機を取り外し、紙や活字やインクを集め、貨車二台に満載して去ることには疑問を感じていない。「（後日）宣伝班を訪ねて来たら、これ等の徴発品に相応する金を支払ってやるという意味の証文」として「受領証」を置いていくことについて、今は、「抵抗せざる比島民の生命財産は保護してやることを皇軍は宣言」しており、徴発には「代価を支払ってやっている」のだと記している〔同上、一三三―一三七頁〕。しかし、訪ねて来たら支払ってやるというその代価は、日本軍が発行する現地通貨表示の軍票で支払われるのだった。フィリピンでは「ミッキーマウス・マネー」、マラヤ・シンガポールでは「バナナ・ノート」など、その無価値を嗤《わら》われることになる、日本軍の「武威」以外に裏付けを伴わない通貨である。

第一六師団（通称・京都師団）は、第一四軍主力とは別にルソン島東部太平洋岸のラモン湾から上陸して、ルソン島中南部の農村地帯を西に向かい横断してマニラをめざした。人見潤介中尉は、宣伝小隊を率いて、最前線を突き進む捜索連隊に同行した。人見が記した報告書の内容は、今日出海が描いた光景とは対照的だ。同行した部隊は全行程を露営し、「土人家屋は文字通り寸毫も犯される事もなく」[1]、その軍紀の厳正さは内地における「秋期演習」と何ら変わらず、「戦時気分の如き」は全く認められなかったという。部隊の主力は、日本国内で訓練された戦場未経験の新兵たちだった。その軍紀厳正な様子を、人見は「全く驚歎に価し土人は勿論宣伝部員の等しく感激したる所なり」と記している〔渡集団編一九九六、一三一―一四頁〕。三年あまりを軍人として満州で過ごした人見の「驚歎」は、中国における日本軍の実像を映すものでもあった。

マニラ占領

一九四二年一月一日未明。

第四八師団と第一六師団は、マニラのそれぞれ北郊・南郊に到達した。米比軍[2]はすでにマニラを「オープン・シティ（無防備都市）」と宣言して、市内から姿を消していた。米極東陸軍ユサフェ（USAFFE）のマッカーサー司令官は、戦前、上陸地点で日本軍を撃滅する「水際作戦」を準備していたが、開戦直後の日本軍による空襲でB17爆撃機の大半が破壊されるなどして制空・制海権を失うと、ルソン島各地の米比軍にバタアン半島への退却を命じ、自らは半島南端のコレヒドール島要塞に退避して持久戦に持ち込む作戦に出たのである。

一九四二年一月二日。第一四軍主力はマニラに「入城」、同市の占領に着手した。朝日新聞特派員[3]の扇谷《おうぎや》正造（一九一三生）は、第一線部隊に同行して市中心部に向かった。「オープン・シティ」とはいえ、市内では「敗残兵」を掃討する「豆をいる様な機銃の音」が夜まで聞こえ、巨大な爆発音（おそらく米比軍の破壊工作によるガソリン倉庫の爆発音）が幾度も夜空を揺るがし、空は燃える炎でまるで夕焼けのように赤かった。扇谷たちは、マッカーサー夫妻が住む最上階の特別室があることでも知られるマニラ・ホテルを宿舎として占拠した。米資本のホテルには多数の米人が避難・宿泊していて、戦塵にまみれた日本兵たちを恐怖の表情で迎えた。「スタイルブックからそのまま抜け出て来た様なアメリカの女達」が日本兵の銃剣を見てピタリと恋人に寄り添う様子は「甚だ映画的な風景」だったという。しかし、一刻も早く部屋で休みたい扇谷たちには感慨に浸る余裕はなかった。「アメリカ人を部屋から追っぱらい、食堂に缶詰にしてから、僕はまる一ヶ月ぶりでバスに浸った」。翌三日、憲兵隊がマニラに入ると、マニラ・ホテルをはじめ市内各所からこれら米英国籍の市民は次々と市内のサント・トマス大学に「収容」されていった。同日夕刻、「大日本軍司令官」の名で新聞紙大の軍政布告が市内各所に貼り出された〔扇谷一九四三、九、一六四―一六六頁〕。

布告は、①「米国の主権は完全に消滅した」ので軍政を実施すると宣言したうえで、②日本軍の意図は「比島民衆を米国の支配より解放し、大東亜共栄圏の一員として比島人の比島を建設し、その繁栄と文化の維持」を「庶幾《こいねが》」っているに外ならないと述べ、③「比島官憲及民衆」に対しては、日本軍を信頼してその命令を守り、「日本軍の作戦・駐屯・軍需の充足等」に協力することを命じた。そして、④「従来の法律行政制度及び司法制度」は軍政に支障がない限り存続させるので「官公吏はその職に止まりて業務を忠実に続行」すること、⑤「信仰居住の自由及び従来の慣行」も軍政に支障がないものは「寛容」に取り扱うので、民衆は「空虚な米英の宣伝に迷わされることなく軽挙妄動造言蜚語《ひご》を慎み」治安を乱さないこと、治安を乱すような敵対行動は軍律に照らして「最も峻烈に処断し、その重きは死刑に処す」と宣言していた。総じて言えば、戦争の正義を強調する一方で、「南方占領地行政実施要領」(一九四一年一一月二〇日)に盛られた「残存統治機構の利用」と「従来の組織及民族的慣行の尊重」の方針に基づいて、武威をもって被占領地住民に日本軍への物的協力と治安維持への協力を求め、速やかな平常への復帰を促す内容であった〔同上、一五―一六頁〕。

マニラ在留邦人のうち開戦直後から米比軍に勾引・収容されていた「働き盛りの日本人男子ばかり二百数十名」が収容先の日本人小学校で日本軍によって解放されたのも、同じ一九四二年一月二日の夕刻のことであった。大沢清(一九〇六生)も、救出されたひとりであった。群馬県の富裕な農家に生まれ育った大沢は早くに両親を亡くし、旧制高崎中学では修身や軍事教練を嫌う反骨精神に富んだ少年時代を過ごした。中学卒業後、代用教員を半年で辞め、一九二五年、一九歳の身で子供の頃から夢だった「椰子のある南洋に行こう」とダバオの麻園労働者を募集した業者の移民船でフィリピンに向かった。冒険的な移民青年のひとりだったと言えるだろう。到着したミンダナオ島の港町サンボアンガで麻園行きを拒否して単身マニラに向かった大沢は、船上で知り合った在留邦人たちの縁で仕事を見つけ、やがて運動具でフィリピンでも評判だった美津濃(現ミズノ)のマニラ代理店の起業を任されて成功した。大沢はマニラ在留邦人社会における立志伝中の人であり、自分をわけへだてなく迎えてくれたフィリピンの社会と人々を深く尊敬して愛した。もちろん他の在留邦人と異ならないひとりの愛国者でもあった大沢は、「皇軍の入城を狂喜して迎えた」ひとりであり、日本人小学校の校庭を日本兵が埋めつくしたありさまを「感激の一瞬であった」と回想する〔大沢一九七八、一一六頁〕。

軍宣伝班の本隊がマニラに入ったのは、一九四二年一月四日の午後である。尾崎や今らとともに宣伝班に徴用されていた詩人・寺下辰夫(一九〇四生)の戦後の回想によれば、マニラに向かう道路のかたわらには米比軍兵士の死体が多数放置され、強い死臭が鼻を衝いた。ところがマニラ市に入ると風景は一変した。行軍中まったく見かけなかった「若い女達」の姿に、宣伝班員たちは仰天した。その一方、日比両国旗を翻しながら行進する宣伝班の長い車列を「呆然と凝視」する「まだ恐怖の醒めやらぬ」フィリピン人や「第三国人」に向かって、宣伝班員たちは車上から二万枚にのぼる伝単(ビラ)を「花吹雪のように」撒き散らしていった。車列の後方で人々は群れをなして伝単を拾い、貪るように見つめていた[寺下一九六七、一二六―一二八頁]。

一方、大沢の戦後(一九七八年)の回想録は、在留邦人の喜びも「一夜で反転してしまった」と述べる。占領直後から「日本兵は、なぜあんなに乱暴なのか」という声が在留邦人からも、フィリピン人からも頻々と聞こえてきたというのだ。マニラの至るところに検問所が設けられ、通行するフィリピン人に日本式の最敬礼を強いた。

賑やかな街路にも、太い腕章をつけた日本兵が立って、民衆を威嚇していた。うっかりその前を通ろうものなら、どんな目に会うか知れなかった。衆人の前で、頬をひっぱたかれ、足蹴にされて路上に投げ出される(中略)日本の兵隊にとっては、日常茶飯に起る何でもないことなのかも知れないが、フィリピン人の目には、誠に異常な、殺されるに等しい蛮行としか映らない。フィリピン人の心に、生涯消えることのない傷となって残る、こういう愚かしい振舞いが、毎日到るところで見られた[大沢一九七八、一一七頁]。

暴力の軍隊文化に染まった日本兵たちのこうした行為――とくに東南アジア各地で怨嗟《えんさ》の対象となった「ビンタ」――が、取り返しのつかない反感を買うことに日本軍が気づくのはまだ先のことになる。

こうして、マニラはあっけなく占領された。しかし、それはやがて南方作戦で最も長期化したバターン・コレヒドール戦という高価な代償を日本軍に支払わせることになる。このあとバターン半島攻略は、ジャワ攻略を優先した大本営の命令により第四八師団が転出したことなどもあって、予想外に難航することになるのである。

シンガポール陥落

マニラ占領ほど無風だったとは言えないものの、南方作戦を通じて各地で日本軍は「疾風枯葉を捲く」(『機密戦争日誌』一九四二年一月一五日)速さで進撃し、植民地首都を次々と占領した。英印軍や英豪軍[4]との間で激しい戦闘となったマレー半島でも、一月一一日にはクアラルンプールが陥落、さらに二月一五日には南方におけるイギリス帝国支配の象徴であったシンガポールが陥落した。このあいだ丁班の徴用作家・記者たちはサイゴンから輸送船で――軍隊通過協定を結んだ――タイ領のシンゴラ(ソンクラ)港に上陸、そこから英領マラヤに入り、激戦の跡をたどりながら第二五軍を追走して陸路ケダ州都のアロルスター(一二月二八日)をへてタイピンに到達(一二月三一日)した。一月一二日未明には最前線まで追いついて陥落直後のクアラルンプールに入った。井伏鱒二は「死の街であった。一方、まだ戦闘中の街であった」と記している〔井伏一九九七b、四八四頁〕。

一九四二年二月一五日。シンガポール島の最高地点(海抜一六三メートル)がありシンガポール攻略の軍司令部がおかれたブキッ・ティマ地区のフォード自動車工場に、英軍の降伏軍使がユニオンジャックの旗と白旗をかかげてやって来た。現場に駆けつけた陸軍報道班員・松本直治は、山下奉文が英軍アーサー・パーシバル司令官に「イエスかノーか」と全面降伏を迫ったとされる逸話(実際にこの言葉を使ったのは通訳とされている)で知られる会談の模様を、高揚した調子で日本に書き送っている。

パーシバル中将以下は暫く低い声で相談していたが、やがてイエスの答えが震えを帯びて出た。降伏条件の指示が済んで引見は終わった。マレーの山河をゆるがすマレー英軍の降伏は、電波に乗って全世界を驚倒させた。日露戦後《ママ》の旅順攻防に二〇三高地を陥落させた水師営会見を思わすどよめきが、マレーの山河をゆるがした。

「亡き戦友よ、明日は遺骨を胸にシンガポールへ入るぞ!」

一九九三年に出版した回想録で、松本はこの文章を引用したあと、「今、読んでみると戦争協力の一語に尽きる。大きな口はきけぬ私である」と述べる[松本一九九三、六七—六九頁]。たしかにシンガポール陥落を政府は最大限に宣伝した。翌一六日、政府は準備していた——乃木希典《まれすけ》と東郷平八郎をあしらった——「シンガポール陥落記念切手」を発行し、一七日にはシンガポールを「昭南」と改名することを発表した。

しかし、報道や政府に煽られるまでもなく、日本人の大多数は米英両大国に対する緒戦の勝利の報に酔っていた。それは、西洋と白人に対抗する日本人の自意識が爆発した瞬間だった。戦後(一九六四年)、文芸評論家の奥野健男は、緒戦の時期に『朝日新聞』に載った短歌——たとえば「何なれや心おごれる老大の耄碌《もうろく》国を撃ちてしやまん」（斎藤茂吉）「ますらおやひとたびたてばイギリスのしこのくろふねみづきはてつも」（会津八一）「ボルネオに迫ると聞けば心をどる白人邪に此所を占めにき」（土屋文明）――を引いて、これら文学者たちの戦争詩・短歌は、「皇国御用歌人的な受身の発想」ではなく「白人種の東洋支配に対する積年の恨みをはらすのだという積極的主体的な興奮」を表現していたと指摘している［奥野一九六四、四九六頁］。

マニラでも、シンガポールでも、首都占領後の軍宣伝班の最初の大仕事は新聞社と放送局の接収そして軍管理下での新聞発行・放送の再開だった。マニラでは『トリビューン』紙が接収されて発行が再開され、シンガポールでは『ストレート・タイムズ』紙が『昭南タイムズ Shonan Times』（のちに『昭南新聞 Syonan Shimbun』）と改称して発行が再開された。

井伏鱒二は、シンガポール陥落の翌日（一九四二年二月一六日）に市内に入った。日本軍部隊が次々と入城したマニラとは異なり、シンガポールでは軍主力は市外に宿営して、市内に入ったのは警備のための憲兵隊など一部に留まった。「街上には至るところ敵兵の棄てた鉄兜《てつかぶと》や銃器が残っていて、マライ人や支那人の苦力《クーリー》みたいなのが掃き寄せた小銃の弾丸を足で踏みつけ爆発させていた」。二月一八日、新聞発行再開の仕事を命じられた井伏たちが『ストレート・タイムズ』の社屋を訪ねると、接収を予期した社員や職工などがすでに集合して待っていた。代表して迎えたのはユーラシアン（欧米・アジアの混血）の事務員ジョンスで、イギリス人社長はすでにチャンギー収容所に送られ、ある中国人記者は逃亡していた。発行再開には優秀な製版工が必要だったが、日本軍を恐れて出勤していなかった。井伏たちはジョンスの案内で中国人街にあるリョンという名の製版工の家を訪れ、出勤を説得した。

このとき周囲の「支那人たちは……窓を細めにあけ、いまにも何か大事件が起りそうだと怖いもの見たさをするように隙間から」井伏たちを覗き、ふり向くと「蟹が岩屋にかくれるように身をかくした」。しかし、このような光景は、「わずか二週間くらいで消滅した」——と、井伏は記す［井伏一九九七a、一四九—一五二頁］。その二週間の内に何があったのか。「南航大概記」の「二月二十三日」の項には、次の記述がある。

今日も、良民たるの証明文を書いてくれと多勢の人が申し込んで来た。なかには泣き声で懇願するものもあった。しかし素性を知らないのに書くわけには行かないので、軍政部へ行って頼んだ方がいいと云って断わった［井伏一九九七b、四九三頁］。

日本軍による大規模な華人の粛清・虐殺いわゆる「大検証」がシンガポールの華人社会にもたらした恐慌状態の一端が、戦時中に公刊されたこの日記には淡泊な筆致で書かれていた。ただしこの記述そのものは、軍の検閲を意識した嘘である。一九七七年から八〇年にかけて発表した回想記『徴用中のこと』で、井伏は良民証を「一箇月ばかりのあいだに(中略)四十通あまり発行した」「それを書かせに来る人たちのうち、四人に一人くらいは日本の補助憲兵にひどい目に遭わされた話をした」と述べている［井伏二〇〇五、一〇三頁］。

パレンバン占領

シンガポール陥落の前日、陸軍落下傘部隊はスマトラ島パレンバンの製油所群を奇襲・占領した。シンガポールが南方攻略作戦における勝利の象徴として重要な意味をもったとすれば、パレンバンそしてその前後に日本軍が占領した周辺の油田群は「資源の戦争」としての南方作戦の文字通り最重要目的地であった。当然、油井や製油所施設は連合国側による破壊が予想されたので、陸軍は軍属として徴用した技術者を中核として――油井と製油所をそれぞれ復旧・稼働させるための――「石油部隊」を、第二一野戦兵器廠採油班として極秘に準備・編成していた〔石井一九九一〕。

第一六軍の軍政要員とともに一九四二年一月三日に「まにら丸」で大阪を発った三菱石油社員・玉置明善もそのひとりであった。一九三〇年に九州帝国大学工学部応用化学科を卒業した玉置は、日米合弁の石油企業として発足したばかりの三菱石油に入社すると、当時としては日本最大の規模で、アメリカから主要装置を導入した川崎製油所建設の現場主任を任された。一九三七年には渡米して日米関係が緊張を強めるなか先端的な石油精製設備を学び、日本への導入交渉にもあたった。このように製油所建設や先端的設備の知識・経験をもつ専門家のひとりとして玉置は徴用されたのである〔千代田化工建設編一九八三、二四―三六頁〕。台湾から仏印までの輸送船では落下傘部隊の精鋭と一緒になった。「落下傘部隊は、かかとにスプリングの入った半長靴をはき、腰のベルトには手投弾を二個ずつ持っており、宙返りや、高飛びやら、デッキの上ではサーカスのようにはねたり飛んだりして身体をきたえていた」。そして、仏印からパレンバンに向かう船上から玉置は、陥落直前のシンガポールを脱出しようとした「敵側市民の水死体が数え切れないほど漂流していた」のを見たと記している〔パレンバンの石油部隊刊行会編一九七三、一二四―一二五頁〕。

奇襲は大成功だった。パレンバン市に近いプラジュー地区にあるイギリス・オランダ合弁石油会社BPMの製油所(第一製油所)は、ほぼ無傷の状態で占領された。日本軍は製油所に残っていた原油一五万トン、精油約四〇万トンを確保することができた〔石井一九九一、一〇〇頁〕。開戦前の計画ではこうした施設は敵側によってほとんど破壊されると予想して、戦争初年度の石油「南方還送」量は三〇万トンと低く見積もられていた。それゆえ無傷に近い施設と原油・精油の確保は、予想を大きく上回る戦果だった〔防衛研究所編一九八五、二六三頁〕。一方、スンゲィゲロン地区にあるアメリカ・オランダ合弁石油会社NKPMの製油所(第二製油所)は、アメリカ人技術者たちが脱出前に各所の施設を爆薬で破壊した。上陸前の海から望むNKPMの製油所のタンクは猛火に包まれ、ときどき「不気味な異様の爆発音」を立て、炎は日が暗くなると「天を焦がした」〔パレンバンの石油部隊刊行会編一九七三、五九頁〕。発電所の給水も止められて空焚きの状態になったために、日本軍が占領したときにはすでにボイラーチューブがあめのように溶け流れていたという〔同上、五八七頁〕。

玉置明善ら日本の石油技術者たちは、これら日本国内とは比較にならない世界最先端の巨大な製油施設の復旧作業に取り組むことになる。玉置らを追って三菱石油からパレンバンに派遣された「南方石油三菱陸軍班」のひとり田中宗次は、第二製油所の印象について、「主装置群の規模の大きさは圧倒的」で、「大ざっぱに言って、装置の大きさ、走っているパイプの太さ、敷地の広さ、いずれも当時の川崎製油所の一〇倍強の規模であった」と回想している〔同上、三一六―三一七頁〕。巨大設備の復旧・操業は、日本人技術者たちにとって、それ自体が空前の技術習得の機会となった。第二製油所の工場長となった玉置はNKPM社が残していった英文マニュアルを渉猟して各装置の運転技術を学び、二〇〇〇名にのぼる現地の正規作業員、設備復旧に入った数十組の華僑系の下請け業者などに対して毎朝、英文でジョブオーダーを発行し、日報・週報で結果の報告を受け、さらに現場に出て職人たちに自らガスバーナーで溶接・溶断をやって見せる多忙な毎日を送った〔同上、五八九頁〕。破壊を免れたプラジューの第一製油所の運転のために日本石油から派遣された阿部功もまた「製油装置及び技術は日本より進んでいることがわかり、これを身につけようとする勇猛心が湧いて来た」、そしてある装置の試運転助手を命ぜられたことについても「日本にはない装置なので私は喜んで引き受けた」など、技術者として欧米の先端技術を嬉々として学んだ日々を回想している〔同上、四五—四八頁〕。

タイ進駐

一九四一年一二月一八日、サイゴンで井伏鱒二ら丁班と別れた高見順ら乙班は、一路トラックでプノンペンに向かい、カンボジアを横断して「新国境」から同年三月にタイ領となったばかりのバッタンバンに入った。さらに一行は西進して「旧国境」を越え、陸路七〇〇キロを走破して一二月二九日、バンコクに到着した。高見の日記には、この時点ではまだビルマへの言及はない。高見がビルマ南端タイ国境に接するヴィクトリア・ポイント(現カウターン)を取材せよとの出動命令を受けたのは、翌一九四二年一月二日午前のことだった。日記には「突然のことなので、大あわてで準備」したと記されている〔高見一九六五、二八九頁〕。

すでに指摘したように、開戦前、大本営はビルマ全域への侵攻作戦は想定せず、南方作戦が一段落したのちに「機を見てビルマ処理の作戦を実施」することが漠然と構想されていたに過ぎなかった。「ビルマ処理」の中身も、南機関によるビルマ独立運動を日本軍が後方から支援し、さらにインド独立を誘発することに期待するという、言わば謀略の成り行きに任せるもので、詳細が具体的に決まっていたわけではなかった。第一五軍の南方作戦における当初の任務は、あくまで――マレー半島中部東岸コタバルに強襲上陸したのちマレー半島をシンガポールに向けて南下していく――第二五軍の背後を固めることであった。このために第一五軍は開戦と同時にまず「タイ国進入作戦」を開始した。この作戦が「平和進駐」ですむのか、タイとの武力衝突に発展するのか。ビルマよりも前にまず問題になったのはタイの行方であり、タイ首相ピブーンの出方であった。

二〇世紀初頭までにほぼ全域が欧米の植民地支配下に入った東南アジアのなかで、シャム(一九三九年に国号をタイに変更した、以下タイ)は唯一王国としての独立を守り、一九世紀後半チュラーロンコーン王(ラーマ五世王、一八五三生。在位一八六八―一九一〇)による国王親政の下で、積極的に近代国家機構の整備を進めた。その一方、一八八〇年代までにベトナムを完全に植民地化したフランスは、一八九三年メコン川東岸地域(ラオス)を奪うなど、東方からタイを圧迫し続けた。これに対してイギリスは英仏勢力圏の緩衝国としてのタイの存在価値を認め、その思惑に頼るかたちでタイは辛うじて独立を維持することができた。しかしインドシナ半島ではフランスに、マレー半島ではイギリスに領土を侵食され、防衛協力の密約と引き替えにマレー半島部でイギリスの経済特権を容認させられるなど、タイもまたヨーロッパ植民地主義の東南アジア支配の現実から逃れられたわけではなく、その「大国」としての誇りは深く傷つけられていた。

一九二七年、王族支配に不満を募らせてきた軍・文民官僚の少数のエリートが留学先のパリで結社・人民党を結成、一九三二年六月、立憲革命を起こした。革命後、一党専制政治を進めようとする人民党政権と、これを嫌う七世王(在位一九二五―三五年)の摩擦・対立から政情は安定しなかったが、一九三五年、反人民党クーデターの失敗で七世王は退位して人民党支配はひとまず安定した。この間を通じて人民党政権は、これまで親欧米路線をとり多くの行政顧問を欧米から招いてきた一九世紀以来の王族支配と決別する立場から、対英米追随外交を大きく転換して対日接近を強めた。一九三三年二月、日本軍の満州撤退を求めた国際連盟臨時総会の勧告案(四二対一で可決)に対して、タイが加盟国中唯一の棄権票を投じて国際社会を驚かせたのも路線転換のあらわれだった。一九三五年のクーデター未遂事件でも、人民党政権は英米が国王を支援して介入することを恐れて、密かに日本に支援を要請していた。

一九三八年、人民党創立メンバー七名のひとりで陸軍出身のピブーンが首相に就任した。一九三九年、ヨーロッパで大戦が始まるとピブーン政権は中立を宣言したが、英仏に奪われた「失地」回復運動は人民党の宿願でもあった。一九四〇年六月、フランスがドイツに敗北するとタイは仏印に対して失地回復要求を強め、日本の北部仏印進駐後の一九四〇年一一月、タイ・仏印国境紛争は交戦状態に入った。当初はタイが攻勢に出て陸軍がカンボジアに侵攻したが、翌一九四一年一月、仏印海軍がタイ海軍を破ったことで形勢はタイの不利に転じた。ここで日本が紛争調停に乗りだした。インドシナの混乱を収拾するとともにタイを日本側に引き込もうというのが日本の思惑で、同年三月、日本が示した調停案によりタイは二〇世紀初頭にフランスに奪われていたカンボジア北部・西部およびラオスの一部を回復した。高見ら一行が通過した「新国境」とはこの調停の結果あらたに引かれたものだったのである。

以上の経緯から大本営は当初から南方作戦でタイが日本側に立つことを楽観して、ピブーン政権から全面的な協力を得て、できる限り「平和進駐」によってタイに進軍、最小限の兵力をおいてビルマ以西のイギリス軍の影響力を封印しようとした。しかし、一九世紀以来のタイ社会の親欧米意識には根強いものがあり、またタイ・仏印戦争における失地回復が一部にとどまったことから、タイ側には日本の調停に対する不満もくすぶっていた。さらに開戦時にはピブーン首相の所在不明という事態から「タイ国進入作戦」は予想外の展開を辿ることになった。

開戦直前の一九四一年一二月二日、カンボジア国境で日本軍がタイ政府関係者を中国人と間違えて逮捕・殴打する事件が起きた。ピブーン首相は日本に厳重に抗議したのち、事件の調査に出かけると称して一時行方が分からなくなった。首相不在では日本もタイに「平和進駐」を認めさせる交渉ができない。そのまま作戦開始の時刻となった。「タイ国進入」は、第二五軍のコタバル強襲上陸作戦と同時並行して進めなければならなかったから、一二月八日未明、第一五軍は南部タイ(マレー半島東岸部)およびバンコク付近で上陸作戦を強行、カンボジア国境からも中部タイに侵入した。各地で発生した戦闘による死者は日本軍で約一〇〇名、タイ側(軍・警察・義勇兵)は約二〇〇名にのぼった。このように事態が混乱するなか、八日早朝ピブーンはようやく首相官邸に姿を現した。待ちかまえていた日本大使・武官ら日本側関係者に取り囲まれて日本軍通過承認を迫られたピブーンは、閣議決定により、午前七時三〇分、タイ全軍に停戦命令を下した。そして同日午前、両国は「軍隊通過協定」に調印して、日本軍のタイ領内通過が認められたのである。この時点では、ピブーン首相は「馬来方面の泰の失地回復を考慮する」という日本側の提案についても全文削除を求めるなど、タイの中立を守る立場を崩していなかった。ともあれ両軍の戦闘は収束して、辛うじて「平和進駐」が実現、翌九日には第一五軍司令官・飯田祥二郎がバンコク入りした。

このように日本側の期待に反してピブーン政権は開戦当初は中立姿勢を示した。しかし早くも一二月一〇日にはピブーンは態度を一変して、日・タイ同盟条約の締結に同意する旨を日本側に伝えてきた。翌一一日、「東亜に於ける新秩序建設」を目的とする日・タイ同盟条約に両国は仮調印、二一日には本調印した。翌一九四二年一月二五日、タイは英米に対して宣戦を布告していく。このように開戦当初の混乱にもかかわらず結果的に日本の思惑通りに事態が運んだことについて、日本側の戦史は、緒戦の戦果とりわけ真珠湾攻撃と、一二月一〇日夕刻に発表された英東方艦隊の主力戦艦プリンス・オブ・ウェールズとレパルスの撃沈がピブーン政権の態度を急変させたという見方を示している〔戦史室編一九六七b、六二頁〕。他方、現代タイの歴史叙述では、開戦後のタイの対日協力をすべて日本の軍事的強制によるものとして説明する傾向が強い。この点についてタイ現代史研究者の村嶋英治は、ピブーンら指導者の「大タイ主義に基づく領土拡張の熱望、隣国の反植民地闘争への同情と支援、その結果として自発的に対英米宣戦と対日協力をしたことを無視している」と指摘する〔村嶋一九九九、四三三頁〕。一方、吉川利治はタイ語でも出版した遺著『同盟国タイと駐屯日本軍』のなかで、フランスとの戦いで高揚したタイ側から見ると日本の調停による失地回復はあまりにも小さいと捉えられていたことや、ピブーンの「西洋人、すくなくともフランス人を打ち負かした」と思う感情が「アジア人のためのアジア」を宣伝する日本と共鳴する一方で、対米英宣戦布告にまで至った開戦後の対日協力にはためらいを強めていたことなどタイ側の複雑な感情を指摘している。アジア主義への共鳴や大戦を大タイ主義の好機と見る思惑がある一方で、日本の対米英戦争の無謀さに対しては当初からタイ側には懸念とためらいが存在していたと見ることができるだろう〔吉川二〇一〇、二九―三一、五一―五三頁〕。

ビルマ攻略

一九四二年一月二日、突然の命令でヴィクトリア・ポイント取材を命じられた高見順は、バンコクを出発して陸路を四日あまりかけて南下し、マレー半島北部西岸アンダマン海を望む英領ビルマ・タイ国境地帯に向かった。インド洋アンダマン海を望む英領ビルマ最南端に位置するヴィクトリア・ポイントは、開戦直後「タイ国進入作戦」でマレー半島北部東岸のチュンポンから上陸した歩兵第一四三連隊主力が「機を見て」越境・占領するよう命じられていた地域であった。すでにビルマ側の警備隊も逃走して姿がなく、一二月一四日、無抵抗のうちに同地は日本軍に占領された。

一週間ほど同地に滞在した高見が目撃したのは、ゴム園労働者のインド人、商業を担う華僑、そしてタイ人、ビルマ人、マラヤ人などが雑居する植民地世界であった。高見が訪れたとき、すでにイギリス人や混血の行政官、混血の警部は俘虜として抑留されていた。高見によれば、ここでは日本軍は十分な糧秣を携行していて、食糧供給を絶たれて飢えたゴム園のインド人労働者たちに米を分け、ゴム園の操業を再開させている。タイ人が越境してインド人に略奪暴行を加えるなど、戦争が民族間の衝突の火種となった様子も記録されている〔高見一九六五、二八九―三一四頁〕。

高見がバンコクに戻って間もない一九四二年一月二〇日、第一五軍主力の第五五師団はタイ西部ビルマ国境からビルマ側に侵攻を開始した。一月三一日にはマレー半島北端西岸の要衝で首都ラングーン(ヤンゴン)にほど近いモールメン(モーラーミャイン)を日本軍は占領して、開戦前には予定されていなかったビルマに対する本格的な攻略作戦が始まった。それは、緒戦の勝利を受けて大本営が南方作戦の規模拡大を主導した結果であった。

参謀本部作戦課長・服部卓四郎が東京からサイゴンに飛来して「ビルマの要域を占領確保」するという「第一五軍作戦要領案」を南方軍に提示して驚かせたのは、開戦後一〇日あまりたった一九四一年一二月二一日のことであった[戦史室編一九六七b、七二頁]。南方作戦計画の攻略範囲に当初入っていなかったビルマを最終的な作戦計画に書き込んだのは「わたしの意見による」と服部は戦後の回想で述べている。その背後にあったのは「英軍は当然ビルマからわが右翼を崩しにくると思われるから、右翼はあらかじめビルマまで出しておかねばいけない」という兵棋演習的な発想だった(南下する日本軍から見ればビルマは右翼に位置している)。しかし作戦兵力には余裕がないので、南方作戦が一段落するまでは「ビルマを固めるにしても、せいぜい南部ビルマまでしか手が伸びないであろうと思っていた」と服部は述べている[同上、一五頁]。

しかし、緒戦の勝利で西太平洋からインド洋東部まで事実上の制海権を獲得したことなどから大本営は戦線の拡大を決断した。そしてビルマ全域の占領と援蔣ルートの完全な遮断を目的として、「成るべく速かに」「一挙にラングーンを占領」し、さらに「状況」が許せば「機に投じ速かにマンダレーに向い作戦を開始」することを南方軍に提案した[同上、七二―七三頁]。突然の提案に驚いた南方軍総司令部も、その後、南方作戦が順調に推移するなかで作戦案に同意し、一九四二年一月二二日、大本営は南方軍総司令官に対して、ビルマ全域を確保して最終的には北部要衝のマンダレーおよびエナンジョン付近の油田地帯の占領をめざすことを命令した(大陸命第五九〇号)。そして第一五軍主力は、モールメン占領後、英印軍および援蔣ルートを守る中国軍(重慶国民党軍)と激戦を交えながら、三月八日には首都ラングーンを占領したのである。

一方、開戦前に一時バンコクからサイゴンに待避していた「南機関」は、第一五軍司令部を追ってバンコクに戻り、一二月二八日、ビルマ独立義勇軍ＢＩＡを組織した。「南機関」が海南島で軍事訓練を施したアウンサンら「三〇人の志士」と、タイで募集した二〇〇名あまりのビルマ人を中心とする編成である。ＢＩＡは、日本軍の作戦計画の変更によってビルマ独立の行方が急速に不透明になる一方で、日本軍と行動を共にしつつ募兵を進め急速にその規模を拡大していく。しかし、開戦前に予定されていなかったビルマ全域の攻略作戦が始まったことは、大本営・南方軍と作戦の当事者である第一五軍との間で、あるいはビルマ独立運動を全面的に展開すべく準備を進めていた「南機関」さらにはビルマ独立をめざすタキン党青年たちをはじめとするビルマ人と第一五軍との間で、さまざまの摩擦を起こしていくことになる。

ＢＩＡと共に進軍する日本軍をビルマ民衆は圧倒的に歓迎した。根本敬の研究によれば、ＢＩＡは、人々が親しむビルマ伝統の予言(バダウン)を巧みに利用し、鈴木敬司を伝説の「ボウ・モウヂョウ」(稲妻将軍)に擬した。その結果、民衆の多くが鈴木こそ英国支配を打ち砕く人物だと信じるようになったという。高見順の日記(一九四二年一月一七日)にも、「ビルマ義勇軍の青年」の話として、「モージョー(雷)がイギリスを追い払うという予言もあるという。モージョーは日本軍だという」という記述がある[高見一九六五、三一九頁]。三月までには、ＢＩＡの入隊者は一万人を超えた。日本軍とＢＩＡ

の進軍に各地のタキン党員たちも一斉に呼応して、イギリスが敗退すると各地に臨時行政府を設置した。しかし、日本軍全体としてはＢＩＡを「謀略」の一部としてしか見なしていなかったし、いざビルマ攻略作戦が発動されると日本軍はＢＩＡに行動の自由を許すわけには行かなくなった。また、第一五軍の各部隊には、ＢＩＡの存在すら伝えられない場合もあった。第五五師団が占領した南部の都市モールメンでは、ＢＩＡの政治活動や募兵すら禁止され、早くもＢＩＡと日本軍の間では摩擦と軋《あつ》轢《れき》が生じ始めることになる［根本一九九六、一一〇―一一一頁］。

日本軍が侵攻したビルマ領内デルタ地帯では、さらに深刻な事態が発生した。ＢＩＡやタキン党員が、かねてから親英派として敵視してきたカレン人を攻撃して、応戦したカレン人との間で大量の死傷者を出したのである。現代に到るカレン人のビルマ人に対する不信につながっていく事件である。日本軍が未知の多民族世界に準備もなく踏み込んだことから各地で多民族共生の均衡と秩序が動揺した光景がそこには浮かび上がる。このあと「ビルマ人のビルマ」を掲げた日本のビルマ侵攻作戦は、英領ビルマの多民族世界に大きな衝撃を与えていくことになる。

南方作戦の終結

南方作戦の最終目標とされ、大本営がもっとも難航を予想していたジャワ島の攻略は、あっけないほど短時日で終了した。開戦当初、一九四一年末を期限に進められたオランダ植民地政庁に対するインドネシア要域への進駐要求の交渉が不調に終わり、戦局も予想以上に早く展開したことから、日本軍は当初の予定を一カ月早めて、一九四二年一月一一日、「蘭印攻略作戦」を開始した。ボルネオ、セレベス、アンボン、マカッサル、パレンバンと、インドネシアの島嶼を日本軍は次々と攻略、三月一日、ジャワ島西部のメラク、東部クラガンなどに第一六軍主力が一斉に上陸した。このとき、バンタム湾で軍司令部要員を乗せて上陸敢行直前だった輸送船団が――バタビア(ジャカルタ)沖海戦に巻き込まれ――輸送船三隻が味方の魚雷で大破し、軍司令官・今村均中将から宣伝班員に到るまでが海に投げ出されるという危機一髪の出来事があったが、全体としては大きな被害もなく上陸作戦は成功した。上陸後も大きな抵抗はなく、住民は協力的だった。サイゴンの南方軍総司令部にいた石井秋穂のもとには、偵察機から「上陸部隊の後方」に続く「戦車の周囲には群衆が寄り来って歓迎」しているとの報告が届き、石井は軍政の今後に自信を深めたという〔石井一九五七、一一二頁〕。三月六日、日本軍は早くも首都バタビアを占領、蘭印軍司令部がおかれたバンドン要塞も、予想以上に早い日本の進撃に抵抗を断念して降伏を申し入れた。蘭印軍司令官ハイン・テル・ポールテン中将は、バンドン要塞守備隊の部分降伏を認めず全面降伏を求める今村の要求に屈服して、三月九日、全蘭印軍に向けて降伏命令を通達した。

こうして植民地首都の攻略という点では、日本は、一九四二年三月初旬までに南方作戦の所期の目的を達成した。その余勢を駆って大本営は第一八師団と第五六師団をマレー作戦から転用、第一五軍に対してビルマ北部マンダレー攻略作戦を命令、日本軍は英印軍・中国軍と激戦を交わしつつ北上して、五月一日、英印軍・中国軍の焦土作戦で荒れ果てたマンダレーの市街を占領した。

高見順は、この作戦にも同行取材した。『ビルマ記』(一九四四年)によれば、ラングーン占領までは携行する弾薬・食糧で足りたが、マンダレー攻略作戦では補給が追いつかず、食糧の「大部分を土地のビルマ人から」買わなければならなかった。そして高見は、「ビルマ人の皇軍に寄せる献身的な協力振り」を「いろいろな点で、どの位皇軍がたすかっているか分らない」と賞讃する一方、「重慶軍」が「掠奪暴行をほしいままにし、その退却に際しては一物も残さず強奪した上放火し、ビルマの部落という部落を一面の焼野原にしている」と非難した。そして、ビルマ人が「重慶軍をはっきり敵視し、日本軍に協力しているのは、日本兵の立派な態度に感激しているから」だと高見は記した〔高見一九四四、一二七―一二二頁〕。このとき日本軍がビルマ人から歓迎されていたことは事実であったが、この戦いが視点を変えれば「現地自活」の争奪戦であり、「献身的な協力」を受けることと、略奪・暴行の限りを尽くすことの境界線は意外にも曖昧なのだということは高見の想像するところではなかったようである。

緒戦の勝利のなかで、唯一、日本軍の目算が大きく外れたのが、フィリピン攻略であった。バタアン半島で抵抗する米比軍の攻略は、当初、南方作戦全体には支障がないとして「残敵掃討」程度の位置づけしか与えられず、十分な戦力が投じられなかった。しかし、バタアン戦が続く限りマニラ湾という東南アジアと日本を結ぶ交通上の要衝は自由使用できなかった。さらに、コレヒドール島要塞を極秘に脱出したマッカーサー司令官は、一九四二年三月二〇日、オーストラリアに姿を現して「アイ・シャル・リターン」宣言でフィリピンの奪回を誓い、敗将のイメージを払拭して反攻軍の先頭に立つ勇将に変身した。長引くバタアン戦は、日本にとって政治的にも看過できない問題となった。戦線の膠着状態を打開するため、日本軍は戦力に余裕の出た各軍から第一砲兵司令部などを第一四軍に編入したうえで、四月三日、バタアン半島に対する総攻撃を開始した。糧秣・弾薬の枯渇から限界に追い込まれていた米比軍エドワード・キング少将は、四月九日、降伏した。このあと最後の抵抗拠点となったコレヒドール島要塞でも、砲撃戦をへて日本軍が同島の一部を占拠すると、五月六日、マッカーサーにかわり指揮をとっていたジョナサン・ウェインライト中将が降伏を申し入れ、翌七日、第一四軍司令官・本間雅晴の要求に屈して全米比軍に対する降伏命令を放送、ここにフィリピン攻略戦はひとまず終結したのである。

五月一八日、ビルマ全域を占領したとして、南方軍は「南方攻略作戦」の終了を宣言した。しかし、南方作戦の終結は、東南アジアの欧米植民地を日本軍が完全に制圧したことを意味したわけではなかった。フィリピンでは、まだバタアン・コレヒドール戦が終わらない一九四二年三月、中部ルソン地方で戦前から盛んであった社会党・共産党系農民運動の流れを汲む抗日武装ゲリラ組織としてフクバラハップ(抗日人民軍のタガログ語略称)が結成された。在比米軍の降伏後も諸島各地には投降を拒否した米比軍の兵士・士官が残存し、これに一部の地域有力者が加わって、米軍指揮下の正規軍ゲリラいわゆるユサフェ・ゲリラが組織されていくことになる。マラヤでも、戦前から抗日救国運動を展開してきた華僑系のマラヤ共産党がシンガポール陥落直後に「マラヤ人民抗日軍」を組織して抵抗運動を開始した。日本軍が「南機関」を通じて民族運動を味方につけたビルマでも、北部国境地帯を中心に英印軍・中国軍を主力とする連合国軍との対峙・戦闘が続くことになる。

その一方、連合国がヨーロッパ戦線に主力を投じたことや、マッカーサー司令官のもとで米軍の反攻が中部太平洋からニューギニアを主戦場とする「飛び石」戦略で行われたために、東南アジア島嶼部・大陸部の大半は、ひとまず戦闘が終結して日本軍の占領下におかれることになった。そこで始まった日本の南方＝東南アジア占領とは、いかなるものだったのか。以下では、まず占領の初期に焦点をあてて、言説と実像の両面から日本の東南アジア占領を考えていくことにしよう。

2　南方軍政の始動——宥和と圧制

クリシェのなかの大東亜共栄圏

緒戦の勝利に酔う日本人たちが残した無数の語りが、仮に目の前を流れる川の奔流であったとしよう。そこに手を入れて何度すくいあげても、私たちの掌に汲まれるのは、驚くほど良く似た常套句すなわちクリシェの群れである。それらは、国家の検閲と統制が生み出したと言うよりは、当時の日本社会における「通念」が「時局」と化学反応を起こした結果だった。まず目につくのが「解放」と「聖戦」のクリシェである。開戦六日後（一二月一四日）の『大阪毎日新聞』は、「英米退場と東亜経済」と題した七回にわたる連載記事の劈頭《へきとう》を、次のような言葉で飾っている。

大東亜戦争の展開は十億東亜民族を英米百年の植民地経営の桎梏から解放するものである、東亜民族は激しい戦火の彼方に洋々たる共栄生活の展望をもつ、この大聖戦の戦果がもたらす大東亜の経済的視野を逐次語ろう。

前章で述べたように、大本営・南方軍の参謀は「資源の戦争」のリアリズムに徹することを望み、解放戦争・「聖戦」論を好まなかった。しかし緒戦の戦勝ムードのなかで、解放戦争・「聖戦」論は、軍事エリートの思惑を超えて一気に日本社会を覆った。

「人種戦争」のクリシェも――すでに詩人・歌人の作品にも見たように――氾濫した。日本政府はこれを警戒した。日本軍が進駐したインドシナは依然としてフランス植民地であったし、枢軸国ドイツ・イタリアとの軍事同盟は日本の戦争政策の要であった。一九四二年一月一二日、内閣情報局は、「米英等に於て今次戦争を人種戦争に誘導せんと謀略しつつあるに鑑み爾今攻撃非難の対象として「白人」なる字句は之を用いざること」(5)を内務省（警保局）などに通達した。しかし、メディアから「反白人レトリック」が姿を消すことはなかった。

それでは、「聖戦」による「解放」は何をもたらすのか。この問いに答えるのが「更生」の語りである。先の連載記事（「英米退場と東亜経済」）にも、「大東亜共栄圏の一環としての比島更生の姿を見るのはそう遠くはない」、「大東亜共栄圏の重要なる分野として蘭印が大東亜戦争の進展とともに真実に更生する日が待望される」という表現がある。ここで言う「更生」とは、物理的・経済的な回復というよりも、「好ましくない状態から立ち直る」ことという、優れて倫理・道徳的価値を含んだ意味で用いられている。その語りの前提となっていたのは、東南アジア植民地が西洋に文化的・精神的に支配された結果、間違った――軽佻浮薄《けいちょうふはく》で退廃した懶惰《らんだ》な――状態にあるという断定であった。そして「更生」の具体像として頻出するのが「本来あるべき真の姿」としての「本然の姿」への回帰というクリシェである。

たとえば、『大阪朝日新聞』の「シンガポール陥落の意義」と題した記事（一九四二年二月二〇―二二日連載）は、「南方諸地域が大東亜本然の姿に帰るとき、その経済産業の基本的性格はイギリス流の金権搾取より離れた物資交流関係の整備拡大でなければならない」と語る。『読売報知新聞』の「開戦

一年　大東亜の前進」と題した記事（一九四二年一一月一〇―二〇日連載）は、「比島の再建が比島独自の伝統と民族性の本然に還ることを第一目的として開始されねばならない」「今やビルマは英国的敵性を払拭した新なる〝ビルマ人のビルマ〟へそして〝アジアのビルマ〟へと本然の姿に立還ったのである」と述べている。

「更生」・「本然の姿」――一見きわめて抽象的な観念論だが、実はこれらこそ日本の東南アジア占領政策が必要としていた修辞法であった。戦争と占領により宗主国との関係を切断された植民地経済が混乱に陥ることは不可避であり、域内交易が麻痺すれば、米や生活必需品の需給が各地で崩れて民衆の生活に直接の悪影響が出ることは避けられなかった。

だからこそ、日本軍占領下の新しい状況は、生活水準の低下にもかかわらず受忍すべき価値のある状態として語られなければならなかった。それは、植民地以前のあるべき本来の姿＝「本然」に立ち返ったという意味においてよきこと・正しいことであり、植民地化された歪んだ状態からの「更生」なのであり、「桎梏からの解放」なのだ――このように「聖戦」論をめぐる一連のクリシェは、「南方占領地行政実施要領」が想定していた「民生に及ぶべき重圧」を「忍ばしめ」る受忍の強制を正当化する説明原理としても機能した。だとすれば、石井ら大本営参謀が追求した「ただ生きんが為」に戦う「資源の戦争」のリアリズムは、実は彼らが距離をおきたいと考えていた「聖戦」論を必要としていたとも言えるのである。

それではアジアの有色人種のなかで、日本人（だけ）が「解放」戦争を戦う「盟主」すなわち唯一の指導民族であることの根拠はどこに求められたのだろうか。ここで注目されるのが、「民度」と「精神」をめぐるクリシェである。

たとえばシンガポール陥落後の『神戸新聞』社説「民族政策と指導性確保」(一九四二年二月一七日)は、次のように語る。

相手方たる土着住民の民度がわが国に比し政治的経済的文化的何れの点よりするも後れていることは否み難い事実であり、従ってその民族政策の重点が彼我の共存共栄の実現とともに相手方民度の指導向上に存することは言うまでもない。これは指導的立場にある我が民族に課せられた重大な使命である。

「民度」は、日本と占領地との比較だけでなく、各占領地を比較する指標としても頻繁に用いられた。たとえばベトナム人については、「南洋で最も民度の低いこれらの種族」(「経済眼に映じた仏印、タイ(3)」『大阪毎日新聞』一九四一年二月一九日)あるいは「人間と豚の間をゆくような原始的民度」(「悲惨この東洋民族　仏印農民生活を見る」『神戸新聞』一九四〇年一〇月二七日)などの表現が新聞各紙に散見される。フィリピンについては、「比較的民度の高い」国と認定されていた(『大阪朝日新聞』一九四二年九月六日)。一方、ジャワ軍政監部総務部長を務めることになる中山寧人は、開戦直前にインドネシアの「土民は酔生夢死の境地」にあり「政治的、文化的に実に低いレベル」にあると断定していた〔中山一九四一、一一三―一一八頁〕。

このように「民度」は、戦前・戦時期にかけて、日本の優位を語るだけでなく、アジア諸民族を日本の支配下に配置するための、恣意的で曖昧なランキング指標として頻繁に用いられた。「民度」とは、実際には西洋的近代化を指標にした序列化の概念にほかならなかった。右の例でフィリピンの「民度」が高いというのは、欧米式の制度や教育が比較的に浸透していたことをさしており、インドネシアの「民度」が低いというとき、その高度に発達した伝統文化の存在は無視されていた。西洋から解放された「アジア人のためのアジア」を唱えるはずの「大東亜共栄圏」において、日本は自らが「指導民族」として君臨する根拠を、西洋的近代化の到達度が最も高いことに求めていたわけである。それはまさに自己矛盾であった。しかも、後藤乾一の研究によれば、日本軍政が実施したインドネシア民族の「民度」をはかるための「科学的」な「偏差値」調査では、インドネシア人は日本人と比較して「一般に信じ難いと思われる程の高い智能」を示したと報告されたのであった〔後藤一九九一a、一七九―一八〇頁〕。いずれにせよ、「民度」論だけでは、欧米諸国に代わって日本が東南アジアの支配者となることの正当性を主張するには不十分だった。

だからこそ、日本人が指導民族である最終的な根拠は、「民度」ではなく、「精神」でなければならなかった。スマトラで連合国軍に破壊された鉄道橋梁の復旧を達成した南方鉄道部隊の活躍ぶりを伝える『大阪毎日新聞』の記事「鉄路神兵(上)」(一九四二年九月一三日)は、現地住民が鉄道部隊の作業に驚嘆して「朧気《おぼろげ》ながら日本の鉄道精神、軍隊、魂で練り鍛えられた盟主日本の鉄道精神の真意を呑みこみ始めた」と伝える。第二五軍(マラヤ派遣軍)司令官・山下奉文は、記者との問答のなかで、「原住民の一部には(中略)われわれの眼からみれば極めて怠惰な人種がいる、このような連中に対しては(中略)まず日本人のものの考え方、生活の仕方ということを教えて漸次日本精神を知らせるのが眼目なのである」(「道義に立脚する平和と文化の建設へ」『大阪朝日新聞』一九四二年六月七日)と述べる。

「民度」が高いとされたフィリピンは、「精神主義」プロパガンダでは、逆に劣等生とされた。マニラ占領後一カ月を報じた記事は、「南欧の花やかな文化、ついで四十余年間染みこんだ米国のジャズ文明(中略)この心にアジア精神を蘇らせることこそ最緊急の問題である」(『東京朝日新聞』一九四二年二月一五日)と語る。第一四軍(比島派遣軍)司令官・本間雅晴は、一九四二年八月の声明「比島人に与う」のなかで、「新生比島の建設は政治、経済、産業、教育の中に文化の中枢たる精神の基礎を確立するところから第一歩を踏み出さねばならぬ」(『大阪毎日新聞』一九四二年八月四日)と述べた。以後、日本のフィリピン占領では、キリスト教を与えたスペイン、教育を与えたアメリカに対して日本が与えようとしているのは「精神」であるというクリシェが語られていく。

「大東亜共栄圏」像をめぐって、いまひとつの重要なクリシェがある。ジョン・ダワーが『容赦なき戦争』で注目した「其の所」である。

東條英機首相が一九四二年一月二一日に行った衆議院における施政方針演説の次の一節が代表例とされる。

大東亜共栄圏建設の根本方針は、実に肇国《ちょうこく》の大精神に淵源するものでありまして、大東亜の各国家及び各民族をして各々其の所を得しめ、帝国を核心とする道義に基く共存共栄の秩序を確立せんとするにあるのであります(拍手)。(6)

ダワーは「大東亜共栄圏」論のなかで繰り返された「其の所(訳語 proper place)」のクリシェを、「実質上不平等」な存在として想定される「各民族または国民グループ」が「地域的ないし世界的な計画」のなかに自らの役割を位置づける観念と捉えた[ダワー二〇〇一、四四〇—四四三頁]。

ルース・ベネディクト著『菊と刀』(一九四六年)も、一九四一年の日本の対米最後通牒などで用いられた「其の所」がアメリカ的「平等」観念とはまったく異なる不平等な階層制度のなかで生活に深くしみ込んだ原理であることを強調している〔ベネディクト一九七二、五三—八八頁〕。日本人の「大東亜共栄圏」観が日本人を「指導民族」として特権化する階層観念を前提としていたことは確かであったが、ダワーやベネディクトの「其の所」の解釈には足りない点がある。

東條が言う「肇国の大精神」とは、一八六八年四月六日(明治元年三月一四日)の明治天皇による「五箇条の御誓文」および「宸翰《しんかん》〔天皇直筆の文書〕」をさしており、「其の所」という言葉は、後者すなわち「宸翰」の「天下億兆一人も其所を得ざるときは、皆朕が罪なれば〔ひとりでも、「其所」を得ないときは、それは天皇自身の罪になるのだから〕」君主として全力をあげて努力し、実績をあげてこそ、君主の地位に背かないと言えるのだという意味の文章から引かれている[7]。

ここで「其所を得る」が意味しているのは、第一義的には、人々がその職分に応じて暮らしや生計が成り立つことであり、「宸翰」の文意は、あくまでも天皇・明治政府が庶民の生活安定に全力をあげるという仁政・善政の宣言である。proper place よりも livelihood に近い(ベネディクトやダワーは一貫して proper place を訳語として用いている)。

明治・大正・昭和期を通じて、「其所」(其の所、その所、其の処など)は、「宸翰」に由来する言葉として、主として生計の手段を得る、暮らしが成り立つという意味で広く使われてきた。一九四二年一月の東條演説をはじめとして日本がしきりに語った「其の所」のクリシェもまた階層秩序的な「大東亜共栄圏」像を前提としつつも、東南アジア被占領地の人々の生活を保障する仁政・善政の宣言としての意味を伴っていた。このことは次のような使われ方からも確認できる。

原住民だけが東亜解放の戦争をよそに安楽な生活を続けることの許されないことはすでに述べた通りだ、しかしその反面彼らの絶対必要とする生活の一線を確保することは、各民族をしてその所を得しめるという大東亜建設の根本精神から来る当然の要請である(「新生東印度の進路」『東京朝日新聞』一九四二年四月三日夕刊)。

『中外商業新報』記事「大東亜の人口」(一九四二年三月二五日)も、「これら尨大なる東亜共栄圏内の人達に各々その所を得させることは容易ならぬ大事業である」と述べる。いずれも「共栄圏」下の各民族の生活を安定させるという意味で用いられている。

こうして見ると、「其の所」を階層秩序観の表現としてのみ捉える解釈は一面的である。しかし、問題はそこにあるのではない。「其の所」を語ることにより、東條首相をはじめとして日本政府が、開戦の時点で繰り返し東南アジアに対して民生の安定をめざす善政の公約をしていたという事実が重要なのである。なぜなら戦争指導部は、「資源の戦争」のリアリズムのなかで、被占領者に「其の所」を得させることがきわめて困難であることを知っていたからだ。

現実の予感

「大東亜共栄圏」のクリシェに溢れた一通の手紙がある。比島派遣軍の軍最高顧問としてマニラに着任した村田省蔵が、一九四二年三月、次男の威次(一九二八生)に宛てた手紙の一節である。「父はまだ仕事に手をつけない　ヂット見て居る」と書いた村田は、ちょうど慶応幼稚舎の卒業を控えていた次男に向かって次のように語りかけた。

米国を謳歌し、米国の事物に酔へる此国民を、直に本然の東洋民族に立ち帰らせ、東亜共栄圏の一環として協力せしむることは非常に困難を伴う(中略)陛下に対して申訳なきは申す迄もなく、戦争の犠牲となれる尊き英霊に対し相済まざる次第なれば、何としても此れが完遂を期せねばならぬ、而して此れは単に比島ばかりでなく、戦いとった南洋一帯の民衆をして各其所を得しむる要あり、更に満州支那の如き遣り放しになった地方もほんとうに建て直すことに邁進すべきで、(中略)お兄さんや威チャンには日本人として此大事業を引きついでやる光栄ある義務がある。(8)

村田の「戦争認識」の推移を克明に検討した半澤健市は、天皇に対する「臣下」としての忠誠心において、また「天皇の戦争」のメカニズムの一角を構成することに日本資本主義がその物質的基盤を置いていた時代の財界人であったことにおいて、村田が二重の意味で「インペリアル・ブルジョアジー」であったと指摘する［半澤二〇〇七、一八三―二〇三頁］。まだ一三歳の少年の次男に宛てたこの手紙にはたしかに、この時点における村田の「インペリアル・ブルジョアジー」としての天皇に対する忠誠心や東亜共栄圏建設への意気込みが素朴に語られている。それはまた、このとき日本の新聞・メディア、軍宣伝、そして東南アジアと日本を行き交う無数の通信・書簡に溢れていたクリシェのひとつのサンプルである。

しかし、ここでも私たちが立ち止まって考えるべきことがある。

これらのクリシェを語ったのは日本人であり、それは占領者の「独話」に過ぎなかった。この「独話」は被占領者に通じたのだろうか。それはいかなる意味において「対話」に発展し得たのか、し得なかったのか。日本はこのような唯我独尊の世界観を、はたしてどれだけ被占領者に押し付けることができたのか。

一九四二年三月五日。

榊原政春は、「軍政部付の内令」を受け、数日後、陸軍中尉に進級した。もともと榊原は「報道宣伝は心理学的芸術だ。僕は生来芸術が解らないし、すこぶる不得手だ」「南方政策の根本は何と云っても資源獲得だ。資源調査と経済政策だ。僕も次第にその線に進みたい」(一九四二年一月五日)と感じていたから、不本意な報道部勤務を離れて軍政部に転じることを「いよいよ自己の抱負実現の日」が近づいたと喜んだ。その一方、榊原は、難問山積の南方軍政の諸課題をめぐる煩悶を日記に書き記していくことになる。

「南方開発の主眼は南洋物資の輸入」にあるが、「物を買うには金が要る」。「多額な円の流出をしてインフレを防ぐためには、裏付け物資が必要だ。軍は現地の経済力と軍の実力を以てこれを防がんとするが、恐らく不可能だろう」(一九四二年三月八日)。そして、結局のところ、南方占領の帰趨は「民生問題」の行方にかかっている。しかしそれは可能なのか。揺れる思いを榊原は次のように記している。

> 現在に於ける大東亜建設工作の緊急の着眼は百年の大計を立てることでもなし、また道義的国家の理念を基礎づけることでもない。大東亜民族をして一人の暖衣飽食を許さず、また一人の飢える者あるべからずとの最低限度の生活を保証する方法如何にある。(中略)このためにも今日の急務は米の配給である(一九四二年三月一五日)。

軍政部付になる以前の日記に、すでに榊原は「もし日本が彼等(被占領者)の生存権を認め」なければ「日本人に対する感情は全く仇となり、日本の建設工作、大東亜建設は恐らく不可能、少なくとも困難となる(中略)彼等に正しき生存権を与うべきである。今日の急務、これより大なるはなし」と記していた(一九四二年一月三〇日)。戦争と南方軍政を観察する榊原の眼は「経済人」のそれでもあり、人間の生活を支える経済の常識を軍事の論理で抑えきれるとは考えていなかったようだ。その彼が、軍政要員の眼で東南アジア占領の全貌を俯瞰したときに感じ始めた疑念や不安は、占領者・日本が、東南アジア占領の現実と遭遇するひとつの小さな兆しとして捉えることができるのである。

初期軍政の「成功」

自転車を楽しむ市民の風景。寺下辰夫の回想によれば、マニラでは、軍政布告(一九四二年一月三日)後、数日もたたないうちに、市中心部海岸通りを「若いフィリッピン人の男女や、第三国人たちが、自転車に乗って、明るく陽気な顔付で走り回っている風景が見られ、「戦争なぞどこにあるか」といった楽しそうな表情をしていた」という［寺下一九六七、一三六—一三七頁］。

パレンバンの「石油部隊」で採油班の主計担当だった加藤勇の回想にも、同様の風景が登場する。一九四二年五月末頃、ジャカルタの第一六軍司令部経理部に報告に訪れた加藤は、街にはオランダ系の市民が「自由に生活をしていて美しい緑の街で自転車に乗った娘達の流れが強い太陽の光の下でまぶしかった」というのだ［パレンバンの石油部隊刊行会編一九七三、八九頁］。それは市民が自動車を日本軍に奪われた結果でもあったのだが、日本人はもっぱら平和の光景としてこれを見ていたわけである(本章の扉も参照)。

同じ頃、井伏鱒二はシンガポールで三カ月ほど前に出勤を説得した製版工リヨンの家を再訪したことを記している。リヨンの子供は、「日本の唱歌をうたいアイウエオを暗誦」してみせ、筋向こうの家の子供たちも窓から乗り出して「そびゆる富士の姿こそ……」と「高らかにうたうのであった」〔井伏一九九七a、一五二頁〕。高見順の『ビルマ記』(一九四四年)は、「ラングーンの復興は、巷のそのバザー風景からはじまった」と、「兵隊さん」が売り手のビルマ人と談笑する平和な露店風景を描き、イギリス人とビルマ人との「こうしたなごやかな風景は絶対に見られなかったものだと、ビルマ人は言っている」と記している〔高見一九四四、二三九頁〕。日本軍の「大検証」によって中国人社会が威圧されたシンガポールや、英印軍・中国軍との戦闘がビルマ北部で続いていたラングーンは、マニラやジャカルタと同列には扱えない。「軍の検閲を受けてもいいつもりで書いた」井伏の記述は決して額面通りには受け取れないし、高見が描いた光景にも宣伝班員としてのバイアスが明らかに含まれている。それでもなお、その拍子抜けするような平穏さという点で、多かれ少なかれ占領初期の各地の光景には共通点があった。

このように、緒戦の勝利後——米比軍「敗残匪」の動きがおさまらないフィリピン諸島各地をのぞけば——東南アジア各占領地の「治安」はおおむね良好とされ、南方軍政は成功しているのだという楽観論が、東京の戦争指導部から各占領地の日本軍までを支配した。

戦争指導部が前途を楽観した大きな理由のひとつは、軍事的勝利が続いたことに加えて、「資源の戦争」がめざす「国防資源」の獲得と「内地還送」が、ひとまず順調なスタートを切ったことであった。蘭印軍無条件降伏の翌々日(一九四二年三月一一日)、大本営政府連絡会議は「初期作戦の実績は予定計画に対比し軍事的 政治的 経済的に如何なる差異ありしや」と題した文書を決定した。同文書は、米英に対する重要物資の供給遮断はもちろん、日本が必要とする「物資取得」とくに「石油取得」については「予定に比し極めて良好」な成果を挙げており、食糧確保を課題とするものの「物的戦争遂行力は予定以上の強化」を予想している〔防衛研究所編一九八五、二三四—二三五頁〕。実際のところ、日本が最も優先した「国防資源」である石油に限れば、パレンバンなどの油田・製油所の占領と復旧によって、資源の獲得は予想を上回る成果を達成していく。すなわち、現地における石油生産量は一九四二年が約四〇〇万 竏《キロリットル》 、一九四三年は八〇〇万竏に達した。日本への還送量も、一九四二年が予定(三〇万竏)を大きく上回る一六〇万竏、一九四三年も予定(二〇〇万竏)を上回る二三〇万竏を達成することになるのである〔同上、二六三頁〕。

「国防資源」の獲得と還送、米英への供給の遮断に次いで「資源の戦争」のなかで重視されたのが、「南方作戦地域内における物の交流(南方域内交流)」であった。「出征軍の現地自活」を実現し、また占領地の物資・食糧の不足を最小限にとどめて民生を安定させるためには「域内交流」が絶対に必要だと考えられたのである。そのための物動(物資動員)計画の策定を担った官僚のなかに、商工省官僚から企画院を経て南方軍総司令部軍政班に派遣された岩武照彦(一九一一—生)がいた。岩武は、総力戦下の日本における物動計画を一手に担った企画院での経験を生かして、一九四二年四月中旬までに「南方物資交流計画」を立案した。南方軍総司令部において、各地域の民需に応じて必要な物資交流のための手続きを定め、さらに各派遣軍の希望を勘案して、毎月一五日までに物動計画を各軍に示達するというものである。この手順に従って、岩武は、各地域の人口、産物、戦前の実績および各軍の月々の要請を集約し、物動班のなかで輸送計画を立てていった。一九四二年六月頃には、相互交流輸送計画が「だんだん軌道に乗った感じ」になったと石井は述べている〔同上、四四七―四四九頁〕。南方軍参謀・石井秋穂が「敏腕家」と賞した岩武は、戦後、通産省・神戸製鋼勤務を経て、一九七二年に定年退職後、東京大学に学士入学して自ら南方軍政史研究のパイオニアとなり、また貴重な証言者・語り手となっていく。

こうして、日本の南方＝東南アジア占領はひとまず順調な滑り出しを見せ、日本人は戦勝の陶酔を深めた。しかし、ここで見逃してはならないことがある。占領初期における日本の「成功」は、クリシェのなかの「大東亜共栄圏」が語るような、「本然への回帰」と「更生」という名の巨大な変革が東南アジアで始まったことを意味しなかった。事実は逆である。各占領地が政治的・経済的にいったん安定したのは、「南方占領地行政実施要領」が示した大綱とりわけ「残存統治機構の利用」と「従来の組織及民族的慣行の尊重」という方針に、各派遣軍が――例外はあるにせよ――忠実に従ったからであった。その意味で日本は、欧米支配下におかれてきた東南アジア植民地の戦前の秩序や構造を破壊するのではなく、むしろ戦時の混乱からそれらを復旧し、さらに維持しようとした。その占領政策は、ときとして日本が被占領者に対してある種の宥和主義で臨んでいるかとさえ映るものだった。はたしてその実像はどのように理解すべきものだったのだろうか。以下、各占領地における軍政始動の概況を俯瞰してみよう。

ケソンなきケソン政権——フィリピン

一九四二年一月三日、南方作戦による占領地のなかでも最初に軍政が布告されたフィリピンは、現状維持を優先する占領政策のまさに典型であった。すでに指摘したように、陸軍は対米作戦の計画段階から「謀略」の柱としてコモンウェルス大統領マヌエル・ケソンを懐柔して、現フィリピン・コモンウェルスをそのまま抱き込むことに期待した。石井秋穂らが起草して大本営政府連絡会議で決定した「対米英蘭蔣戦争終末促進に関する腹案」(一九四一年一一月一五日)でも、「比島の取扱は差し当り現政権を存続せしむることとし戦争終末促進に資する如く考慮す」とされた〔参謀本部編一九六七、上、五二四頁〕。すでに述べたように、このケソン懐柔「謀略」の決め手として期待されたのがアルテミオ・リカルテ将軍であった。

太田兼四郎は、開戦翌日、三宅坂の陸軍参謀本部に太田をともなって出向いたリカルテの「眼光」は「爛々《らんらん》として全身生気に溢れていた」と回想する。作戦課で協議後、陸軍将校クラブで壮行会が催され、「比国万歳が三唱された」。それから日本出発までのあいだはＮＨＫに通い「未だマニラにいると思われるケソン宛と国民諸君」へのメッセージとして「軽挙妄動を慎み飽くまで冷静たれ、わしは遠からず諸君と共に在るだろう」との放送を繰り返した〔太田一九七二、一一八—一一九頁〕。一二月一八日、リカルテ一行は羽田から軍用機で上海、台湾を経由して翌一九日、日本軍先遣隊が上陸していたルソン島北端部のアパリに到着した。一二月二一日には南イロコス州都ビガンに入り、市庁舎屋上にフィリピン国旗を掲揚している。このあと一行は——本章冒頭で今日出海が目撃したように、住民が逃げて人気のない光景が拡がる——イロコス地方を南下してマニラに向かい、一二月二九日には、有力政治家でケソン側近のクインティン・パレデス（与党ナショナリスタ党院内総務）にケソン宛の親書を託すべく、孫娘のマリア・ルイサ・ドミンゲスを密使としてマニラ市内に派遣した〔同上、二七〇―二七二頁〕。しかしすでにこのときケソンは――日本との取引を恐れたアメリカ側の強い意向に従い――マッカーサーに同行して、一二月二四日、コレヒドール島要塞に脱出していた。このあと戦況の悪化にともないケソンはフィリピンを脱出してアメリカに亡命政権を営むことになる。持病の肺結核の容体が急変してケソンが死去したのは、米軍のフィリピン再上陸を目前に控えた一九四四年八月一日のことであった。

こうしてケソン懐柔の「謀略」は失敗した。しかしそのあとも日本軍が一貫してめざしたのは「ケソンなきケソン政権」の維持だった。軍政施行の翌日から、戦前「電気屋の武田さん」として（一九二五―二八年）フィリピンに潜入していた経験があるフィリピン派遣軍の前田正実参謀長は、フィリピン政府要人と非公式の会談を重ね、一月七日、日本軍は正式に対日協力政府を組織するための委員会の設置を要請した。一月二一日、日本の帝国議会で東條英機首相は「将来同島の民衆にして帝国の真意を了解し、大東亜共栄圏建設の一翼として協力して来る場合に於きましては、帝国は欣然として彼等に独立の栄誉を与えんとするものであります」と、日本帝国への協力を条件にフィリピンの独立を認める方針を表明した。これに対して、一月二三日、ホセ・ユーロ下院議長宅に集まった植民地政財界の有力者三〇名は、日本軍司令官に宛てた「返書」を起草・署名し、この「返書」署名者による「行政委員会」を発足させた。行政長官に就任したのはケソン大統領の官房長で、マニラを脱出する際にケソンから「大マニラ市長」として後事を託されたホルヘ・バルガスであった。ケソンはバルガスらマニラに残留させた閣僚に対して日本に忠誠を誓う以外の「あらゆる方法を用いて国民の苦難を和らげるため努力」するよう指示していた。日本軍司令官への「返書」はこの指示を意識して、次のように慎重な表現で日本軍に対する行政上の協力を約束した。

わが国の偉大な理想と自由、幸福に留意し、日本軍政下の平和と秩序の維持、我が国民の福利の増進を目的とする日本帝国軍隊の命令を、我々の能力と権限の及ぶ限りにおいて遵守する。

行政委員会の構成員三〇名の大半は、ケソン政権の閣僚および政財界の有力者であり、親米的傾向が強いことは明らかであった。しかし、日本軍はそのことを承知のうえでコモンウェルス政府の中央・地方のエリートに対日協力政府を担わせていく[中野一九九七、二三五―二三七頁]。なおフィリピンでは、政府職員はほぼ完全にフィリピン人化していたために、「残存統治機構利用」の原則から米国人を利用する必要はほとんどなかった。このため、成人男子を中心として連合国側の民間人は、その大半が施設に収容されていくことになる。

一方、日本軍は、フィリピンにおけるほとんど唯一の積極的な対日協力勢力であったガナップ党とその党首ベニグノ・ラモスの政治的登用を回避した。ラモスは、反米民族主義勢力として戦前の植民地議会で唯一議席を獲得したサクダリスタ党の指導者であったが、一九三五年、サクダリスタ党員の一部が起こした反米蜂起事件に先立って日本に亡命、帰国後の一九三九年に裁判の結果、投獄されていた。日本軍はラモスを獄中から解放したが、同じように出獄したビルマのバモオ、インドネシアのスカルノらとは異なり、日本軍はラモスを指導者として登用せず、あくまでケソン政権系の既成エリートとの協力を優先した。

この問題の背後には――スペイン時代の地主・地方有力者層いわゆるプリンシパリーア層にその歴史的出自をさかのぼり、独立革命・米比戦争で政治的主導権を掌握し、その後は対米協力に転じて米統治下の議会・公職をほぼ独占した――政治・経済両面にわたる植民地エリートと、小作農・土地なし農民などの貧困層との深刻な階級対立が存在していた。そしてフィリピン社会全体としては、植民地エリートだけでなく庶民のレベルでも独立革命・米比戦争の記憶が風化し、英語の普及や対米移民熱が起こるなどアメリカニゼーションが進行する一方で、サクダリスタ党勢力は、少数勢力ながら、対米協力に転じたエリートの革命に対する裏切りを批判し、反米・反地主を公然と主張した。それゆえ、植民地エリートから見ると、彼らは絶対にその政治的台頭を許してはならない存在だったのである(9)。

一九四二年一二月、開戦一周年を期して日本軍政はフィリピンの全政党を解党して翼賛政治組織カリバピ(新生比島奉仕団)を発足させた。しかしその実質はケソン政権与党のナショナリスタ党であり、その傘下にガナップ党の政治活動は封じ込められた。カリバピの発足直前、比島軍政監・和知鷹二《たかじ》は日本軍は「ガナップ党と絶縁し苟も之に利用せられざる如く戒む」と命じる通達を発令し、ガナップ党本部を撤去し、武装・党派的行動に出る党員は解散を命じ、応じない者は弾圧すること、思想穏健な党員中の優秀者は中央・地方で官吏として登用することなどを指示した(10)。カリバピ副総裁にはナショナリスタ党国民運動本部長のベニグノ・アキノが就任、ナショナリスタ党幹部が要職を占め、ラモスは宣伝部長に就任するにとどまった。

このように親米派を含むエリートに対する日本軍政の宥和的姿勢に対して、現地の陸海軍の一部からは反発が強まり、やがて戦況の悪化とともにガナップ党などを政権の座に据えようとするクーデターの動きも表面化していく。しかし、軍政中央および大本営の方針は一貫して「ケソンなきケソン政権」の維持で貫かれた。地主・地域社会の支配層としてのナショナリスタ党系エリートに対して階級的対抗意識をもつ農村貧困層としての背景をもつガナップ党を起用すれば、エリートの反発を招き、政治社会の大混乱を招いて、軍政を安定させることは到底できなくなると考えられたのである。クーデター側が担ぎ出そうとしたリカルテ将軍も一貫して協力を拒否して、ラモス、ガナップ党と慎重に距離を置き続けた。

一九四二年九月にブラジルからフィリピンに赴任後、参謀副長・軍政監部総務部長、「独立」後の大使館付武官として一貫して占領軍政の中枢にあった宇都宮直賢大佐(一八九八生)は、軍政中央で「宥和の論理」を貫いた中心人物のひとりである。その宇都宮が戦後の回想で「フィリピン人はアメリカを憎い敵なぞと少しも思っていなかった(中略)求めて過酷な施策をやって彼らの心を益々アメリカ恋しとの心情へ走らせてはならなかった」[宇都宮一九八一、五三頁]と述べ、また赴任後「まっさきにわたしが思ったこと」として、文化人を自負するフィリピン人の「人格を傷つけないよう、紳士として扱うこと」を挙げている[読売新聞社一九七〇、第一〇巻、三二〇頁]。そして実際に占領期日比関係の頂点の政治過程では、村田省蔵(軍政最高顧問・駐比全権大使)、浜本正勝(ラウレル大統領特別顧問)など、フィリピン・エリートとの間で「紳士」として渡り合える人々が日本側の当事者として活躍することになるのである。

しかし、エリートに対する日本軍の宥和主義は決して非暴力を意味しなかった。むしろ暴力と圧制があればこそ、宥和主義はその政治的効果を発揮し得た。コレヒドールに脱出したケソンに最高裁判所長官として同行したホセ・アバド・サントスは、ケソンの国外脱出には同行せずビサヤ地方で日本軍に逮捕され、コレヒドール島要塞陥落と前後する一九四二年五月七日に処刑された。サントス処刑事件はその経緯には不明な点があり、戦後の戦犯裁判で争われたが(辻政信の偽造命令によるという説など)、当時の文脈として事件は親米派エリートに大きな衝撃を与え、日本軍の協力要請があくまで生殺与奪の権を持つ者の有無を言わさぬ命令であることをあらためて認識させたのである。

タキン党ナショナリストの台頭――ビルマ

一九四二年六月四日、日本軍はビルマ全土に軍政を布告すると同時に、バモオを中央行政府長官に起用した。当初、予定されていなかったビルマ攻略作戦が急遽はじまり、三月八日の首都ラングーン占領、五月一日のマンダレー占領を経て、東南アジア占領地のなかでは順番で言えば最後となる軍政布告であった。この間に「謀略」としての独立運動の扱いをめぐって深刻な摩擦が生じたが、その紆余曲折については第四章に述べる。

統治機構という点では、フィリピンに次いで植民地の自治化・行政の担い手の現地人化が進んでいたことを背景として、ビルマでも日本軍は「残存統治機構の利用」という現状維持の基本方針を踏襲することができた。しかし、フィリピンとビルマの間には現地の政情に大きな差があった。フィリピンの場合は反米ナショナリズムが高学歴・富裕層エリートの間ではほとんど根絶され、宗主国アメリカとの協調に基づく独立が既定路線として定まり、植民地議会・政府において巨大与党ナショナリスタ党の一党支配が完成していた。これに対してビルマ政界はより多極化して流動的であり、高学歴エリートの間でも反英独立を求める政治勢力が活発であった。このことが同じ「残存統治機構の利用」という方針が占領地の政治力学に与える影響を異なるものにした。根本敬の整理にしたがってその政情を略述しておこう。

一九世紀の三次にわたる英緬《えいめん》戦争を経てビルマ王国(コンバウン朝)は滅亡し、一八八六年、イギリス植民地すなわち英領インド帝国ビルマ準州となった。植民地行政の枢要を担ったのは総勢一五〇人あまりの植民地高等文官(インド高等文官ICS)で、はじめはイギリス人だけであったが、二〇世紀に入るとインド人採用が本格化し、さらに一九二〇年代以来ビルマ人の採用も本格化して、一九三七年末には全体の三〇%弱をビルマ人が占めるに到っていた。イギリス統治は、シャン族、カチン族など少数民族については土侯(藩王)に行政権を委任したが、中央政府については、一九二三年の改革で立法参事会(定員一〇三名中八〇名を選挙で選出)を発足させるなどフィリピンと同様に段階的な自治権の付与を進めた。そして、ビルマ統治法(一九三五年公布・三七年施行)は、ビルマの英領インド帝国からの分離と英領直轄植民地化を定めるとともに、上下両院議会と下院議員の中から総督が指名した首相による責任内閣制度を発足させた。さらに、第二次世界大戦がヨーロッパで始まった直後の一九三九年一一月、イギリスはビルマ人の戦争協力を得るために、「(英政府は)ビルマがコモンウェルスの他のメンバーと対等な地位を持つ自治領となる時が来ることを期待している」という声明を発表した。時期こそ明示はしなかったが、日本がビルマに侵入してきたとき、イギリスはすでにビルマにおける植民地支配を終える決心をつけていたと根本敬は指摘する[根本一九九六、二四—三八、九〇頁]。

　このようなイギリスの自治化政策の受け皿となり、ビルマの行政や独立運動を担っていったのが、イギリスが導入した教育制度の下で育った高学歴の中間層エリートであった。彼らは、一九二〇年に設立されたラングーン大学に進学するなどして植民地体制を支える存在となる一方で、植民地支配の不平等を批判し、ビルマ・ナショナリズムの担い手ともなっていった。根本はこれらビルマの植民地エリートを、①一八九〇年代生まれが中心で一九二〇年代から四〇年代までのビルマ・ナショナリズムを牽引してきた「ビルマ人団体総評議会GCBA」系エリート、②一九〇〇―一〇年代生まれで、議会外での直接民衆を動員した反英独立運動を志向した「我らのビルマ協会」いわゆるタキン党系エリート、③タキン党系エリートと世代が重なるものの、行政官として政治とは距離を置くビルマ人高等文官という、三つの政治エリート集団に大別できるとする。

　戦前の植民地政界では対英協力・交渉を通じた自治領化をめざすGCBA党系エリートが議会を掌握して圧倒的に優位であった。しかしタキン党は、ビルマ統治法施行後の初代内閣を組織したバモオ首相(一九三七―三九年)を「ビルマ暦一三〇〇年の闘い」と名付けた一連の反英デモ・ゼネスト(一九三八年末―三九年初)で退陣に追い込むなど、民衆の動員力に優れた強みがあった。バモオを後継したウー・プ(一九三九―四〇年)、ウー・ソオ(一九四〇―四二年)両首相は、一九三九年の第二次世界大戦開戦後も反英独立を主張し続けるタキン党を弾圧した。これに対してタキン党は、大戦への参戦に反対して反英姿勢を強めたバモオ前首相と組み、バモオを議長、アウンサンを書記長とする反英団体「自由ブロック」を結成した。しかし、一九四〇年八月、バモオもまた逮捕・投獄され、タキン党・自由ブロックの逮捕者も増えて、ビルマ内での反英活動は、ますます難しくなっていた。このような時期（一九四〇年一一月）に、鈴木敬司陸軍大佐は国外に脱出中のアウンサンらを絶妙のタイミングで南機関に取り込んだわけである。

開戦時に現職の首相ウー・ソオがビルマに不在であったことも、「残存統治機構の利用」方針に影響を与えた。早期の自治領化を求めて英米を訪問中に開戦を迎えたウー・ソオは、緒戦で勝利を重ねる日本に賭けることを決意し、ビルマ独立への協力を求めて中立国ポルトガルで密かに日本公使館と接触した。しかしこのことがイギリスに露見したためにウー・ソオは帰国途上で逮捕され、戦時を通じてウガンダに抑留された［根本一九九六、八六—九四頁］。こうして交渉相手とすべき首相を欠いた日本軍にとって、首相経験者でありながら反英活動で投獄されていたバモオ（一九四二年五月、自力で刑務所を脱出して日本軍と接触した）は、まさに「残存統治機構」中の逸材であった。第一五軍司令官・飯田祥二郎は戦後（一九六二年）の回想で、「軍は最初から反英思想の強い連中を相手にして居たので、自然タキン党との接触が多かった」が、タキン党には「遺憾ながら頭首に据えるべき適格者」がおらず、「ドクター・バーモ」が、「前々からタキン党との間も中《ママ》が良かったので、其の推奨を受け、日本軍も之に同意を与えて準備委員長に採用することとなった」と述べている［飯田一九六二、一九—二〇頁］。

他方、タキン党は、南機関・鈴木大佐には支持されたものの、日本軍全体からはその若さと過激さ・左翼的傾向を敬遠された。高学歴エリート集団であったことなどからフィリピンにおけるガナップ党のように徹底的に排斥されることはなかったものの、戦前のビルマ政界では排斥されて閣僚も出していなかったタキン党は「残存統治機構の利用」という観点からは、やはり積極的に登用すべき存在とは見なされなかったのである。占領当初タキン党が各地に作った臨時行政府も、軍政布告によりただちに解体させられた。一九四二年七月、ＢＩＡは解散させられ、かわって一部の精鋭が第一五軍隷下に編成されたビルマ防衛軍に再編され、アウンサンは大佐としてその司令官となった。その一方、タキン党に幸いしたのは、バモオがタキン党と「自由ブロック」を通じて共闘した経験があったことで、バモオはアウンサンを国防大臣にするなどタキン党員を閣僚として登用した。こうして対日協力政府の中央組織に食い込んで政治的上昇のきっかけをつかんだタキン党は、その後はＧＣＢＡ党系エリートの自派を優遇するバモオと対立を強めていく。こうして、日本軍の「残存統治機構の利用」方針は、フィリピンでは占領期間を通じて既存の政治力学の変動を凍結・封印したのに対して、ビルマではタキン党ナショナリストの政治的台頭というダイナミズムを引き起こしていくことになる〔根本一九九七。武島二〇〇三、二二二―二三〇頁〕。

なお、植民地政庁の高等文官のうちイギリス人は全員、英軍とともにインドに脱出するなど、ビルマのイギリス人は日本軍侵攻に際して「逃げてしまった」〔防衛研究所編一九八五、四四五頁〕。このためイギリス人の利用・収容のいずれも問題化することはなかった。その一方、ビルマ人高等文官四九人のうち英軍に同行したのは三人に過ぎず、大半が残留して県知事などの要職を継続して務めたので、日本軍は白人を利用することなく「残存統治機構の利用」方針を適用することが可能だったのである〔根本一九九六、一一〇―一一五頁〕。

白人処遇をめぐる紛糾――ジャワ

インドネシア（蘭印）は、第一六軍がジャワ、第二五軍がスマトラ、ボルネオ・セレベス以東を海軍と、三つの軍政地域に分割された。日本軍政にとっては、蘭印の中枢ジャワにおけるインドネシア民族主義との対峙がやがて最大の焦点となっていく。しかし、それに先立つ軍政初動の段階で、「残存統治機構の利用」方針をめぐってジャワを訪れた日本軍関係者を一様に驚かせ、紛糾の種となった問題があった。あの、オランダ系白人が「自由に生活」して娘たちが「自転車に乗」るまぶしい情景である。戦争指導部は人種戦争論を建前では否定しながら、人種戦争観は彼ら自身の間でさえほとんど抜きがたい常識と化していた。この建前と常識の矛盾が、ジャワ軍政の白人処遇をめぐって混乱をもたらしたのである。この問題をめぐる関係者の回想には食い違いや矛盾がある。ここでは、岩武照彦が後年研究者としてその経緯を類推・整理して防衛研究所所蔵の石井秋穂「南方軍政日記」に添付したメモ(二〇〇〇年二月二七日付)(11)を参考にして、その経緯を辿っておこう。

もともと「南方占領地行政実施要領」の「残存統治機構の利用」方針は、石井が——日中戦争における日本軍占領地の政務・経済政策などを運営するために一九三八年に発足した——興亜院に出向勤務した経験を反面教師として立てられた。石井はその経験から日本人が大挙して占領地行政に深く立ち入り過ぎるのは賢明ではないと感じ、「南方では極く少数の人員で簡素に大綱だけを掌握し、できるだけ多くの現地人、特に従来仕事に携った人々(白人をも含めて)をそのまま使って行政を運営し立派に成功して見せようという野心を抱いた」[石井一九五七、一六—一七頁]というのである。だとすれば、今村軍政の占領初期における白人処遇はまさにこの方針を愚直に実行したまでに過ぎなかった。

すでに見たフィリピンやビルマとは異なり、インドネシアでは中央行政機構への植民地人の登用は進まず、もっぱらオランダ人など白人が支えていた。またインドネシアには、第二次世界大戦でオランダがドイツに占領されたことから難民化したオランダ人・連合国市民も押し寄せ、一九四三年の登録者数の合計で六万六五二八人と東南アジアでも最大規模の欧米系人口を抱えていた〔内海二〇〇一、七―八頁〕。その全員をただちに特定の施設に収容することは物理的にも不可能であり、何より軍の負担であった。しかもインドネシアは日本から見て南方作戦の最遠方の占領地にあたり、予想よりも早く軍政施行に至ったので、十分な軍政要員や民間業者を派遣する準備がただちには整わなかった。オランダ人・白人を利用することなく行政事務を再開することも、産業とりわけ製油所を再稼働させることも困難だったのである。この状況に応じて第一六軍は、占領当初、敵産企業・農園の管理にオランダ人民間技術者を使用し、原則として施設には収容せず、居住地などの制限を加えるにとどめて、生活・就業させる方針を採った。

ジャワ軍政を支えた斎藤鎮男〈第一六軍軍政監部企画課〉は、戦後〈一九七八年〉のインタビューで、軍政施行の主目的は「戦争目的に役立てる」ことであり、「資源とある程度ファシリティズがちゃんとしているジャワというものを壊してしまっては何にもならない。だから、できるだけ現状のまま占領して、それを現状のまま維持していく」べきだと考えていたと述べている〔斎藤一九八〇、二頁〕。この観点からすれば、開発資源や農園にオランダ人民間技術者を活用するのは当然のことだった。たとえば、パレンバン石油施設の復旧のために、第一六軍はラジオを通じてオランダ人技術者を徴募し、集まった二百数十名を製油所の一角に収容して、日本人技術者が「必要に応じて収容所に出かけて関係者と質疑応答を交わして解明する方法」をとった〔パレンバンの石油部隊刊行会編一九七三、一五二―一五三頁〕。

しかし、日本軍占領地を白人が闊歩するありさまは、日本や他の占領地から訪れた日本人を一様に憤慨させた。驚くべきことに、白人利用の政策を「南方占領地行政実施要領」に盛り込んだ当事者であるはずの石井でさえ、非難の列に加わった。ジャワ占領直後の日記に石井は高原都市で多くの外国人が居住していたバンドンについて「今村中将は自信強くして放置せるか　平和に酔いて放置せるや」(一九四二年三月一二日)と記している〔石井一九六〇、四九頁〕。白人「放置」のことをさしての記述と推測できる。戦後の回想によれば、このとき石井は「実施要領」で示した白人利用策に関して「実は私が、自分で書いた原則を忘れていたのであって、後に至り恥しく反省した次第だ」と述べている〔石井一九五七、一一五頁〕。戦争指導の多忙と混乱を彷彿とさせる証言だ。もともと白人利用策は一九四一年三月の「南方作戦に於ける占領地統治要綱案」において起案されたものだった。これに対して「実施要領」で石井は、占領地軍政の実施と現地自活の原則を盛り込むことに心血を注ぐ一方、その他の点はおおむね「統治要綱案」を引き継いだことはすでに指摘した。白人利用策もあまり問題意識をもたないままに引き継ぎ「実施要領」に盛り込んだまま「忘れていた」のかもしれない。

一九四二年三月下旬、東京からジャワを視察に訪れた杉山元参謀総長は、オランダ人夫婦が白昼公然バタビア市内を散歩しているのを見て激怒し、シンガポール同様に敵国人を監禁すべきだと命じた。これに対して今村は、「南方占領地行政実施要領」の基本方針通りに敵国人を処遇しているに過ぎないと弁明したが杉山は納得せず、陸軍大臣(東條)に対してオランダ人の拘禁を要求した。陸軍省は武藤章軍務局長、富永恭次人事局長をジャワに派遣し、杉山は南方軍総司令部で寺内寿一司令官や石井らと協議してオランダ人の収容方針を固め、第一六軍にその旨を命令した〔斎藤一九七七、五三—五九頁。今村一九六〇、一四六—一五七頁〕。この命令を受けて第一六軍は、残留オランダ人のうち、男子はケディリ州バニュワンギに建物を設けて監禁し、婦女子は各都市に地区を定めて居住を制限するという案をまとめ、東條陸軍大臣の承認を得た。その結果、早くも一九四二年四月中旬には第一六軍はオランダ人の拘禁に転じて、オランダ人・欧人官吏を全面解雇するとともにオランダ人官吏についてはほぼ全員逮捕し、「外国人」を「敵性濃厚者」・「居住制限者」・「指定居住者」に三分類する外国人登録を開始したのである。

このように今村軍政が初期方針に従い白人を「放置」したのはわずか一カ月間に過ぎなかったが、収容の実行は遅れた。五月八日にはインドネシアをはじめ南方占領地の接収敵産企業の経営要員として一〇〇〇名以上の大手企業民間人を乗せた大洋丸が長崎県沖で米潜水艦に撃沈されて乗員の過半が犠牲になるなど、日本からの軍政要員・民間業者の派遣も遅れた。岩武によれば第一六軍が計画通りオランダ人の拘禁・居住制限を完了したのは一九四二年の末までかかった。内海愛子の研究によれば、「敵性濃厚者」(一九四三年までに四四九二人が登録)は抑留所に抑留されたものの、抑留生活は占領当初は比較的自由で、「敵性濃厚者」でも軍政に利用する者は家族との同居を許して「活用」をはかったという。「居住制限者」(同、一万五二五二人)は指定居住地の学校や民家に収容し、「指定居住者」(四万六七八四人)は登録証を携行すれば一応自由に行動できるものとした〔深見編一九九三、三五頁。内海二〇〇一、七一―八頁〕。マニラでは英米市民は成人男子の大半や婦女子の一部がサント・トマス大学収容所に抑留され、シンガポールではチャンギー収容所に抑留された。これらの場合でも婦女子の多くや、枢軸国や中立国の市民、キリスト教会関係者などは抑留されなかったので、街頭から欧米人がまったく姿を消したわけではなかった。しかし、数万人単位の市民が市中に居住を許されたジャワの場合、

「敵国人」が自由に生活しているという印象は否めなかったことだろう。

今村の回想録は、武藤軍務局長のように今村軍政に当初批判的だった軍関係者の多くも、こうした現実を実際に見聞することによってオランダ人活用の方針に納得したと記している。一九四二年六月、インドネシアを訪問視察した寺内寿一南方軍総司令官もこの件を問題とせず、寺内に同行した石井は初対面の今村に向かって「占領地統治要綱」通りに軍政を進めていることに「感激」し、「どうか今後とも、方針をおかえにならないようにお願いいたします」と述べたと回想する〔今村一九六〇、一五七―一六〇頁〕(12)。この記述が、今村軍政の初期方針を無理強いして変更させた南方軍や大本営に対する今村の皮肉ではないとすれば――オランダ人の即時収容方針に第一六軍が転換したあとに、その無理を認識した南方軍・戦争指導部が寺内のインドネシア視察時に今村の名誉を回復したという――岩武照彦による推測が事実に近いと考えてよいだろう。石井は戦後の回想で今村軍政について、「ジャワの軍政が順調に進んだのは白人を活用したことが有力なる一因である。殊に道路や鉄道の復旧と運営には少なからず貢献した」と述べている〔石井一九五七、一一五頁〕。自分が書いたことを忘れてしまった原則を忠実に守った今村軍政を石井は高く評価したのである。

今村は一九四二年一一月八日付で第八方面軍司令官としてラバウルに転出した。転出の際も、「緩和軍政」の継続を寺内寿一南方軍総司令官に上申したと今村は回想する〔今村一九六〇、二〇三―二〇六頁〕。しかしその後、インドネシアにおける敵国人処遇は、一転して東南アジアでも最悪の敵国民間人処遇として戦争犯罪が追及される状況へと暗転していった。今村「緩和軍政」が強調されることが多いのは、このような処遇の暗転も手伝っている。しかしここで間違えてならないのは、「緩和軍政」

下の敵国民間人処遇もまた、決して厚遇を意図したものではなく、欧米人の民生維持に対する関心が欠けていたという点では占領後半期と異ならなかったということだ。

オランダ人官吏の利用が実際には一カ月あまりで終了したように、行政・経済運営の復旧と維持へのオランダ人の利用もしょせん一時的であった。やがて企業・農園経営には日本人が進出し、行政は日本軍政下にインドネシア人が進出して、白人は失業した。ヨーロッパ大戦からの避難民の性格も帯びていた彼らの生活は急速に困窮の度合を強めていった。その後、一九四三年一一月には「困窮者の収容」を名目に軍抑留所へのオランダ人の収容が始まり、ジャワ島で七万人、スマトラ島で一万二〇〇〇人を超える大量の民間人が貧弱な施設に収容されていく〔内海二〇〇一、八―一二五頁〕。日本軍は困窮する欧米人の生存維持に対して無関心であり、のちに戦争犯罪として告発される劣悪な衛生環境・食糧不足・虐待暴行のなかで、東南アジアでも死亡率が最も高い最悪の敵国民間人抑留所群がインドネシアでは運用されていくことになる〔林二〇〇五、九五―九六頁〕。

このように初期のジャワ軍政では白人処遇をめぐる紛糾が大問題となった。その一方、フィリピンやビルマでは占領早々に焦点となった植民地側の政治勢力の処遇問題が、ジャワそしてインドネシアの場合は、戦争指導部の記録にも、石井の日記・回想にもほとんどあらわれない。もちろん日本軍は、鈴木敬司が一時潜入するなど戦前から蘭印でも諜報活動を怠らず、インドネシア民族主義者の動向を把握していた。しかし、ビルマの南機関やフィリピンのケソン政権懐柔のような具体的な謀略工作は検討・実施されなかった。日本軍はスマトラ島西部に流刑になっていた民族主義者のスカルノ、ジャワ島西部に囚われていたモハマッド・ハッタ、スタン・シャフリルを解放して、その政治活動を許容したが、この時点ではまだビルマやフィリピンのようにインドネシアに「独立」を担う政治的主体がすでに形成されているという認識は、日本側には欠けていたのである。むしろ戦勝の勢いに乗じて、戦争指導部の間では、インドネシアの恒久領土化を当然視する空気が強まっていく。そして、燃え上がる民族主義に直面して対応を迫られたジャワの第一六軍と、南方総軍・大本営との認識のギャップは、まもなく深刻化することになるのである。

「強圧政策」と華僑――マラヤ・シンガポール

このように政策が与えた影響は現地の事情によりさまざまであったとはいえ、各派遣軍が共通して「残存統治機構の利用」を軍政の基本方針として採用するなかで、マラヤ・シンガポールの第二五軍はこの方針をほぼ無視した。イギリス人も利用せず、ただちに収容した。この点について石井秋穂は「マライでは白人を極度に忌避して軍政に使用しなかった。辻君〔辻政信〕の如き敵愾心旺盛な士がいて、白人と言えば頭から弾圧したものだ。ただし苦力として俘虜を労働に集団利用することには徹底していた。このやり方はジャワでは著しく趣きを異にした」と回想する〔石井一九五七、一四五頁〕。ただし、「残存統治機構の利用」の原則が敵国人の協力を必要としなかったフィリピンでもアメリカ人は早々に収容されていたから、イギリス人収容の根拠を、第二五軍幹部の反白人感情(だけ)に求めることはできない。「昭南」と改称されたように、シンガポールの日本領土化は、早くから規定路線であった。占領後早々に軍政要員として多数の文民官僚がシンガポールに派遣されたのも、直接統治をめざす国家意思の表れだった。このように、「残存統治機構の利用」方針にこだわる必要がなかった第二五軍は、宥和主義とも無縁であった。とりわけ人口の過半を占める中国人・華僑に対して、第二五軍は文字通り有無を言わさぬ「圧迫武断策」を強行した。

東南アジア経済に占める華僑の支配的影響力を考えれば、その協力は占領維持のために不可欠だった。しかし、東南アジア華僑の多くは、戦前、蔣介石政権の抗日戦争を支持して経済的支援を惜しまなかった。このように敵性の強い占領地住民である華僑をどう処遇するか。「南方占領地行政実施要領」は、すでに示したとおり華僑を「蔣政権より離反し我が施策に協力同調せしむるものとす」として対日協力に「誘引」する方向を示し、この方針に基づいて開戦後、大本営政府連絡会議は「華僑対策要綱」を決定した(一九四二年二月一四日)。しかしその内容は、「華僑」を「帝国国防必需物資の培養並に取得に貢献」させる、「既存の経済機能並に慣習を活用して帝国の施策に積極的に協力」させる、「占領地に於ては帝国の行政に帰服同調」させるなど、抽象的な総論にとどまるものだった。実際にどのような手段で華僑を日本軍政に「帰服同調」・「協力」させるのか、具体策は各派遣軍に任されたのである〔防衛研究所編一九八五、一〇八—一〇九頁〕。

そうしたなかで、占領地社会に華僑の存在が占める位置が最も大きかったマラヤ・シンガポールを占領した第二五軍は、「華僑工作実施要領」を独自に作成した。明石陽至の研究によれば、同要領は、第二五軍がマレー半島中部タイピンに司令部を設営した一九四一年一二月末に、第二五軍参謀副長の渡邊渡が、辻政信(一九〇二生)に紹介されて陸軍嘱託に採用した、元・漢口特務機関員で「中国通」・「大陸浪人」の高瀬通とともに作成した一連の軍政方策のひとつだった〔明石二〇〇一、四〇—四一頁〕。辻は渡邊の親友で、このとき陸軍中佐・第二五軍作戦主任参謀としてシンガポール攻略作戦を主導していた。

「華僑工作実施要領」は、まず冒頭「趣旨」で「誘引工作を以て華僑対策の大部分なりとせるは既に過去のこと」だと宣言する。官僚作文的な「華僑対策要綱」とはおよそ対照的な断定調の文章である。そして、第一段階として「積極的誘引工作」は行わず、「彼ら自らをして決せしめ服従を誓い協力を惜しまざるの動向を取る者に対しては其の生業を奪わず権益を認め　然らざる者に対しては断固其の生存を認めざるものとす」と述べる。華僑が自ら協力する場合には優遇する一方、非協力者は徹底的に粛清弾圧すなわち殺害処分するという方針である。さらに同要領は、第二段階として「華僑全体に対して最低五〇〇〇万円の資金調達」を命じ、華僑の南方占領に対する「全面的協力」を誓わせること、非協力者に対しては「極めて峻厳なる処断」として財産没収・一族追放・再入国禁止とすること、「反抗の徒」は「極刑を以て之に答え華僑全体に対する動向の決定に資せしむ」すなわち処刑を断行して、これを見せしめとして華僑全体を対日協力に誘導する方針を示した。このように武威により対日協力を強要する一方で、同要領は、第三段階として「華僑を弾圧排撃し之に代って日本人の進出を期すべしと為すが如き軽断に陥ることなく」、「彼らの実力と商才」を「南方経営の為に利用」すべきだとして、財源対策としても活用し、開発・生産に参加させるべきだと謳っていた〔防衛研究所編一九八五、二八七—二八九頁〕。

こうした武断政策の背後には「中国通」としての渡邊の「占領当初は作戦に平行し思い切った重圧が必要」であり、「面従腹背、煮ても焼いても食えぬ度し難い民族」である中国人に情けは無用という強い信念があったと明石陽至は指摘する〔明石二〇〇一、三九—四〇頁〕。同時に、中国人の影響力を抑制するのではなくむしろ全面的に利用すべきだとする「要領」の背後には、「全華僑五〇〇万人、資本総動員見積約五〇億元」を擁する東南アジア華僑の経済的実力を「実に容易ならざる存在」〔防衛研究所編一九八五、二八九頁〕と直視する現実的な認識があったとも言えるだろう。

一九四二年二月一八日。

第五師団歩兵第九旅団長だった河村参郎《さぶろう》少将は、この日、シンガポール市内ラッフルズ・カレッジに設営されたばかりの第二五軍司令部に出頭して、山下奉文司令官から昭南警備司令官に任命された。のちに戦犯として処刑された河村の回想・証言によれば、このとき河村は山下から「敵性華僑」を「検索」・「厳重処断」する「掃蕩作戦命令」を受けた。作戦の詳細を指示したのは、鈴木宗作参謀長と辻政信参謀だった〔林二〇〇七、五三—五八頁〕。命令を下達された第二野戦憲兵隊では、司法手続きを経ない「厳重処断」に異論が出た。同隊に分隊長として配属されていた大西覚(一九〇三生)は、拘束した華僑を取り調べもなく補助憲兵(憲兵隊に配属された一般の兵士)に処刑させるという軍命令に抵抗を覚え、「空いている刑務所」に入れる、「島流しにする」などの意見を具申したという。しかし、軍命令に変更はなかった〔大西一九九八、一七六—一八〇頁〕。ここから始まったのが、華僑大虐殺いわゆる「シンガポール大検証」である。井伏鱒二は次のような回想を一九七九年に発表している。

私の記憶に残っているのは、何千人もの華僑が広場に集結している光景である。私は昭南タイムス社への通勤の行き帰りに、ところどころの広場でそれを見た。そこに三千人、あそこに二千人というように集結させられていた。(中略)粛清の実施された直後のころ、私たちが現地で知った情報によると、補助憲兵たちはあんまりたくさん無辜の民を粛清させられることになったので、空怖しくなって一部だけ粛清して「もうこれで勘弁してくれ」と憲兵隊の者に謝まると、「駄目だ。上からの命令だ。貴様たちは上官の命令に反くのか」と補助憲兵たちを叱りつけて無理やり実行させたそうだ［井伏二〇〇五、三三六―三三八頁］。

陸軍報道班員・松本直治は、「華僑粛清は意外なところから私の耳に入った」と回想する。馴染みになった理髪店の女性店主から夫が憲兵隊に勾引されたと相談されたのである。松本は女主人を連れて近くの憲兵分隊に行った。するとそこには多くの者が連行されていて、入り口は群衆でごった返していた。女主人は「あの人も、あれ、あっちの隅にいる人も……」と指さした。もちろん松本には一般住民と「奸漢《ママ》」・「便衣隊」の区別のつけようもない。しかし、「一網打尽の感が吹っ切れない」と思った松本は、強引に頼み込んで憲兵分隊長に一〇人あまりを釈放してもらった。

その数日後のことである。松本は「奸漢狩りがある。一緒に来たまえ、取材の一つになる」と「若い顔見知りの中尉」に誘われて、イギリス人などが収容されていたチャンギー収容所の近くに連れて行かれた。すると、そこには鉄網で囲んだなかに壕が掘られていて、「深さ約一・五メートル、幅二メートル、長さ約一〇〇メートルの細長い壕を前に、後手に縛られ数珠つなぎになった約二〇〇人が座らされていた」［松本一九九三、七七―七九頁］。回想録とは別に、明石陽至のインタビューに答えて、松本は次のようにその生々しい様子を語っている。

なかには、諦めのいいのもいて、自分から首出すわい。へたにこう（首をまっすぐ）やってると、気道が切れずなお苦しくなる。悠々としとる。ありゃね、宗教的に必ず生まれ変わると思いこんどるようなところがあるわい。自分の方から首差し出すのが中にはおるわい。すなわち、目隠し断る。首振るわけ、いらんと。「やってくれ」と言うわけ。そやから、次から次へと首を斬っていく。見とるのがかなわなくなって、「行くわ」と、逃げてきた〔松本一九九八、五二三―五二四頁〕。

「若い将校は笑っていた」と松本は回想録に記している〔松本一九九三、七九頁〕。

このあと三月初旬までシンガポール各所で行われた虐殺は、その実態は当時から秘匿され、犠牲者数も定かではない。林博史は、少なくとも五〇〇〇人（日本軍も認めていた数字）、あるいはそれ以上ではあろうという推定はできるが、それよりも具体的な数字を示すことはできない」と指摘する一方、シンガポール側で指摘される五万人という数字について犠牲者数を誇張しているとは考えるべきでないと指摘している〔林二〇〇七、一六九―一七〇頁〕。一九六二年に中華総商会が主導した遺骨発掘では、発掘地点は二五カ所に達し、虐殺の主要地区ではなかったジャラン・プイプン地区でも二一七六体の遺体が確認された〔許・蔡編一九八六、五九―七二頁〕。現場を指揮して戦後一〇年間戦犯として服役した憲兵分隊長・大西覚は、犠牲者数についてはシンガポール側の主張を否定して二〇〇〇人以下だと主張するが、軍命令で無差別の処刑を指揮した事実は認めている。その背景として、シンガポール陥落後も掃討作戦を続けているという認識があったという。「抵抗していない奴を検挙したとよく言われるんですが（中略）当時は一週間も二週間もかけて判断を下すというのでは遅すぎるということでした。全体的な考えから見ると行き過ぎであり、悪いことをしたとなるわけです」と語っている〔大西一九九八、一七五―一七六頁〕。

「シンガポール大検証」は、作戦行動であるために軍政部は関与しなかったとされる。第二五軍軍政部長だった渡邊渡は戦後（一九六六年）の証言で粛清が「今でも信じられない程巧妙に行われた」ので、二月末頃から行方不明者の捜索願が軍政本部に押し寄せてきた時に初めて虐殺の事実を知ったと語っている〔明石二〇〇一、三九頁〕。誰が華僑粛清を立案・計画したのか。事件の真相を明らかにする文献史料が欠けているなか、関係者が一致してその関与を指摘するのが辻政信である。アジア・太平洋戦争をまるでひとりで戦ったかのように、日本軍の数々の作戦・謀略・戦争犯罪の黒幕として名前があがる人物だ。戦後は戦犯追及を逃れてアジア諸国に潜伏したが、占領終結後に帰国して突如姿を現し、衆議院議員当選四回、参議院議員当選一回と政界で活躍した。一九六一年に東南アジア旅行中に辻は忽然と姿を消し、一九六八年に死亡宣告された。「シンガポール大検証」では、辻は華僑粛清を立案・計画しただけでなく、シンガポール各所を巡回・「督戦」して憲兵隊を叱咤激励し大量処刑を主導したとされる。大西覚憲兵分隊長に対しても、「なにをぐずぐずしているのか。俺はシンガポールの人口を半分にしようと思っているのだ」と大声で叱咤したという〔大西一九七七、七五頁〕。井伏は一九七九年の回想で、辻について「罪業の深さは無際限に通じている。人間があのような広大無辺の罪を犯すことがあるとは意外であった」と述べている〔井伏二〇〇五、二五四頁〕。

しばしば辻は、命令偽造も含めた独断専行の越権行為を指摘される。しかし、シンガポール華僑粛清に限れば、仮に辻の独断専行が犠牲者を拡大させた面があったとしても、当初から日本軍の側には華僑粛清の決意があったと見るべきである。むしろ「大検証」は、渡邊をはじめ第二五軍が当初からめざした華僑に対する武断主義・強圧政策を容赦なく実行したに過ぎなかった。山下奉文も、戦時中その成果を自讃していた。宇都宮直賢によれば、一九四四年一〇月、第一四軍司令官としてフィリピンに着任した山下は、抗日ゲリラが跳梁跋扈《ちょうりょうばっこ》する状況に呆れて「夢想だにしなかったよ。これは軍政時代に和知(参謀長)と君が比島人をすっかり甘やかしたせいだ」とフィリピンの「宥和軍政」を批判した。そしてこのとき山下は「わしはシンガポールで華僑を含むゲリラとその容疑者を徹底的に掃滅させたため、マレイ地区の治安に太鼓判を押すことができた」と述べたというのである〔宇都宮一九八一、八一、九八―九九頁〕。今村「緩和軍政」が批判されるときにも、シンガポールは「日本国の威力ここに及べり」の感に打たれる成功例として語られている〔今村一九六〇、一五四頁〕。

華僑粛清はその実態が秘匿される一方で、松本直治が報道班員として「奸漢狩り」を見学させられたように、必ずしも秘密裏に実行されたわけではなかった。むしろ粛清の事実を宣伝して華僑社会に恐慌状態を起こさせることこそが「大検証」の本来の目的であった。一九四二年二月二四日、昭南警備司令官として河村参郎少将は『昭南日報』(日本軍政下に発行された中文新聞)第三号に声明を発表している。ここで河村は「反逆の華僑」の「掃蕩」は「現下最も喫緊のこと」であり、「我が大義を妨害する」者は「断乎として処断し、寸毫も仮借」しないが、「積極的に協力する良民」は「華僑たると何人たるとを問わず、常に一視同仁」と見なすと宣言した〔許・蔡編一九八六、四二―四三頁〕。さらに同紙は同日の紙面に「殺一拯百(一を殺して、百を救う)」と題した「社論」を発表した。「反日運動の首魁《しゅかい》はすでに厳重に処罰」され、今後も「利敵行為に走るならば、当然のこととしてことごとく銃殺される」が、平和を愛する良民は天皇の慈悲のもとで日常の生活を享受できるという呼びかけであった〔同上、五二―五三頁〕。

威嚇の効果は抜群だった。『大阪毎日新聞』は「昭南入城以来わが軍は抗日華僑を徹底的に検索し粛清にあたって」おり(一九四二年二月二四日)、シンガポール華僑社会の長老・林文慶が、二月二二日午後、「不逞分子捜索の際わが軍によって救出され」、「わが軍当局と意見交換の結果欣然として新東亜建設に邁進する」ことになったと報じた(一九四二年二月二五日)。林文慶は、まもなく日本の肝煎《きもいり》で組織された華僑協会の会長に就任した。粛清に怯えた華僑社会の代表者たちは日本軍への全面的協力を約束し、渡邊の起案した「華僑工作実施要領」の方針通り、五〇〇〇万円を軍政部に奉納することを誓約した。協会はマラヤの全華僑の財産を査定して献金を割り当てた。最終期限の六月末までに集まった金額は二八〇〇万円に止まったが、協会は横浜正金銀行から二二〇〇万円の融資を受けて表面上五〇〇〇万円が集まったことに取り繕った。

一九四二年六月二五日。五〇〇〇万円の奉呈式典が南天バザールの「大和劇場」で行われた。『昭南日報』(一九四二年六月二六日)はその模様を山下司令官の訓示とともに大々的に報じている[横堀編一九九三]。式典を目撃した華僑の馬駿は、戦後の回想で、林文慶の落ち着かない興奮した様子が「とても見ていられない醜態」で、威風堂々とした山下奉文に小切手を渡す式典の終了後も「何回もペコペコし、身体の震えも止まらなかった。山下奉文が会場から出ていっても、林はまだ頭を上げようとしなかった」と記している[許・蔡編一九八六、一四七頁]。

渡邊が主導した華僑に対する強圧政策とりわけ五〇〇〇万円献金には、さすがにそのやり過ぎを咎める声があがった。とりわけ、シンガポールに次々と派遣された軍政要員の文民官僚は批判的で、渡邊が重用した高瀬通のような「大陸浪人」が「軍政監部の中、肩怒らせて」歩く我が物顔の様子に、彼らは嫌悪感を抱いた[山城一九九八、二四三—二四四頁]。五〇〇〇万円献金には、陸軍省の一部からも批判の声があがり、献金を受け取るべきでないという反対意見も強かった。結局、陸軍省と第二五軍・南方軍の応答の末、五〇〇〇万円献金そのものは容認されたが、渡邊を信頼して擁護する山下司令官が一九四二年七月に転出して以降は、軍政機構の官僚化が進み、主導権を失った渡邊は「居心地の悪い」思いをしたという〔明石二〇〇一、三九―五三頁〕。

興味深いことに、渡邊が「秀才連中」の「観念的準備」だと批判した「南方占領地行政実施要領」作成の張本人であった石井秋穂は、渡邊による五〇〇〇万円献金策を、日本国内に「物も金もねだるな。自前でやれという総軍の強い要望の下で軍政をやり遂げるに必要な金を産み出す苦心の傑作であった。高瀬通嘱託(辻君の肝入りで早くから着任)の辣腕《らつわん》が物を言った次第である」と、戦後、高く評価している〔石井一九五七、一四七頁〕。しょせん「従来の組織及民族的慣行の尊重」は、軍政の三大目的(治安の恢復、国防資源の急速獲得、作戦軍の自活確保)に付随した手段に過ぎず、華僑弾圧も一手段として容認される冷めた現実主義が陸軍にはあった。宥和主義を標榜した他の占領地においても、華僑の弾圧や反日行動の弾圧は日常茶飯だったことも忘れるべきではない。しかし、こうした圧制の効果は一時的対症療法の域を出るものではなかった。虐殺と強制献金への強い怨恨を背景に支持を集めた華僑系の抗日ゲリラ運動によって、山下の自讃とは裏腹に、やがて「馬来の治安は、比島に次いで不良」〔防衛研究所編一九八五、四九二頁〕という状況に陥っていくのである。

一九四二年二月七日。

シンガポール占領を目前にしたこの頃、フィリピンのマニラでは、すでに軍政布告から一カ月あまりが過ぎて、すっかり市民生活は「平常」に復していた。しかし、マニラから一〇〇キロあまり南のタール火山湖を囲むバタンガス州や、その東隣で太平洋岸に面するタヤバス州など南部ルソン地方一帯では、住民の大半が日本軍を恐れ、また米軍の反攻が間近と考えて、いまだに町や村から山間部に逃れて避難生活を送っていた。その帰宅を説得するために、軍宣伝班は、人見潤介中尉を隊長とする「バタンガス方面宣伝班」を組織した。一月末にマニラを出発した宣伝隊は、一週間あまり南部ルソン地方一帯を周回して、多くの住民の帰順に成功した。その噂を聞きつけて、宣伝班長の勝屋中佐以下マニラの軍宣伝班本部の面々が、この地域の比較的大きな町であるリパまで見学にやって来た。このとき、宣伝班関係者の作家・文化人の間で、後々まで「落語」もどきの話として語り継がれていくことになる、ある出来事が起きた。[13]

リパにやってきた宣伝班付の将校のなかに、望月重信（一九一〇生）という陸軍少尉がいた。少尉にしては高齢で、宣伝班のなかでは「望月和尚」の渾名《あだな》で呼ばれる独特の風貌の持ち主であった。経歴も異色だった。長野県に生まれた望月は、早くも旧制松本高校一年在学中に皇道的仏教哲学を説く「天華《てんげ》」教祖・渡辺薫美《ただよし》の熱烈な信奉者となり、その志を遂げるために東京帝大支那哲学科に学んで大学院まで進学する一方、渡辺の教法を千葉・宮崎県等で布教活動した。布教中の一九四〇年に応召して、盛岡陸軍予備士官学校を最優秀の成績で卒業している。射撃の名手でもあった。宣伝班の文化人は「説教に異常な趣味をもつ」「望月和尚」と冷やかしながら、望月の明朗な人柄を愛する文章を戦時から戦後にかけて多く残した。のちに望月は、「タガイタイ教育訓練所」を開設してフィリピンの青年たちに対して精神主義教育を試みることになる。

伝道者出身の望月は、民衆を前にして演説をしたくて居ても立ってもたまらなくなり、宣伝班の自動車の上に立ち上がった。戸惑いながらも通訳に立ったのが、バタンガス州の大地主の一族出身の歯科医で、日本留学経験があったフリオ・ルスという人物であった。片言の日本語を話すルスには、どこかお調子者風のところもあったが、好成績を挙げたバタンガス地方住民の帰順は実はルスの説得によるところが大きかったので、人見たちはルスを深く信頼するようになっていた。

しかし、案の定、望月の演説は難解であった。尾崎の小説を借りれば、望月はこんな演説を始めた――「長い年月にわたるアメリカ政府の謀略によって、いかにフィリッピン人が東洋人としての伝統と誇りを失ったか、諸君は今こそ反省すべきである。現在のフィリッピンは腐った垣根のようなものだ。垣根が倒れるのは風のためではない。垣根それ自体が支える力なくして倒れるのである」。ルスは最初、困った様子であった。ところがしばらくすると聴衆は望月の話を熱心に聞き始め、「拍手の波がどよめくように起こった」。興に乗った望月は、ますます演説に熱が入り、「長い佩刀《はいとう》を左手でおさえ、右手を高く、天を指さすようにあげながら」叫んだ。「今こそ諸君は壊れた垣根を蹂躙《ふみにじ》ってたちあがるべきときが来たのである」〔尾崎一九五四、一四八―一四九頁〕――しかし、どうも様子がおかしい。宣伝隊に加わっていたタガログ語が分かる在留邦人が苦笑して謎解きをしてくれた。その様子を人見は次のように語る。

そんなむつかしい話はルースさんは全然通訳できないわけですよ。だから、ルースさんは、汗を拭き拭き、全然別の話で間に合わせて、「ぼくが日本に留学していたときに、ぼくはみたことがある。デパートに行って忘れ物をした人がいる……日本だったらちゃんとその忘れ物をおあずかりしていましたといってでてくる。そやけど……フィリピンでは……そんなものでてくるためしがないではないか、日本人はそれほどみんな正直で立派なんだ」とこういう話をしていたのです［笑］［人見一九九四、五〇三—五〇四頁］。

シンガポールで始まろうとしていた凄惨な華僑粛清と、長閑《のどか》としか言いようがないフィリピン農村工作の風景。同じ日本軍占領下の光景とは思えないほどの対照があるかのように現代日本人の目には映る。しかし、望月が語る翻訳不可能な精神主義のクリシェを、ルスが苦しまぎれに「正直で立派な日本人」のエピソードへと翻訳することで辛うじて日本軍と被占領者の間に友誼の感情が生まれたのだとすれば、そしてそのような語りで民衆を説得するルスがこのときの帰順工作の功労者だったのだとすれば、占領者が被占領者に向けて語り得る言語が存在していなかった、あるいはさしあたり「武威」のほかには存在していなかった状況を表していた点で、ふたつの光景はそれほど遠い地点にあったわけではなかった。

これまで本章では、言説と実像の両面から、南方＝東南アジア軍政の始動のありさまを俯瞰してきた。乱舞する「聖戦」・「本然回帰」のクリシェをよそに、軍政の「成功」は、一方では欧米植民地を「できるだけ現状のまま占領して、それを現状のまま維持していく」ことにより、また一方では有無を言わさぬ武断政策によってもたらされた。言い換えれば、占領者＝日本人はまだ他者としての南方＝東南アジア被占領者の声を聞いていない。聞く必要がなかった。日本と東南アジアは、まだ本当の意味では遭遇していなかったのである。

第三章

大東亜共栄圏・欲望と現実

(上)フィリピン・カルンピット呉羽紡績直営棉花農場[高岡 1988]
(下)タヤバス州カンデラリアで宣伝工作を行う人見宣伝隊(1941年12月28日．正面左端人見隊長)[渡集団編 1996]

1　軍事的植民地主義の限界

戦局の転換

一九四二年六月九日。大本営陸軍部・戦争指導班は、その『機密戦争日誌』に、「ミッドウェー海戦は帝国海軍の敗勢を以て終了」したようだ、と記した。このとき大本営は――フィジー、サモアを攻略してアメリカとオーストラリアの連絡を遮断し、さらにはヴィシー政権ではなく自由フランス側に参加した仏領植民地のニュー・カレドニアを攻略・占領して同島の貴重な鉱産資源を獲得しようという――気宇壮大なＦＳ(Fiji, Samoa)作戦にまさに着手しようとしていた。この目的で五月に陸軍は第一七軍をあらたに編成して、六月四日には攻略命令を下したばかりであった。その翌五日から七日にかけて行われたミッドウェー海戦で、日本海軍は航空母艦四隻を失うなど大敗を喫したのである。

当初(一九四二年六月九日)、戦争指導班は「初黒星」にショック状態の海軍に対して「断腸の思なるべく陸軍としても衷心に堪えず」と日記に記し、同情を寄せた。しかしその二日後には「海軍軽率なるミッドウェー作戦を行い米豪遮断作戦を軽視せざりしや」「作戦当事者は動《やや》もすれば戦果に陶酔し目的を忘却し遂に軽率となり而して失敗す」(六月一一日)と海軍批判の語気を強めている。対米早期決戦を求めて賭けに出たあげくに大敗を喫した山本五十六連合艦隊司令長官への批判だった。陸軍省軍務局長だった佐藤賢了は戦後(一九七五年)の回想で、ＦＳ作戦の準備を進めていた矢先にミッドウェー作戦を海軍から突然提案されたことについて、陸軍は乗り気ではなかったが、山本の強い意向を受けた海軍に押し切られて作戦を了承したと強調している。佐藤は、連戦で消耗する連合艦隊の主力を十分な休養、準備・研究の間もなくミッドウェー作戦に出撃させた山本の拙速と無謀を「罪は万死に値する」と批判する。一九四三年四月、山本は搭乗機をブーゲンビル島上空で撃墜されて戦死した。このとき佐藤は山本を英雄扱いして国葬とするべきではないと東條に進言したという〔佐藤一九八五、三〇三―三〇八頁〕。もっとも、陸軍参謀本部もまた「米豪遮断」のFS作戦と占領後のニュー・カレドニア軍政という「獲らぬ狸の皮算用」〔種村一九五二、一二六頁〕に夢中になっていたのだから、緒戦の勝利に酔って作戦をいたずらに拡大しようとしていた点では五十歩百歩であった。

『機密戦争日誌』からは、ミッドウェー敗北後、大本営の幕僚たちが戦争指導の方向性を見失っていた様子がうかがえる。戦略の見直しもなされないまま陸軍と海軍は鉄と油と船舶を奪い合ったが、それも言ってみれば書類上の争いであって、そのあいだにも予想を超える潜水艦攻撃で船舶は続々と失われ、その損失を補う造船能力も資源も日本には不足していた。「資源の戦争」の行方は早くも暗《あん》澹《たん》たる様相を呈したのである。同年八月一五日、「物的困窮に立入れる陸軍省は遂に独逸より鉄一〇〇万屯　船五〇万屯購入申込を議するに」至った。もちろんドイツから鉄や船舶を輸入することなど可能なはずもなく、日誌は「番町皿屋敷のお化け」かと自嘲し、「斯くして大東亜戦争は逐次深刻化しつつあるを確認す」と記している。その一方、八月一八日には、参謀総長室に参謀総長・次長、作戦部長・情報部長、作戦課長などの幹部軍人が集まり、業者を呼んで、「大東亜戦争の前夜」と題した戦争画を画家・和田三造に描かせるために写真撮影を行った。(1) 戦況の悪化をよそに芝居じみた撮影をするなど、ささいな出来事とはいえ「後世の笑事」になるだろうと、『機密戦争日誌』は吐き捨てるように記している。大本営の危機感のなさを象徴する出来事であった。「戦争画」のために参謀たちがポーズをとっていたころから、ソロモン諸島では——空母を失った日本軍がフィジー・サモア方面進出のための航空基地とするため飛行場を建設した——ガダルカナル島の争奪戦が戦局の焦点となった（一九四二年八月七日、米海兵隊が上陸して飛行場を奪取、同二一日、陸軍・一木支隊が米海兵隊により包囲殲滅《せんめつ》される）。半年にわたる泥沼の消耗戦の果てに日本軍がガダルカナル島を放棄・撤退した翌一九四三年二月以降、日本は、いよいよ太平洋戦域で守勢に立たされていくことになる。しかしなお、日本軍占領地域の全体を見渡せば、西部ビルマ方面では最前線で戦闘が膠着状態に入り、フィリピン・ジャワ・スマトラ方面では、米軍がレイテ島に上陸する一九四四年一〇月までのあいだ連合国軍と日本軍が本格的な地上戦に入ることはなかった。米軍・連合国軍と日本軍の主戦場は、当面のあいだ、太平洋戦域の東端部の、人口や生産力という点でも辺境の島嶼部・海域であるソロモン諸島・東部ニューギニア方面に限られたのである。ナチス・ドイツの場合、同心円状に膨張させた支配地域が連合国の反攻により収縮して、北欧ノルウェーなどごく一部の地域をのぞくと敗戦に先立って各地の占領体制が次々と瓦解していった。これに対して日本の場合は、一九四四年半ばまでは東南アジア占領地のほぼ全域を、また一九四四年後半以降も無条件降伏（一九四五年八月）の時点までは戦場化したビルマとフィリピンをのぞく占領地の大部分を維持し続けることになる。

こうして太平洋における戦局の転換を遠望しつつ、東南アジアでは日本の軍事支配がひとまずは維持された。そのもとで東南アジアは、植民地産業の基盤となっていた宗主国・欧米諸国との貿易が途絶したばかりか、戦前活発に行われていた域内の交易も軍の統制下におかれ、人の移動も日本軍の管理下に厳しく規制された。その一方、「大東亜共栄圏」を我が物顔で往来したのが日本人であった。日本軍将兵はもちろんのこと、軍政要員として、あるいは敵産企業の経営委託業者の社員として渡航した産業開発交易要員・一般渡航者など、軍人をのぞく在留邦人の数は一九四三年六月までに陸軍軍政地域だけでも四万人を突破した〔防衛研究所編一九八五、一八三頁〕。日本軍の「武威」に後ろ盾された支配者として東南アジアと関わるなかで、彼らは何を感じ、考えたのだろうか。

榊原政春の南方出張

一九四二年三月、榊原政春は待望の軍政監部総務部に異動した。業務としては書類整理や会議設営にあたったようだが、越後高田藩主家第一六代当主にして子爵の将校である榊原の処遇については、上司たちも「持て余し気味」だったという〔明石編二〇〇四、第一巻、二頁〕。恐らくはそのことも手伝って、榊原は総司令部の席を長く温めることもなく、フィリピン(一九四二年五月一八―二五日)、ジャワ(六月二〇日―七月九日)、マラヤ(八月二六―三〇日)、スマトラ(八月三〇日―九月一三日)、ビルマ(一九四三年四月一四―二九日)と東南アジア占領地をくまなく視察旅行する機会を与えられた。

大名華族将校であったがゆえに、榊原は行く先々で軍司令官・軍政顧問などに厚遇され、興味のおもむくままに視察先を見て回った。榊原は日記に道中の印象や見学した諸施設――その多くは彼の「経済人」としての関心を反映して大農園・原料加工工場・鉱山などの植民地産業――の感想をこまめに書き記している。その一方、司令部在勤中の出来事については実務の内容がほとんど書かれていない。書かれているのは、「タイの敵産処理」(一九四二年六月四日)、「南方工業化に際しての留意点」

（六月五日）、「オランダ式ジャワ統治への危惧」（六月六日）など、おそらくはその時々に軍政総監部で検討されていた課題を「一日一講」という調子で論じた榊原流の南方軍政論である。二〇〇四年、日記とは別に榊原が秘蔵していた南方軍の軍政資料が全九巻におよぶ『榊原家所蔵 南方軍軍政総監部関係文書』〔明石編二〇〇四〕として公刊された。大名華族としての地位と軍人としての特権により、榊原が手元に保管していた経済・金融関係を中心とする南方軍軍政総監部の極秘文書である。これらの軍政文書を読みながら、また南方各地への出張先での見学・視察から得た所感を交えて、榊原は日記に私見を開陳し続けた。公刊された日記には、一九四一年一一月一八日に始まり、召集解除となって東京に帰ることになった一九四三年五月一日までが綴られている。

榊原日記がとりわけ興味深いのは、出張を重ねるにつれて、榊原が欧米の植民地経営の「成功」に対してある種の感嘆の念をもち始める一方で、日本の南方占領に対する疑問を強めたありさまが読み取れる点である。疑問と言っても同僚と対立したり総司令部を批判したりする記述があるわけではない。日記に開陳された榊原の所論は——後述する植民地独立問題に対する否定的態度や白人の積極利用論など——一貫して「南方占領地行政実施要領」と、その起草者である石井秋穂の「資源の戦争」のリアリズムに忠実であった。むしろ榊原が抱いた疑問は、占領地視察や総司令部勤務を通じて「経済人」としての榊原が感じた東南アジア占領者としての日本の力の限界であり、その現実を無視した日本の東南アジア支配・進出のあり方さらには日本人そのものに向けられていくのである。以下、「経済人」榊原の観察を中心に、日本帝国が東南アジア支配で直面した事態を俯瞰してみよう。

物資・食糧不足の深刻化

一九四二年五月一〇・一一日の両日。南方作戦の完了宣言を目前に控えて、南方軍総司令部は、各派遣軍の「物動関係者」を招集して物動会議を開催した。南方攻略作戦の成功の一方で、予想を超える潜水艦攻撃によって船舶の消耗はすでに厳しい状態となりつつあり、輸送力(船舶)をどのように配分調整するかが、言うまでもなく最大の案件であった。

各派遣軍からは占領地の民生確保を目的とする配船の要求が上がったが、南方軍総司令部はあくまで戦争資源の輸送を最優先する立場を崩さなかった。榊原は日記に、「突然欧米との紐帯《ちゅうたい》を切断され、今日は生活上に於てすこぶる苦しい」占領地の「憐れな土民の心情に動かされる各軍軍政部要員の気持ちは良く解る」、しかし「今日の大東亜はこれを許さないのだ。人情のために政治を曲げてはならない」「大東亜の建設は日本から」と総司令部の立場を述べている(一九四二年五月一一日)。榊原は、南方軍参謀・石井秋穂と同様に、占領地に受忍を求める「資源の戦争」のリアリズムを強く信じていた。その一方、すでに指摘したように、「経済人」としての榊原は、はたして南方軍政がこのリアリズムを貫徹できるかどうかにも不安を覚えていた。日記からは、南方軍政のリアリズムと占領の現実との相克に対する焦燥が日を追って深まる様子がうかがえる。

物動会議の一週間後、榊原は台湾を経由して日本軍占領地としては初めてフィリピンを訪れた。冷房の効いたマニラ・ホテルを「東洋一」と感じ、マニラの「政庁その他、アメリカ人関係の建物は実に豪奢」なことに驚き、また市中心部のルネタ公園にフィリピン民族主義の英雄ホセ・リサールの銅像を見て、「アメリカ人の寛大な植民政策にもいささか感心」した(一九四二年五月一八日)と記している。その一方「贅沢なる扇風機、冷蔵庫、自動車」などいかにも豊かな消費生活を送っているかに見えるマニラの都市エリートの生活を榊原は「物質的民主主義」でアメリカの「寛大な政策に甘やかされていた」結果だと批判する(五月一九日)。総司令部に帰任した榊原は、そのような「甘やかし政策」は「貧乏日本には到底為し得るところでは」ないと断言し、占領地が「自己本来の姿に目覚め、自己の犠牲に於て大東亜共栄圏建設に参画」しなければならないと述べている(六月二日)。もちろんここで榊原が舌打ちした「身分不相応な文化を覚え、理屈を学んだ」「何等生産的力を持っていない」マニラの「立派」さと(五月二九日)アメリカナイズされた消費生活は、日本軍の幹部将校が接した富裕な社会層としてのフィリピン植民地エリートのそれであった。いずれにせよフィリピン出張は、占領地に経済的困難の受忍を求める「資源の戦争」のリアリズムに対する榊原の信念を強めたようだ。

しかし、占領地の住民に「正しき生存権」を与えなければ「大東亜建設は恐らく不可能、少なくも困難」(一九四二年一月三〇日)と考える「経済人」榊原にとって、ぜいたくの否定と最低限の生活保障さえ否定することとはまったく別であった。七月三〇日、「生存権」をめぐる問題の深刻化について、榊原は日記に初めて危惧の念を記している。日本軍侵攻がもたらした植民地経済の麻痺と、占領軍現地自活の方針のもとで「各占領地に於ける日用品、雑貨は相当急速度に減少しつつある。開戦以来これら物品に対する製造並びに輸入は停止せられ、その上軍隊の進入とともに消費者の激増により、減少するは当然である」。しかし、「石鹸、はみがき、綿布」や日用品の減少は「民心の安定を失い治安を害する」恐れがあり、治安維持問題は重要物資の獲得にも悪影響を与える恐れがあるのだから、「ある程度の確保は重要だ」と榊原は指摘している。

一九四二年八月一一日。榊原は物資不足が「殊にビルマ、ボルネオはひどい」と述べ、「切符制」(物資の割当配給制度)の是非を論じている。配給制は物資が不足してから始めたのでは遅い。また、実施のためには配給を受ける住民を特定しなければならない。日本のような戸籍制度・住民登録制度がない占領地ではあらためて「戸籍調査」をすることが必要となるが、戦時下の現状ではそれも不可能だ。むしろ配給制よりも必要なのは安価な民需必需品の積極的増産ではないか。八月二五日、榊原は「人間生活の絶対の必需品」である米が、「船舶の運行円滑ならず」の状況のもとで、「内地」でも東南アジア各地でも需要を充足することが困難になっていることを日記に記した。九月二六日の日記は、物資不足からすでに物価高騰が始まり、その効果には疑問があるものの配給制度が各地で開始されたことを記し、この事態に対して各占領地間で有無相通ずる生産調整で対応することや「生活必需物資(米、塩、砂糖)等については絶対に低物価政策をとる必要」があると榊原は主張している。一〇月に入るとさらに事態は深刻化した。大水害でタイの米輸出が途絶したために、東南アジア全域で米不足の懸念が高まったのである。榊原は米不足への不安から各地で買いだめが横行しており、買いだめ防止のために十分な在庫の存在を示すべきだと主張している(一〇月一日)。

このように榊原日記からは、占領のすでに初期において物不足・食糧不足への懸念が高まっていた様子がうかがえる。榊原はこうした状況が資源獲得という戦争の大目的を脅かすことを怖れ、「経済人」の視点から、生活必需品増産の必要性や流通・市場対策を、彼自身が読者である日記に書き記した。同様の主張を彼が総司令部で開陳したのかどうかは詳《つまび》らかではない。いずれにせよ榊原が懸念した民生悪化への対応は基本的には各派遣軍に任され、結果的には効果的な対策が取られることもなく、各地のインフレを激化させ、物資・食糧不足は日を追うにつれて深刻化していくのである。

官民の進出と軍事的植民地主義

マニラに比島派遣軍最高顧問として着任した村田省蔵が、次男・威次にあてた手紙（一九四二年七月八日）に、こんな記述がある。

　此頃は日本人が非常に殖えた、朝は二階のベランダでブルバード（大きな舗装道路）を見下ろしながら食事をとるのだが、カーキ色の長剣と長靴をつけた軍属連中の軍政部出勤するものが相当多数見かけ宛然丸の内にでも居るような気持になる。(2)

村田が描いたのは、南方作戦の進展にともなって日本から官吏や企業人が軍属として大量に派遣され始めていた光景である。一九四二年五月八日、長崎沖で起きた大洋丸の撃沈は、この大量派遣の動きの中での事件であった。このとき占領地の敵産管理のために「産業開発交易要員」として派遣される予定だった南方経験や技術力のある主要企業一二〇〇名余の社員を乗せた大洋丸が敵潜水艦に撃沈され、乗員の大半が戦没して東南アジア占領の初動に大きな打撃を与えたのである。しかし、引き続き日本からは大規模な開発要員の派遣が続き、同年末までにその数は陸軍報道部の発表で六〇〇〇〜七〇〇〇名に達した［防衛研究所編一九八五、一八三頁］。企業進出には、接収敵産の管理を軍から民間企業が委託されて経営する場合と、軍が命じた新規の民営事業とがあったが、いずれも経営リスクを国家が全面的（委託経営）・部分的（民営事業）に負担するとされたために、業者間では激しい受注競争が繰り広げられた［疋田・鈴木一九九五］。官吏・軍政要員も南方作戦の終了の前後に大幅な増員が決まり、一九四二年九月には陸海軍を通じて司政長官三二七名、司政官二九五三名のほか書記・通訳・技師などを含めれば総数(定員)で約二万人にのぼった〔防衛研究所編一九八五、一九七―一九八頁〕。

榊原日記には、官民の大量進出に対する批判がしばしば書き記されている。企業進出については何よりも「重点主義」が必要であり、緊急性の高い重要物資の関係者を優先するべきであった。また榊原は大企業・財閥に利権を配分する傾向にも危機感を示し、これまで南方で「長年月現地に於て苦労してきた人」や商社を保護するべきであると述べている(一九四二年五月三一日)。行政官についても、榊原は、司政長官や司政官として派遣され始めた官吏の多くが高齢で「既に世を離れた人ばかり」で役に立たず、さらに「給仕やタイピストばかり」が随員として派遣されたことを「沢山連れて行って何になる」と激しく批判し、優秀な若手官僚をごく少数派遣すべきだと主張している。「彼等に食わせる米もろくにないのですよ」(六月一日)――現地自活にも限度があり、この観点からも無駄に大量の日本人が消費者として占領地に進出することは望ましくなかったのである。

官民の大量進出については、榊原に限らず派遣軍関係者の間で批判が強かった。ただし、視点はやや異なる。榊原は進出した官民が「資源の戦争」にどれだけ役に立つかを疑問視した。これに対して、ビルマ派遣軍司令官の飯田祥二郎は――戦後(一九五七年)の回想で――進出企業の「利権漁り」を、それが占領地の人々の眼にどう映ったかという観点から問題視している。後述するように飯田は独立問題をめぐって南方軍と方針が対立した経緯があり、戦後の回想でも自分が「ビルマ独立」を規定方針と理解して、それゆえにビルマにおける日本の戦争目的が「ビルマを我が有とする為ではない」と理解していたことを強調している。その文脈で邦人進出問題について飯田は「彼ら〔日本商社〕はビルマに在る利権は之を日本人の手に入れ、将来に亘り之を経営して行くもの」だと決めて「自社が将来有利に経営する為の準備」に専念する一方で「ビルマの経済力増進強化」などということは「全然念頭にない」「このような日本人がどんどん進出してきて、各方面で威張りちらして働き出すのだから、ビルマ人の頭にこれが何と映ったであろうか」と批判する〔防衛研究所編一九八五、四八九頁〕。

ジャワ軍政監部要員であった斎藤鎮男もまた、外務省退職後まもない一九七七年に出版した回想録で、邦人大量進出問題に触れている。そして、「簡素を旨とした」初期軍政に代わって、一九四二年八月以降、日本から内務官僚などが大挙して着任したことを、「結果的には、かような軍政機構の整備は国際法にいう占領地行政の暫定的・一般的性格から植民政策的恒久的具体的性格に転移してゆく過渡的段階を示しているかにみえたろう」「げんに、日本軍政は蘭印時代より民意を尊重しないという不満の声が聞こえていた」と批判している〔斎藤一九七七、六八―六九頁〕。

斎藤が述べたように、官民の大量進出は東南アジア占領が単純な軍事占領から植民地支配色を強めたことを意味していた。この点に関連して、南方軍の物動主任としての経験をもつ岩武照彦は、一九八九年の著書で、一九三一年以来の日本の大陸政策であった「軍事的植民地の建設」の「最終的形態として、強度な軍事的な植民地主義のあらわれ」として南方軍政を捉える見方を示している。満州事変から日中戦争にかけて、日本は満州国、中華民国(汪兆銘政権)など占領地に新政権を独立国として樹立したが、実際には各地を軍事占領下において各政府を「政務指導」し、多数の日本人・日本企業が進出・居住して経済社会的に優越的地位を占めた。東南アジアで日本軍占領下に独立させることになるビルマとフィリピン共和国もまた、その実態は、大陸における占領形態の複製にほかならなかった。また、直接軍政下におき続けた東南アジアの他の占領地では、日本は完全な主権者としてふるまい、排他的独占的支配を行った。岩武は、これらを「軍事的植民地主義」と総括したのである［岩武一九八九、一一〇頁］。南方軍政の当事者でもあった岩武の見解は、重い意味をもっている。

しかし、ここでもまた問うべきことがある。日本の南方軍政が軍事的植民地主義の傾向を帯びたことは事実であろう。しかし、だからといって日本が東南アジアを植民地化できたことにはならない。

ここで岩武自身の「語り・回想」に触れておこう。先に触れたように岩武は物動主任として「南方物資交流計画」を立案してその手腕を石井に高く評価された。その経験について岩武は、一九八六年に行われたインタビューのなかで次のように述べている。

つまり戦前はシンガポールを中心に、だいたいの東南アジアの品物の交流はひとつのサイクルを成しておって、ある程度は自給体制があったわけです。もちろん特産品のゴムやスズの輸出とか、あるいは特殊の工業用品の輸入とかがありましたが、だいたいはタイのバンコクとビルマのラングーン、それから仏印のサイゴン、この辺を一環としてかなり品物の循環が行われておりました。その循環をなんとか復活して交流の計画を作って実施しないと、たとえばシンガポールに米その他が来なくなる。あるいはジャワで塩や砂糖が余ってどうにもならなくなるというようなことも、起こりますので、そういう交流の計画を作って(中略)その実施を各地の船舶部隊と、あるいは鉄道部隊に、命令するということで、やってきました［岩武一九九一、一五頁］。

東南アジアは、近世以降、中国から南西アジアに到る隣接する域外との海洋交易と、二〇世紀初頭までにタイをのぞく全域を植民地化した欧米の帝国主義諸国との植民地貿易・決済構造が複雑に結合した社会経済構造を生成してきた〔杉原一九九六〕。日本軍の侵攻と占領はこの地域全体の経済をいったん瞬間冷凍したように麻痺させた。これに対して物動主任として岩武が取り組んだのは、この麻痺した東南アジア域内物流の循環を、欧米商船・鉄道に代わって日本軍の手で復旧することだった。それは、ある期間ある程度は成功したかもしれない。しかし日本にできたのは、そこまでだった。日本には——域内物流・農業生産の部分的復旧を超えて——新たな生産と流通の構造を提供するだけの実力がなかったからである。その現実を象徴するひとつの典型的な事例が、棉作問題であった。

棉作転換

「南方諸地域が大東亜本然の姿に還る」という「大東亜共栄圏建設」の論理は、これを農業生産の分野で考えれば、欧米と東南アジアの貿易途絶にともない余剰となった輸出向け商品作物の生産を域内で不足する作物の生産に転換して、「大東亜共栄圏」レベルにおける自給自足を達成しようという含意があった。そのような経済構造の転換は、実際には中長期の課題でしかあり得ない。しかし棉作は、以下に述べるような事情から、とくに域内での自給が急がれ、注目を集めることになった。

綿紡績業は戦前日本の最大の輸出産業であった。その一方、繊維原料は日本の総輸入額のおよそ三分の一を占め、しかもその約七割が棉花であり、さらにその大半をアメリカ、英領インドおよびエジプトからの輸入に依存していた。日中戦争直前の一九三六年、日本の棉花輸入総量は一五二一万ピクル(約九六万七〇〇〇トン)に達したが、その実に約八六%を右にあげた三国からの輸入が占めた。このように石油などとならんで棉花は日本資本主義の英米(勢力圏)に対する資源の依存を象徴する存在であり、英米との関係悪化は日本の紡績業を存亡の危機に立たせることになった。

一九三七年以降、日中戦争が拡大するなか、日本は戦費調達・外貨獲得のために統制経済の一環として棉花輸入の制限に乗りだした。その結果、棉花輸入は激減して一九四〇年には最盛期から半減した。その一方、一九三八年には日本棉花栽培協会が発足して、日本は自前の棉花資源を確保するために朝鮮・満州における棉花生産の拡大を国策としてめざした。しかし、一九三九年の時点で、日本・中国・東南アジアの棉花生産高は合わせて五八一万ピクルに過ぎず(その大半、四七八万ピクルは中国)、同地域の平時の消費需要の三割強を満たすに過ぎなかった。開戦直前、米英の経済制裁によりさらに棉花の輸入は激減して、原料不足から日本の紡績業は空前の深刻な危機に直面した。このような戦前の状況から、日本の東南アジア占領は、棉花増産の場を満州・中国から東南アジアに拡大して日本さらには大東亜共栄圏レベルでの綿紡績原料の「自給化」実現の好機と捉えられた。存続の危機に立つ日本の紡績業も南方占領地域における棉花生産に活路を求めたのである。

一九四二年四月、陸軍省は紡績・棉花・拓殖関係一七社を担当企業として指定して、東南アジア占領地域に一三一万六〇〇〇町歩(一三〇万五〇〇〇ヘクタール)の棉花栽培を展開して三九四万八〇〇〇ピクル(約二五万トン)の棉花生産を最終目標とする五カ年計画を決定した。その内訳は、フィリピンが五〇万町歩・一五〇万ピクル、ビルマとセレベス(ほか周辺島嶼)がそれぞれ約三四万町歩・一〇〇万ピクル、ジャワ・スマトラ(ほか周辺島嶼)が一四万町歩・四二万ピクルであった〔ユニチカ社史編集委員会編一九九一、上、一七二―一七四頁。高岡一九八八、五六―五九頁〕。棉作は甘蔗作からの転作や米作の裏作が技術的に可能だと見られたことから、「大東亜共栄圏」内では余剰生産物化したフィリピンやジャワの甘蔗作からの転作や、米作地における新たな棉作開発がめざされたのである。

それでは、この棉作転換計画には、はたしてどのくらい現実味があったのだろうか。そもそも東南アジア占領地は棉作に適していたのだろうか。二〇世紀を通じてふり返ると、東南アジアのなかで国際市場で競争力をもつ棉花生産が定着・発展したのは大陸部のベトナムやビルマの一部地域に限られている。二一世紀の現在でも世界の棉花生産の主要国は中国を筆頭に南アジア(インド・パキスタン)、アメリカの三国・地域であり続けており(世界生産の約六割から七割を占める)、次いでブラジル、ウズベキスタン、オーストラリアなど、いずれも大陸性気候の地域が主要生産国となっている。これに対して棉作五カ年計画の対象地は、ビルマをのぞけばいずれも島嶼部東南アジアであった。

この地域が棉花栽培に決して最適と言えないことは、占領当時から広く認識されていた。たとえば一九四二年三月、『大阪毎日新聞』記事は、南方棉花開発の必要性を訴えるかたちをとりつつも、現実には「天候において雨季と播種期、乾季のそれぞれ合致する」「大陸の気象」が「世界の棉産地をして今日あらしめた」自然条件であると指摘して、棉作開発の困難を次のように論じている。

蘭印、比島方面の過剰甘蔗園の棉花転換が重要な共栄圏経済政策の一つとして採上げられている、この転換は専門家の意見によれば耕作技術としては容易であるといわれる(中略)ただ南方海洋地方における気象条件では乾季、雨季の別はあるが、台風の通過は棉作に不向きである、しかも台風の通過せぬところは夥しい虫害があって、現在南方棉花開発の最大の敵は虫害であると専門家の意見は一致している、大陸に比べ自然条件に恵まれぬばかりでなく、また処女地開発に伴う諸種の困難もある、適種の選択から棉農の新規獲得、繰綿工場、倉庫、波止場、輸送設備の新設など容易ならぬ難問題もあり、そこにはたとえば地下資源開発と比べて農産開発に特徴的な困難さがあるわけである(「棉花(上・下)」『大阪毎日新聞』一九四二年三月一二・一三日)。

こう述べたうえで、記事は「だがこれをもって直に南方地域が棉花開発に全然不適であるといえない」と歯切れ悪くつけ加える。この記事が示唆するように、東南アジア占領地とくに島嶼部における棉作開発の困難は、当初から予想されていた。仮に開発が成功したとしても、世界の主要棉産地に対して価格や品質で対抗力をもつことはまず不可能であった。このことは専門家や関係業者のあいだでは常識であったと言ってよい。それにもかかわらず主要紡績会社もこぞって参加して棉作開発が強行されたのは、「大東亜共栄圏」という軍事的に封鎖された空間内部における資源開発であるがゆえに、平時の世界市場における競争力が度外視されていたからであり、また民需だけでなく軍需から見ても欠かせない綿製品の枯渇に対応することが実際に迫られていたからでもあった。結局のところ棉作開発は「資源の戦争」の一環として強行されたのであり、平時の世界市場で競争力をもたない産業の育成をもって「東亜本然の姿」と見なすのだとすれば、それは「大東亜共栄圏」が、閉鎖された軍事ブロック内部の非常時体制としてしか成立し得ないことを自ら認めることをも意味していたのである。

この問題を榊原日記はどのように論じていたであろうか。五カ年計画が東京で決定される直前の日記で榊原は、「主要食糧物資の生産を阻害せぬ程度に於て棉作の奨励に努むべき」(一九四二年三月二五日)だと記している。しかし、五月には「フィリピン棉作先遣隊」など技術者多数を喪失した大洋丸撃沈の影響でフィリピンでは「未だに棉作事業地の配当も不可能の状態」となり、計画の行方には早くも暗雲が立ちこめた(五月三〇日)。それからわずか二カ月足らずのちの日記に榊原は「元来農業は有機的産業にして、生ある植物を対象」とするので、いったん放置すれば回復不可能に荒廃してしまうから「急激なる増産、転作と云う事は不可能」と記した。「農業の改良は実験上長年月を要し(中略)これを単なる物動計画により増産し、或いは減産すると云う事は不可能であり、またこれは当を得た事ではない」。したがって「現在の問題は(中略)とりあえず従来の通りに農業を復帰経営せしめることであって、農業の修正は第二段階の事業である」(七月一九日)と、榊原は、作付転換などは長期的課題とするべきであり、当面はたとえ余剰生産物であってもその生産復旧をはかるべきだと論じていた。榊原が憂慮した通りに、やがて棉作転換は惨めな失敗に向かって突き進んでいくことになる。

南方占領地のなかで、戦況の展開などから日本がある程度の期間にわたって棉作事業を展開し得たという意味でも、「本然の姿に還る」象徴的事業という意味でも、焦点となったのがフィリピンであった。この問題をめぐっては、永野善子の研究〔永野一九九六〕があるほか、貴重な「語り・回想」として、棉作開発の実情を視察した萱原《かやはら》宏一(一九〇五生)の回想〔萱原一九八三〕、呉羽紡績(現・東洋紡)比島拓務部本部長として棉作開発に取り組んだ高岡定吉が豊富な資料や関係者・遺族の文集とともに編んだ『比島棉作史』〔高岡一九八八〕などがある。これらの研究や「語り・回想」から浮かび上がるのは、日本の無謀とも言える棉作事業が、自然に敗北し、さらには被占領者の激しい抵抗に直面したありさまである。

もともとフィリピンには在来の織物業が豊かに展開していた。しかし、スペイン植民地下の一九世紀半ばに外国貿易に開放されて以来、フィリピン市場は英米綿製品の顧客となり、在来の織物業は衰退した。かわって英米資本の主導で開発されたのが、フィリピン中部のビサヤ諸島とくにネグロス島およびルソン島中部における大規模な砂糖プランテーションであった。米植民地下では、そのほぼ全量を対米輸出に依存する甘蔗作が全盛を極めた。その一方、すでに指摘したように、フィリピンの砂糖業は米国内生産者を保護する割高なアメリカ市場に割当制度を通じて依存していたために国際競争力に乏しく、一九四六年に予定されていたフィリピン独立により砂糖輸出を支えてきた植民地無関税貿易が終焉に向かう可能性が強まるなか、コモンウェルス（独立準備）政府は砂糖業に依存する経済構造の転換に取り組む必要に迫られていた。そのひとつの試みとして、一九三〇年代後半には輸入代替工業化政策として国家開発公社が綿紡績工場を建設し、ミンダナオ島コロナダルでは棉作事業にも着手していた。

このように戦前からフィリピンにおいてある程度取り組まれていたという意味では、日本が棉作事業を構想したこと自体は必ずしも的外れとは言えなかった。しかし見方を変えれば、それは米植民地下で形成された経済構造の根幹に対する挑戦を意味していたのであり、二〇世紀前半を通じて米比間の植民地関係・独立後の特殊関係を支えてきた最大の経済利害としての砂糖業を敵に回すことを意味していた。第二章で検討したように、緒戦の勝利のあと日本の東南アジア占領が一時的にせよ安定したのが「欧米支配下におかれてきた東南アジア植民地の戦前の秩序や構造を破壊するのではなく、むしろ戦時の混乱からそれらを復旧し、さらに維持しようとした」からであったのだとすれば、フィリピンにおける棉作開発はこれに全く反する試みだったのである。

雑誌『講談倶楽部』編集長だった萱原宏一は、陸軍省報道部の嘱託としてフィリピンを視察した。棉作事業の見学が大きな目的のひとつであった。一九四三年の新春早々ルソン島の棉作地を「瞥見」

したあと、萱原は一月下旬にネグロス島に向かい、西岸の中心都市バコロッドに上陸した。米比砂糖貿易によって繁栄してきた文字通りの「シュガー・キャピタル」である。

上陸第一歩に感じたことは、刺すような市民の眼の冷たさであった。マニラ上陸以来、ここの市民の眼ほど、冷たい敵意に満ちた、不気味な眼に接したことはかつてなかった。それは底深い情況の悪さを直感させるに十分な眼であった〔萱原一九八三、一八五頁〕。

多くの棉作事業関係者が遭難した大洋丸撃沈（一九四二年五月）の影響もあり、ネグロス島に棉作のため日本から担当各社が入ったのは、播種に適した季節が終わる一一月ぎりぎりになってからであった。地主との契約、農民の呼び戻し、耕作用の牛の確保、いずれも難航したうえに、作業は終始、米比軍ゲリラに妨害され多くの犠牲者を出した。結局この季節にネグロス島で植え付けができたのは八〇〇町歩にとどまった。棉作地の見学を終えた萱原は、バコロッド北方一〇キロにある製糖工場の町タリサイを訪れている。製糖年産八万トンの工場を訪れ、ストックとして放置された八〇〇〇トンもの砂糖の山に登った萱原は、「砂糖と聞けば目の色が変わるほど珍重する白砂糖」の山に「なるほど、これは日本一の贅沢をしたと思った」と記した〔同上、一九〇—一九一頁〕。結果を遠望するならば、ネグロスの砂糖業は独立後への米比特殊関係と砂糖割当制度の延長とともに、一九七〇年代まで延命していく。しかし、一九八〇年代に国際砂糖価格の暴落とともにフィリピン砂糖は輸出市場を喪失して、一九八四年には「ネグロス島飢饉」が世界の注目を集めることになる〔永野一九九〇〕。このように戦後も長く米比特殊関係を支える最大の利害集団であり続けていくネグロスの被占領者たちの拒絶の前に、日本の棉作事業は、ほとんど展開できないままに占領の終焉を迎えることになる。

主として米作地を対象としたために地主の協力を得やすかったルソン島中部での棉作事業も、自然の力とゲリラの抵抗・妨害によって成果をあげることはできなかった。呉羽紡績の現地責任者として奔走した高岡定吉によれば、大洋丸撃沈事件で出遅れ、さらに当初予定していたネグロスでの棉作を放棄したことでも出遅れて、同社がブラカン・ヌエバエシハの両州において棉花の播種をほぼ完了したのは一九四二年一一月に入ってからであった。すぐに乾季が訪れ、水不足と虫害に襲われた。

水不足で弱っている棉樹は外敵に対しても抵抗力が弱い。まず棉樹に対してコミドリヨコバイが葉を食い荒らす。花が咲いて実を結ぶと、ボールウァームやボールウィブルが若いボール(棉の実)に食い込んで、その汁を吸い尽くす。棉には数多くの害虫がつく。特に乾季に入って棉の樹が青々と田圃に拡がっている風景は、虫類にとっては好個の誘惑対象である。凄まじい勢いで奴等は棉畑に侵入して来て食い荒らすのである。

害虫の跋扈の前に人間は為す術もなく、「泣きの涙で拱手《きょうしゅ》傍観の外なき苦境に陥った」。進出した各社も同様で、「何れも散々やられている」ありさまであった[高岡一九八八、七五―七六頁]。

翌一九四三年度の棉作では、中部ルソン地方でもゲリラの抵抗と妨害が激しさを増した。呉羽でも一〇月から翌一九四四年一月にかけてヌエバエシハ州でゲリラによる襲撃で社員が次々と殺された。さらに一九四三年一〇月末と一一月中旬には、共和国独立(一〇月一四日)直後にルソン島を二度にわたって襲った大水害によって、呉羽は作付した二〇〇〇ヘクタール余の六割余りを廃棄せざるを得なくなった。同年度の棉作も失敗に終わった。続く一九四四年度、播種までは予定通りに進んだものの、九月以降、悪化する戦況のなかで棉作事業は実施不可能に陥り、米軍レイテ島上陸(一九四四年一〇月二〇日)とともに事業は中止され、呉羽の拓務部員たちも次々と現地軍の召集を受けて入隊し、その多くがルソン戦のあいだに戦死・戦病死していくことになる。

高岡は比島棉作事業の失敗について「大局的史観から見れば戦局の悪化が決定的な原因」であり、「天の利なく、地の恵みを得ず、時の運に幸されずして、あのような失敗の憂き目に遭った哀れな不運児だったのだ」と述べる[同上、一三〇頁]。その一方、別の箇所で高岡は「棉作は果たしてフィリピンで可能なのか、否かという基本的な問題」について「ネガティヴ」たらざるを得なかったと率直に述べている。そのうえで、「技術」の問題、「実際に棉作に当たっていた企業者」の問題を高岡は次のように自問している。

> 印度での棉花の買い付け一〇年、内地での棉花の売買、使用多年の経験を持つ私が並み居る棉作従業員の一番の有知識者と見做《な》されていたにしろ、それらの経験は棉を作るという点から見れば、所詮は門前の小僧の域を出ているとは言えない。事情推して知るべしだ[同上、七〇頁]。

日本帝国は植民地農業とりわけ熱帯農業の経営経験で欧米に遠く及ばなかった。「東亜本然の姿」を叫びながら無謀な棉作転換を日本が進めようとしても、それを進める実力が知識・経験・資本などいかなる意味においても日本には欠けていた。だとすれば、棉作開発は既存農業の破壊にしかならない。このことは、植民地農業を知る被占領者から見れば明らかであった。日本人は棉作がゲリラの妨害で頓挫したと実感したかもしれない。しかし妨害するゲリラの側から見れば、それは、日本による暴力的な資産の破壊行動に対する単純な自衛に過ぎなかったのである。

占領初期に各地を視察した榊原自身は、事業崩壊を直接には目撃していない。「急激なる増産、転作」の無理を榊原に悟らせたのは、榊原の「経済人」としてのリアリズムであった。そして、占領地への視察旅行を重ね、総司令部で南方軍政をめぐる諸問題の検討を重ねるにつれて、「経済人」としてのリアリズムは「軍人」榊原のなかでいっそう強まっていったように思われる。

在留邦人

「日本人一万八千の七割は沖縄人で占めている。日本人の大部、約一万四千余りはアポ山麓に居住し、麻の栽培に従事している」――一九四二年五月、榊原は出張先での視察見学としては初めてフィリピン南部ミンダナオ・ダバオの麻農園を訪れた。日本からの移民とふたつの現地日系企業（太田興業・古川拓殖）が四〇年にわたり営々と開拓してきた麻園は、東南アジア最大の邦人社会を作り出し、戦前の南進ブームのなかで日本人による成功物語のひとつの象徴的存在とされてきた。開戦後の一九四三年には、開拓移民事業を主導した太田恭三郎の生涯が「ダバオ開拓の父」として国定修身教科書にとりあげられることにもなる。しかし、榊原が訪れたとき、麻園は「戦後の手入れ不足と打ち続く干ばつのため、大分いたんで」おり、バッタが大発生して大きな損害が出ていた。そして、「麻の工場を見る。これはごく簡単だ」と記した榊原の筆は、日本の南洋進出の尖兵として大いに誇るべきであろうダバオの風景を語っているわりには素っ気ない（一九四二年五月二二日）。

早瀬晋三の研究は、日本人のフィリピン移民の先駆け的存在であったいわゆる「ベンゲット移民」――難工事で知られた北部ルソン山岳地帯のベンゲット道路工事（一九〇一―〇五年）への労働移民で、工事終了後その一部がダバオへの労働移民につながった――について、「米・比・中国人に成し遂げられなかった難工事を日本人の優秀さや精神力で成し遂げた」という、史実とは異なる「虚像」が、昭和期の南進ブームのなかで日本人の優秀さを示す美談として生まれた経緯を明らかにしている。ここで注目されるのは、大正期に入ってマニラに進出し駐在するようになった日本人エリートビジネスマンたちにとっては、出稼ぎ低賃労働者であった「ベンゲット移民」が、むしろ同胞としては忌まわしく触れられたくない存在だったという指摘である〔早瀬一九八九、二二五―二二六頁〕。

榊原の素っ気ない記述の背後にも実は同様の視線が潜んでいた。この視察からおよそ二カ月後の日記で、占領地の教育問題で最も重要なのは邦人教育であると論じたなかで、榊原は「従来南方に進出せし者の中には人物劣等なる者多く、ダバオの如きは土人と何等異なること無き有様である」（一九四二年七月二六日）と、その本音を記している。戦前からの東南アジア在留邦人を通訳などとして占領に利用しながら、彼らをなかば蔑視し、問題視していたのは、榊原に限らず、南方派遣軍関係者に広く見られた傾向であった。フィリピンに限らず、英領マラヤ・シンガポール、蘭印（ジャワ・スマトラ）などの在留邦人社会は、二、三年の駐在で帰国していく商社・金融・海運の支店に勤めるエリート的日本人と、永住を覚悟して住みついた「ろくに学歴もない無告の民の集団」〔矢野一九七五、一二五頁〕の二重構造が顕著であった。前者の後者に対する蔑視や警戒感は、南方作戦を展開する日本軍や占領軍政に日本から派遣された官民の軍属にそのまま引き継がれたのである。

戦前からの在留邦人の少なからざる人々は、日本帝国における周辺的存在としての沖縄の出身者であった。東南アジアにおける支配民族として自らを位置づけたい日本にとって、彼らの存在がイメージを損なうことを軍政関係者は懸念した。比島軍政監部総務部長を務めた宇都宮直賢は戦後の回想で

「特にミンダナオにおいて沖縄県人の軍に対する協力はまことに美事」で「多数の男女が戦陣及び後方地区で倒れた」と沖縄県民の戦争への貢献をたたえるが、同時に戦前の在比邦人が商社・外務省関係者をのぞくと「概ね漁業、麻栽培(ミンダナオ島)、大工などを主業とし、大部分は沖縄県出身者だった。一般に民度は高くなく、礼節に乏しく、特に下層比島婦人との結婚により生れた日本籍二世において然りだった」〔防衛研究所編一九八五、五一一―五一二頁〕とも述べている。榊原や宇都宮の「語り・回想」からは、日本帝国のなかで周辺化・他者化された存在としての沖縄への視線が浮かび上がる。

「沖縄県出身者」蔑視の一方で、南方派遣の軍人・軍属の「語り・回想」から欠落しているのが、マニラやバタビアといった植民地都市の商工業の世界で、たたき上げで活躍していた日本各地からの移民の存在である。すでに一九一〇年代から二〇年代にかけて、インドネシア各地で「天秤棒の両側に売薬籠を下げ、インドネシアの民衆社会の生活のなかに入り込む売薬行商」から身を起こした日本人青年たちが開いた各種・小売りサービス店「トコ・ジュパン」がジャワ一帯に拡がっていた〔後藤一九七七、二七―二八頁〕。熊本県に育ち、鹿児島県の志布志中学を中退して大分県で写真師の修業をしたのち、一九二八年に二二歳で「渡南」した市来竜夫もまた、そうしたトコ・ジュパンの世界に飛び込んでいったひとりであった。パレンバンの写真館に就職したものの、独立の夢がかなわなかった市来は、インドネシア語を習得し、当時の在留邦人社会でタブー視されていた「原住民」女性を妻として生活するなかで、インドネシアの大地と民族への熱い愛情とインドネシア語に対する造詣を深め、また日本の論壇におけるアジア主義への共鳴を強めていった。一九三六年、新聞を読みに通っていたバンドンの日本人倶楽部で見いだされ、市来は『日蘭商業新聞』の記者に採用された。市来の人生にとって、それは大きな転機となっていく〔同上、五〇―五九、七八―七九頁〕。

同じように「渡南」の先に成功の夢を見た多くの青年たちが向かった南洋の都がマニラであった。美津濃のマニラ代理店経営で成功した大沢清は、戦前マニラに五〇〇〇人余りを数えた在留邦人の多くが「二十歳前後で日本の田舎から永住するつもりで渡ってきて、粒々辛苦して金を貯え、一家を築き、地位を得た人々と、その人々を頼って同じ郷里から出てきて働いている青年たち」であったと回想する〔大沢一九七八、一〇八頁〕。そしてマニラでも、大沢を雇った日系百貨店「アベニダ・リサル通りの太陽バザー」のように、移民青年を雇用する日系の事業者が活発に経済活動を営んでいた。

一九三二年、大沢と同様に中学卒業後、福岡からマニラに渡った堀田正一（一九一三生）は、フィリピン最大手で日系のオーラッカ製菓会社にまず就職して、その後、大阪商船や石原産業の現地採用邦人として働きながら高校・国立フィリピン大学へと進学している。アメリカが一九二四年移民法で日本（アジア）からの移民を禁じていた時代、地方青年にとって「南方」は学費を自弁して高等教育に進学するという意味でアメリカに代わる英語圏の「機会と成功の土地」としての意味をもっていたのである。堀田は戦後の回想で、戦前在留邦人の「有能な人物」や「優秀な熟練工」などが、日本軍によってもっぱら通訳など「下の方の仕事」に使われ「現地邦人たちのもつ有効な経験や知識は、ほとんど顧みられることはありませんでした」と述べる〔堀田一九九四、四一七―四一八頁〕。

日本軍が遭遇した在留邦人の多くは、たとえ日本帝国・日本資本主義の周辺からの労働移民であったにせよ、商工業に進出した成功者・経営者であったにせよ、両大戦間期の東南アジア植民地経済のなかで、労働移民として、あるいは商機や生活の向上を求めた移住者として、市場のなかで受容され自活していた。言い換えれば彼らの存在形態には戦前期日本資本主義の実力が自然に映し出されていたのであり、また、戦争で大挙して進出した日本人とは異なり、彼らは占領地の社会経済のなかで戦前からすでに受け入れられ、自活・自生してきた存在であり、寄生者ではなかったのである。

蘭印への感嘆と白人活用論

一九四二年六月一六日。ジャワ出張を前に榊原はオランダ統治史を勉強した。その成果を日記に記すなかで、榊原は、スマトラの植民地農業開発における「オランダ独特のエステート経営」について、三つのエステートでひとつの病院を経営するなど「すこぶる合理的」で、「オランダ植民政策の中には学ぶべき点多々ある」「オランダがこの〔スマトラの〕ジャングルをあれまで開いた事には彼の努力を認めざるを得ない」と、欧米植民地支配の手強さを感じ始めた様子を書き記している。

日系ダバオ麻園にはさほど感銘を受けなかった榊原であったが、このあとジャワ、マラヤ、スマトラへの出張を重ねるにつれ、日記には欧米系資本による植民地開発の質量に対する感嘆の念が記されていく。ジャカルタの最高級インデス・ホテルの心地よさに「ジャバはやはり南洋一だ」(一九四二年六月二二日)と記した榊原は、バンドンで訪れた九〇%以上の世界シェアをもつキナ(マラリアの特効薬キニーネ)工場について「生産過程も相当複雑で熟練工を要するらしい」と記し、パスツール研究所(パリに本部をもつパスツール研究所国際拠点のひとつ)を「中々立派」と評している(六月二五日)。さらにマランでは「ドイツの優秀な機械を備えている」タバコ工場、ロゼン麻工場、「立派な工場施設は金がないために休んでいる」「五千名の職工を使用していた」タピオカ工場などを見学しつつ（六月二九日）、榊原は、「一面のキナ」「一面の茶園（中略）良くもこんなに沢山のお茶を人が飲むと思う位」「一面のヤシ林」など大規模に開発された農園のあいだを縫って、「一帯が火山地帯で実に景色が良い」ジャワ島の「田舎まで実に良い道」を西のジャカルタから東のスラバヤまで一週間あまりかけて横断した（六月二五、二六、二八日）。

榊原のジャワ出張中に、南方軍総司令部はサイゴンからシンガポールへと移転した。帰任地となったシンガポールの緊張した空気を榊原は見逃していない。「町の印度人、支那人、馬来人の目付き、これはジャバで見たインドネシヤ人の如く生優しいものではない。英人、印度人等、約六万の捕虜の目付きの中にも何となく不満の色（復仇の色）が漂っている」（一九四二年七月一〇日）。その後、八月末から榊原は再びマラヤ・スマトラへの視察に旅立った。マラヤでは錫山や錫の精錬工場を見学したが、ここでは工場よりも避暑地カメロン高原までの「二時間のドライブウェー」や、総督の別荘が頂上にあるペナンヒルに登る「世界的大規模な」ケーブルカーに強い印象を受けたようだ。頂上の「僅か四十軒の家のために世界的大ケーブルを作ったのだから、英国人の構想はえらいものだ（中略）腰を入れた大規模な植民政策」には感心させられると記している（八月二九日）。

「スマトラ眼下に横たわる。これはまた馬来等には見られない農園が連なり、その秩序整然たる有様は驚嘆の外はない（中略）大灌漑施設も見える。スマトラは全く宝庫だ。ゆっくりと見学しよう」――一九四二年八月三〇日、榊原は待望のスマトラに入った。およそ二週間の視察旅行を榊原は満喫した。ミナンカバウ、アチェ、バタックなどではスマトラの民族事情を学び、世界的にも先端的なゴム工場で知られるグッドイヤー工場などを見学し、その宏大な自然景観に「スマトラは実に偉大」と感激した(九月六日)。「一番驚いたのは道路の両側の山地がすべて耕作されている事だ。一見スマトラは未開どころではない。立派な開拓地だ」(九月七日)。メダン付近のタバコ園見学では、「広大なる農園に点々と耕作される煙草園。しかも八年一回の輪作。工場に於ては子供の時から訓練された葉の識別職工、これらのオランダ農業が生んだ偉大な事績に対しては驚かざるを得ない」とも記している(九月一〇日)。

「蘭印に行なった灌漑施設、農業経営等は到底日本の台湾等に於て行なう農業政策とは比較すべくもない」(一九四二年一〇月四日)――蘭印ジャワ・スマトラのオランダによる植民地開発から榊原が受けた感銘は、単にその規模に対してではなかった。エステートや鉱山・工場の経営を支えるオランダの高い組織力と技術力であり、長い時間をかけて培ってきた植民地経営のシステムに彼は感銘したのである。それは、単に軍事的に強奪したことによってただちに日本人が取って代われるものではなかった。

日記で繰り返し主張されているのは、スマトラの「多角的大農園経営」を維持する必要性である。スマトラ農業は、変化する世界の商品市況への対応と、栽培を成功させて収益をあげるまでに長い年月を必要とするというふたつの条件を満たすために、各々の大農園が市況に応じて多品種の商品作物を多角的に栽培することで個別経営の収支均衡をはかるとともに、農業栽培組合を組織することで損失のリスクを補塡する仕組みをとってきた。榊原は、今はまず、農園とこのシステムの維持保存が必要だと考えた。そして、日本の小企業者や既存の規模が小さい邦人農園に敵産農園を経営委託しようとする動きはスマトラ農業を破壊するものだとして、榊原は次のように訴えている。

エステートには二十年―三十年と勤めた優秀な技術者、マネジャーあり、その技術は日本人の到底及ぶところではない(中略)日本人の在来の農園は敵産農園に比ぶれば全く問題にならぬ状態にて、しかもスマトラ在勤二十年と云う如き鼻高き日本人農業者の技術は、蘭人に比ぶれば雲泥の差である。従って農業技術の獲得はこれら日本人から学ぶよりも、むしろオランダ人から学ぶべきものにして、しかもその内容はさほど複雑なものではない(一九四二年九月二七日)。

榊原は「オランダ人技術者を活用してのみ農園の経営は可能」だと主張した。それゆえ彼らに「拉致または居住制限の如き事を行なわず、安心して業に営ましむ」ことが南方経営上もっとも大切だと訴えた。それは石井秋穂が起草した「南方占領地行政実施要領」の基本方針でもあり、また今村「緩和軍政」の基軸でもあった。しかし、白人活用論への賛意を榊原が日記に繰り返し記していた頃、流れはすでに逆転して、日本からの官民の進出に並行してオランダ人の解雇・失業・収容へと向かっていた。榊原はこの動きに対して「大所より英人蘭人を使用しなければならない」「使用法を誤り、或いは過去の関係に捕われ使用し得ざるに至っては日本の前途は暗い」と懸念を記している(一九四二年一〇月四日)。

物流の麻痺と「密貿易」容認論

「有るところには有って、無いところには全然無い動脈硬化の現象が現在の南方らしい」(一九四二年八月三一日)――榊原日記でもうひとつ見逃せないのが、占領初期から東南アジア全域を襲った海運・

物流の麻痺に関する記述である。「敵潜水艦による日本船舶の沈没」(五月二二日)のために船舶不足が深刻化するなかで、輸送力の確保は、獲得した資源の「内地還送」のためにも、また東南アジア域内の資源・食糧の流通(南方相互交流)の回復のためにももっとも重大な課題のひとつであった。しかし、榊原が目にしたのは船舶不足の窮状であった。ジャワのスラバヤではオランダによる徹底した施設破壊と沈船・機雷によって、港湾の復旧は難航し、使用もままならないありさまであった(六月三〇日)。ジャワからシンガポールへの帰路に空から見たパレンバンでも、油田製油所は復旧が進んでいるが「タンカーらしい船は一、二隻しか見えない」ありさまだった(七月九日)。

もともと東南アジアの海運は、一九三九年以降、ヨーロッパ大戦の勃発により欧州船籍の貨物船が激減し、さらにアメリカの対日経済制裁による日米貿易の急減によって日米間の海運と連結して行われていた東南アジアにおける日米商船の運航が急減して、すでに深刻な状態に陥っていた。さらに、日本の東南アジア占領は市場原理にもとづく商船活動を停止させた。物動主任・岩武は統制経済・軍による配船の形式をとりながら、できるだけ開戦前の交易状態を復元しようとしたわけだが、その努力にも限界があったことが榊原日記には描かれているのである。

深刻な船舶不足に対して、日本軍は、時間もかかりドックなど設備も必要な鋼船に代えて、東南アジアの占領地現地に木造船建造工場を作り、木造の機帆船を大量に建造して(五カ年計画一〇〇万トン)これを南方相互交流さらには資源の内地還送にまで利用したいと構想した。このため「内地」から造船業者が各地の木造船建造工場の立ち上げに派遣されていった(一九四二年六月一一日)。しかし、南方相互交流について言えば、問題の本質は船舶不足よりも、むしろ統制経済にあった。

最近馬来に於てはジャンク〔木造帆船〕の使用を許可したため、今まで見えなかったジャンクが各処に出現し、スマトラ北部等より野菜を運び始め、野菜の出廻りが大分良くなったとの事である。戦後ジャンクはしばらくの間船底に穴を開けて海中に沈めておいたものらしく、急にこれを引き上げ、水を掻き出して運行を始めたらしい。彼等支那人のやり口はすべてこれだ。従って当分の間この傾向を放任し、次第に登録制を実施せしめ、ジャンクが敵国へ流れる事、及びジャンクの運行を統制する必要がある（一九四二年五月一四日）。

戦災を恐れてわざと沈めたジャンクを引き上げてたくましく商売を始める中国人商人の様子は榊原に強い印象を与えたようである。しかし、東南アジア域内の相互交流を支えていたジャンクによる交易は、日本軍が物資の移動を軍の管理下においたために全体的には途絶していた。これに対して榊原は三カ月後の日記に「ある程度ジャンクの輸送を密かに認め物資の交流を計る事も、物資の円滑なる配分、民生に及ぼす影響を考える時、有効」ではないかと記している。さらに榊原は、過剰生産物となったゴムや砂糖などの生産の放棄と急激な作付転換に反対する立場から「馬来のゴム等を印度に流し、印度の棉、ジュート等を持って来る密貿易の如きも考慮しても良い」のではないかと大胆な提言をしている。「重要国防資源は絶対に第三国に流出せしめずと固い事ばかり云わず、敵に一物を与えて我もまた利すると云う戦法も考慮すべきだろう」というのだ（一九四二年八月八日）。

このように榊原は、過剰生産物を含めた植民地産業の現状維持を訴え、そのために白人の積極活用論に大きく傾き、またジャンクによる華僑の「密貿易」を物流問題の解決策として構想した。日本軍の統制経済下における「密貿易」とは、戦前の自由な交易の復活にほかならない。榊原の主張は、東南アジアを元に戻すこと、すなわち占領前の原状への復帰を唱えることと実は大きく異ならなかった。そこから浮かび上がるのは、日本が東南アジアの支配者・経営者として欧米と交代する実力に欠けていただけでなく、はたして寄生者でさえあり得たのかという疑問である。宿主と中長期的に共生できる見通しがなく、宿主を死に至らしめる寄生者は宿主から見れば排除すべき病原体でしかない。そのような意味において、日本の軍事支配は、東南アジアを数年で飢餓と死に至らしめる存在でしかなかった。そして日本帝国にできたことは、占領地の経営ではなく、暴力と武威による、帝国の最も古代的な形態としての戦利品の略奪に過ぎなかったのである。

ここで問われるのは、第二章第二節において指摘した、初期軍政「成功」を支えた要因としての「宥和と圧制」すなわち現状維持政策と武断主義の行方、という問題である。榊原日記に描かれていたのは、植民地経済政策としての現状維持論が——それを支える人材や物流システムの欠如から——破綻する予兆である。それが予兆にとどまっているのは、軍事支配者としての日本の「武威」がまだ維持されていたからだ。しかし、「武威」に綻びが生じたとき、占領体制は崩壊に向かっていく。そのような意味において日本軍による「宥和と圧制」による占領体制はいかに構築され、いかに破綻していったか。その両面をミクロコスモス的に示した興味深い「語り・回想」がある。次に、一九四二年から四三年にかけて宣伝隊を率いてフィリピン各地をめぐった人見潤介の経験を追ってみよう。

2　圧制の限界――人見潤介のフィリピン体験

サンフェルナンドの「異様な光景」

一九四二年五月五日。

三井物産社員で戦前四年間ビルマでの駐在経験があったことから軍属として徴用されてビルマ軍政部勤務を命じられた桑野福次は、経由地フィリピンに到着して二日後、中部ルソンの主要な鉄道駅のひとつであるサンフェルナンドで「異様な光景」を見た。駅頭で「籠にマンゴーやパパイヤやバナナを持って売り歩いていた」三、四人の女たちの反対側のホームに汽車が停まった。「見ると二、三輛はアメリカ兵の捕虜で専用になっている。つづく一輛に日本兵が乗っている」「果物売りの女達はこれを見ると、急いでアメリカ兵の車の窓に飛んで行った」。そして「ソリー、ソリー」と叫ぶように言いながら「果物をあるだけ窓から中に投げるようにして与えてしまった。そして空になった籠を持って、狂人のように駅から飛び出して行って、駅の前にある果物店から一杯つめ込んで帰って来て、またアメリカ兵達に投げ込んで行く」。

必死の顔付きには凄いほどの真剣さがある。アメリカ兵にソリー、ソリーと言って投げ与えながら、日本兵の乗っている車輛には振り向きもしない。

桑野には「この状況はショックであった」。緒戦の勝利に酔う日本では、日本軍の行くところアジア民衆の歓呼で迎えられていると当たり前のように考えられていた。しかし、桑野はこの光景から

「アメリカの統治は、深い所で民心を摑んでいる。あの女達の真剣さはお義理ではない」「自分は翻って朝鮮に於ける日本の統治が、果たしてこれだけ人心を得ているだろうかと考えざるを得なかった」という［桑野一九八八、四九―五〇頁］。桑野はこのあと五五日間をかけて、フィリピン・ジャワを経由してビルマに向かい、六月二八日にラングーンに到着、翌一九四三年三月末まで軍政部経済部商工課に勤務することになる。

桑野が目撃したのは、占領当初から他と比較して日本に著しい「敵性」を示したフィリピンの光景の一端であった。その理由はどうあれ、日本軍は占領者としてこの現実と向かい合うことを迫られた。「ケソンなきケソン政権」を追求したのが、この現実に対して日本が頂点の政治過程において出した答えだったとすれば、占領の現場・底辺でこの「庶民の親米感情」と直接に触れあいながら対応を迫られたのが、軍宣伝班中尉・人見潤介の率いた宣伝部隊「人見宣伝隊」であった。

人見宣伝隊

その足どりをまず辿っておこう。マニラ占領直後、日本軍を恐れて山野に疎開した住民の帰還を説得するために、人見宣伝隊はバタンガス州(一九四二年一月二六日―二月八日)、次いでビコール地方(二月二七日―三月九日)を巡回した。同僚の望月重信少尉がリパであの精神主義の極致とも言える演説をしてフィリピン人通訳を困らせたのは、このバタンガス州宣伝工作中の出来事であった。次に人見宣伝隊は第六五旅団(奈良兵団)に配属され、北部ルソン山岳州やイロコス地方の対ゲリラ戦争工作に従事した(四月二五日―八月一八日)。さらに同年一〇月から人見はゲリラ情勢がフィリピンでも最悪とされたビサヤ諸島のパナイ島に派遣され、対ゲリラ戦工作に従事した。しかし、一九四三年五月、後に述べる事情から人見は宇都宮直賢大佐により同地の宣伝隊長を解任されてマニラに帰任、このあと敗戦まで軍司令部(報道部本部)付となった。

人見宣伝隊は、フィリピン人に対して「プロパガンダ・コア」という直訳が与える悪印象を避けるために、多くの場合「グッドウィル・ミッション(親善使節)」と名乗った。そして各地で「日比親善大会」を催して、音楽・歌・映画などの実演や、施療・施薬活動などを行い、住民感情を和らげようと努力した。その多彩な活動のために、宣伝隊には在留邦人や記者・写真家・小説家などの日本人だけでなく、弁士として、マニラや派遣先の現地で雇用した歌手・音楽奏者・映写技師・医師・看護師などの多数のフィリピン人が参加した(人見は彼らを集会参加者の間に放って、日本軍やゲリラに対する庶民の本音を探った)。この慰安興行のような宣伝工作の特徴が最もよく発揮されたのは、比較的「民情」が安定していた初期の地方宣伝工作である。その牧歌的な様子は、ビコール地方宣伝工作に同行した石坂洋次郎による小説『マヨンの煙』[石坂一九七七]に描かれている。しかし本章で注目したいのは、そのあと人見が向かった、「匪情」の悪化した北部ルソンおよびパナイ島で、人見が自らの満州時代の経験を最大限に生かして行った対ゲリラ戦工作についての「語り・回想」である。

「様子見」の勧め

一九四二年四月二四日午前七時三〇分。「人見小隊」はマニラを出発、北部ルソンの中心都市バギオに向かった[渡集団編一九九六、一三八頁]。一九四二年四月九日にバタアン半島で米比軍キング少将が降伏、五月七日にはコレヒドール要塞が陥落してウェインライト中将は降伏文書に調印するとともに米極東陸軍ユサフェ全軍に対して降伏命令を発した。これに応じて北部ルソン地区の司令官ジョン・P・ホーラン大佐も降伏していく。しかし、諸島各地で降伏命令を拒絶した米比軍将兵を中心として、いわゆるユサフェ・ゲリラの活動が始まり、オーストラリアからフィリピンへの反攻を誓うダグラス・マッカーサーが率いる連合国軍南西太平洋地区司令部は、これらゲリラの大半と一九四三年までに連絡を回復して彼らを正規軍ゲリラとして位置づけていく。日本の制空・制海権の後退にともない、米潜水艦による極秘の補給も始まる。またこれとは別に中部ルソン地方ではフクバラハップが武装抗日運動を展開していく。こうしてフィリピンでは、東南アジアで最大規模の抗日ゲリラ活動が各地で展開することになる。そのような情勢のもと、人見はゲリラ活動が「猖獗《しょうけつ》」をきわめた北部ルソンにおける「敗残匪」投降工作すなわち対ゲリラ戦工作を命じられたのである。

北部ルソンでもバギオへの派遣当初、人見宣伝隊はこれまでと同様の親善活動を行っていたことが、報告書には記されている。たとえば一九四二年四月二九日、バギオから車で一時間ほどのベンゲット・コンソリダデッド（金鉱山）で周辺住民四〇〇名を集めて行った宣伝集会では、三名のフィリピン人弁士による「口演」、五本の映画上映（漫画、ニュース、「日本の小学校教育」、「日本の工業」、「比島劇映画」）、印刷物配布、写真展、施療（利用者二一名）を行っている［同上、一四八―一五〇頁］。五月に入って宣伝隊はバギオからルソン島西岸イロコス地方に入り、まずイロコス地方の南端にあたるラ・ウニオン州アゴウで約八〇〇名を集めて「日比親善大会」を開催した。その形式は四人の弁士による「口演」の合間にピアノ伴奏の独唱や子供・男女のダンス、ギター伴奏、マーチ演奏などをはさむなど、エンターテインメント的要素をふんだんに盛り込んでいた〔同上、一五八—一六〇頁〕。

しかし、イロコス地方を北上するにつれ、状況が変化した。ユサフェ・ゲリラは町村から「税金」として食糧を徴発して活発に活動を続けており、日本軍の支配は一向に浸透していなかった。報告書は「無政府・無警察」状態と表現している。さらに事態の悪化を認識させる出来事が起こった。人見宣伝隊には、ウェインライト中将から全米比軍に宛てた降伏命令書を携行する軍使として、ニコル・ガルブレイス大佐（米極東陸軍参謀）ら米軍人が同行させられていた。一九四二年五月三一日、鉱山技師で開戦後臨時召集されたジョージ・バーネット中尉は、投降を説得するガルブレイス大佐一行を銃剣で包囲して威嚇したうえで、投降命令を全面的に拒絶した。バーネットはこのあと米軍反攻まで同地のユサフェ・ゲリラを率いることになる〔同上、二一二—二一五頁〕。

ガルブレイスの報告を受けて、人見は投降工作を打ち切り、翌六月一日から南イロコス州中部の町カンドンを拠点として独自の「敗残兵投降工作」を開始した。ここから報告書は、がらりと人が変わったように、宣伝というよりも陣中日誌のような色合いを帯びていく。親善大会の記述はまばらとなり、かわって各地の抗日ゲリラ活動についてのくわしい諜報報告や、日本軍とゲリラの間で動揺する民情の分析、ゲリラの隠れ家の急襲や逮捕者の厳しい取り調べ、さらには逮捕者や捕虜を逆利用した索敵行為などが記されていく。

そしてこれらの報告書には語られず、しかしそれとあわせ読むことで日本の占領の実像を垣間見ることができる、一九九〇年代のインタビューで人見が明らかにした興味深い「語り・回想」がある。北部ルソンやパナイ島で人見は、「聖戦」論を極力控えて、日米戦争に対する「様子見」の態度をとるようフィリピン人に勧めていたというのだ。

人見が「聖戦」論を控えたのは、人見がそれを信じていなかったからでも、思想教育に興味がなかったからでもなかった。宮津の青年学校・小学校兼任教員であった人見は、農村教育に情熱を燃やし、教育者として軍隊教育を経験しておきたいという動機から志願して陸軍に入営した。そのまま幹部候補生教育を受けて見習い士官として除隊となれば教育者に戻っていたであろう。人見が軍人としての道を歩んだのは、日中戦争の全面化によって除隊の即日に臨時召集を受けたためであった。インタビューに答えて人見は、京都府の師範学校青年学校教員養成所に在学中、東京の金鶏《きんけい》学院で開催された毎日新聞篤農協会主催の夏季講習会で二週間寝食をともにした「塾的錬成」で安岡正篤《まさひろ》らの教えを受けたことを大事な思い出として語り、この経験が望月による「タガイタイ教育訓練所」の青年教育(第五章)を人見が支援することにもつながったと述べている[人見一九九四、四八二―四八三頁]。

以上のような「語り・回想」からも、状況さえ許せば人見は民衆に対して「聖戦」の思想を説く十分な熱意と素質をもっていたと言える。実際にビコール地方宣伝工作について石坂洋次郎が提出した「総合所見」には「人見小隊長は概括的に皇軍今次の南方作戦の真意を説き、日本を中心に東亜の各民族が蹶起し、白人共の桎梏を脱して所謂東亜共栄圏を確立すべき旨を強調した」と書かれている。このことからも、初期の宣伝で人見は当然のように「聖戦」論を説いていたと見てよい[渡集団編一九九六、七九―八〇頁]。「様子見」の勧めは、あくまで人見が直面した現実に対して、軍人としての、そして対ゲリラ戦専門家としての人見の「リアリズム」が生み出したものだったのである。

インタビューで人見は、「聖戦」論による宣伝が地方では難しいことを悟ったのは、あの望月の演説をめぐる一件(一九四二年二月七日)がきっかけだったと述べている。人見はこの出来事などから、タガログ語など現地語の通訳を通じて宣伝をする場合、「聖戦」論の類を伝えることが、まず語彙の点で非常に難しいことに気がついた。そして「私は地方に行ってすぐわかったことは、こんな人たちに大東亜共栄圏だ、なんだというようなことを言うこと自体が間違っている(中略)そういうことを通訳するタガログ語の言葉がないというのは、偶然ではないと思う。そんなことを言う必要はないのだ。だから、もっと日常生活につながったことで、損得の問題とか、そういうことから話したほうがいい」と「経験でわかってきた」のだという〔人見一九九四、五〇五頁〕。それでは人見が北部ルソンで語った「損得の問題」とは何だったのだろうか。人見は次のように語っている。

もしもゲリラがA村で日本軍を奇襲して何人かを撃ち殺したとする。それはゲリラにとってはひとつの戦果かもしれない。しかし、そうなれば日本軍はすぐ現場に部隊を派遣する。味方を殺された部隊は「興奮状態でやって来る」。村人は危険を感じて逃げるだろう。それを見た日本軍は「悪いことをしたから逃げた」と判断して「敵だと思って撃ち殺す」ことがありうる。ゲリラは山に逃げて安全だが残された村人が「とんだそば杖をくらって」殺されることになる。「もちろん、ゲリラに対しては日本軍の徹底的な討伐が開始される」。そのうえで人見は次のように「様子見」の勧めを説いたという。

この戦争は、日本とアメリカの戦争なんだ。日本はルソン島でバタアン・コレヒドールを落として、一応、終結した。あとの戦争は、もうフィリピン以外のどこかで勝負が決まるんだ。僕らは日本人だから、日本が勝つと思っているけれども、君たちはアメリカが勝つと思っているかもしれない。どういう判断でもいいけれども、とにかくいまここで（中略）日本軍に攻撃を加えることによって、フィリピンのほうに跳ね返ってくるいろいろな災害を思えば、ゲリラ活動というのは、なにも意味がないじゃないか。（中略）だから、そういうことは、しばらくやめにして、ひとつ静観していてくれたらどうか〔人見一九九四、五〇八―五一〇頁〕。

「アメリカが勝つ」と思ってもらっても結構というような自分の発言はマニラの軍司令部には到底受け入れられないと人見は考えていた。したがって報告書には書かれていない。ただし一九四二年六月五日、カンドン「町民大会」の報告には、ガルブレイス大佐ら二名の米軍将校が「一般民の協力」を訴え、日本人女子宣伝工作員が「安民演説」を行ったあと、人見が「意義なき敗残兵の抗戦を即時停止して投降すべきを賢策とする旨を強調」したという記述がある。人見が「様子見」の勧めを説いた痕跡がこの記述には表れている〔渡集団編一九九六、二三八頁〕。

人見の「様子見」の勧めは、被占領者・フィリピン人の立場に最大限寄りそったと言ってもよい内容を含んでいる。しかし、この一見すると温厚にも見える「宥和の論理」は、「圧制の脅威」すなわち恐ろしい存在としての日本軍の「武威」をともなって初めて効果をあげ得るものだった。次に見るように、対ゲリラ戦争の専門家である人見は、そのことを誰よりもよく知っていたのである。

北部ルソンにおける「成功」

人見資料には、カンドン周辺での投降工作について、「中間綜合報告」（一九四二年六月一五日）と工作終了時にまとめられた「状況報告」（一九四二年六月二八日）などが収められている。それらによれば、同地で投降する米比軍将校は当初ほとんどなく、民衆も「米比軍の最後的必勝を一般に堅く確信」していて、「二三ヶ月後に米軍は必ず来援」するとして多くのゲリラ化した兵士が武器を秘匿し一斉蜂起の準備を周到に進めている状況であった。そこで人見は宣伝工作の大転換を決断した。

民心全く我になく、荒廃を極めありて、従来の如き温厚なる宣伝方式を以てしては全く其の目的を達し得ざる事を明瞭に看取せるを以て六月十日前後より強硬なる宣伝に転移し我等の言う宣伝「言」は直ちに我等の行う「行」に依て完全に一致具現せしむる事に主力を傾注せり〔渡集団編一九九六、三二六頁〕。

この「言行一致」の宣伝とは、具体的には何だったのであろうか。

人見がまず目をつけたのは、この地方のゲリラがほぼすべて地元出身者であるという事実であった。とりわけカンドンの周辺では、その多くが上官の命令を受けて武器を携行・秘匿したまま「帰宅潜伏」して家族と同居したり、近隣に隠れていたりしていた。幹部は山中で逃亡生活を送っているが、やはり家族を町や村にもつ者が多い。それならば「家族の人質的利用」が有効だと人見は考えた〔同上、二八〇—二八一頁〕。

「宣伝参考資料」のひとつに、一九四二年六月一五日付のカンドン南方の町サンタクルスの町長宛命令のひな形がある。名前をあげて「下記敗残兵を四十八時間以内に」降伏させよ、「兵器は必ず携行」させよと町長に命じている。そして、投降すれば「日本軍は生命財産は日本軍の命令を遵奉する限り確実に保証する」ことを約束するが、さもなければ「本人は勿論其の家族全員は直に日本軍に依りどこ迄も追及逮捕し之を銃殺す又サンタクルース市民の連帯責任として町長以下市民全員は峻厳なる制裁を」受けることになるだろうと脅迫する内容の文書である(実際には銃殺は実行されていない)。

この文書で人見は自らを「大日本軍特別工作隊」の隊長と名乗っている〔同上、二七三頁〕。人見宣伝隊はゲリラを直接対象とする「対敵宣伝」では、このように「親善使節」ではなく「特別工作隊」や「秘密諜報隊」を名乗り、「近く画期的大討伐実施せらるべし」というデマを流すなど心理戦を展開した。さらに日本軍警備隊と協力して密偵から得た情報から次々とゲリラの潜伏場所を突き止め、急襲・夜襲をかけて、多くのゲリラを逮捕、捕虜とした。「夜間薄暮黎明」「神出鬼没」の出動で「彼等潜伏敗残兵の不安感」を煽ったとも報告している〔同上、三一七頁〕。そして「我が武威を怖れて」投降した者は、投降工作への協力を約束させて即日釈放する一方、逮捕した捕虜には「特に峻厳なる取扱をなし信賞必罰を特に一般に明示」したという〔同上、二七六—二七七頁〕。

さらに人見が「極めて効果大」だと発見したのが「比島人捕虜の逆用」であった。宣伝隊にはバタアン半島で降伏したフィリピン人捕虜将校五名を同行させていた。人見は彼らを信用できると確信すると、拳銃を与えて別働隊として使用した。報告は「行動予想外に勇敢にして服装敗残兵に酷似し言語自在なるため行動極めて容易、少数の敵を奇襲するに適」しているとしたうえで「敵捕虜の逆用」は「満洲、支那に於けると同様将来研究の価値大」であると述べている〔同上、二八二頁〕。

「捕虜の逆用」と「家族の人質的利用」を結びつけて、人見は「帰順者の逆用」にも踏み切った。「中間綜合報告」には「山中に遁入《とんにゅう》しある投降意思なき敗残兵幹部に対しては(中略)帰順者の逆用に依り(要すれば該帰順者の家族を目的達成まで一時人質とす)暗殺団を編成潜入せしめて之が暗殺を企図する等百方手段を尽して目的の達成に努めんとす」〔同上、二八一—二八二頁〕という記述がある。そしてカンドン工作終了時の「状況報告」には「成果」として「捕虜十六名　投降者百十七名(内米人将校二)」のほかに「遺棄屍体　一(敵将校暗殺)」という記述がある[同上、三二〇頁]。これらの記述から、この間に人見がゲリラ帰順者を——その家族を人質にとり——逆用すなわち彼らに命じて山中に潜伏していたゲリラ幹部の将校を一名暗殺させていたことが分かる。

こうしてカンドン周辺の対ゲリラ戦争工作で、人見宣伝隊は、人見以下わずか八名の小隊と日本人徴用員、運転手、米比の宣伝工作員(捕虜将校ら)二六名で、大きな「戦果」をあげ、同地の治安情勢も「逐次明朗化しつつあり」一部の「兇悪なる残存敗残匪」もその「崩壊壊滅も日時の問題」と前途を楽観して、六月一杯で同地での工作を終了したのであった[同上、三二二—三二四頁]。

このあと人見宣伝隊はさらに北上して、北イロコス州のディングラス、バタックなどを拠点に宣伝工作を行った(七月七日—八月二二日)。工作初日に、米軍軍使のひとりが投降説得工作の派遣先でゲリラに射殺され、人見は同州の情勢の深刻さを思い知らされた。同州でもゲリラの大半は地元出身で、日本軍だけでなく、他州から流れ込んで来る「敗残兵」などの余所者や戦時の無警察状況に対して治安の維持機能を果たしており、民衆との信頼関係はきわめて密接なことに人見は気がついた[同上、四六七—四六八頁]。同州のゲリラ指導者は開戦時の現職知事ロケ・アブランであり、アブラ州の教師出身のマダンバ中尉、パオアイのやはり教師出身のモンヘ少尉などの協力を得て、一月にラオアグの兵器庫から搬出した二〇〇丁の銃をもって治安維持および抗日ゲリラ活動を展開していたのである。

そこで人見はまずディングラスに拠点をおいて「対民衆工作」に重点をおき、「日比親善大会」を挙行して、地元出身のアルテミオ・リカルテ将軍を招いての演説会や、同行したフィリピン人軍医による施療活動を行ったり、町の有力者に「様子見」の勧めを説くなど、ゲリラと民衆の離間工作に力を入れた。そして、南イロコス州と同様に、「対敵宣伝」では密偵を活用したり、投降者を再利用してあらたに特別工作隊を編成させるなど、あらゆる手法を用いてゲリラ投降工作を進めた。その詳細は、カンドン周辺における工作の繰り返しに近いのでここでは省く。結果もまた同様で、人見宣伝隊は多数の投降者を得ることに成功し、八月始めにはモンへ少尉が投降して、バタック、ラオアグ、ディングラス、バンナを連ねる四角地帯内にはこれをもって「敗残兵部隊は皆無」となった。投降者一二五名、帰順者二三名、捕虜一四名、重機関銃二、小銃五一、拳銃八六――などの成果を挙げ、八月一二日、人見宣伝隊は北部ルソンにおける宣伝工作を終了したのである〔同上、四七四―四七五頁〕。宣伝隊は、奈良兵団長から非戦闘部隊には異例の賞詞を授与された。人見の工作は非常な成功例として軍から高く評価されたのである。今日出海は『比島従軍』のなかで次のように語っている。

私の班に人見中尉という若い将校がいて、温厚な人柄はよく頑固な地方の町長や村長を説得して、巧みに荒廃した部落を復興させる不思議な力を持っていた。また敗残兵との遭遇戦にも素人の宣伝班員を督励して、寡兵で戦い、首領を捕縛したり、やさしい顔立に似ず剛毅な武人の一面を色濃く持っている人で、軍司令官から個人感状を頂いた宣撫工作の専門家とでもいうべき将校がいたことは、宣伝班の地方工作に異常な成績を上げ得た所以であろう〔今一九四四、二一七頁〕。

今日出海が、どの程度その「不思議な力」の秘密を知っていたかは明らかではない。人見宣伝隊は、「親善使節」らしからぬ強面《こわもて》の「積極宣伝」と並行して「様子見」の勧めを説き、またそれだからこそ「成功」した。人見宣伝隊は「どんな投降者も一人も殺さずに、一応の事情聴取を終えると、約束通りすぐ釈放した」〔人見一九九四、五一二頁〕。しかしその工作が「成功」したのは、一方で日本軍による容赦のない実力行使があり、ゲリラ活動の「損」と「様子見」の「得」を人見宣伝隊が説き得る状況が存在していたからであった。コレヒドール陥落後の当時、北部ルソンの日本軍守備隊は増強されつつあり、人見宣伝隊は、少なくとも局地的には日本の軍事的優位が確立しているというメッセージをゲリラ側に伝えることができたのである。

もちろん人見宣伝隊の「成功」は、占領初期の、ごく限られた局面・地方における一時的な安定を意味するものに過ぎなかった。イロコス地方の工作終了にあたり人見が提出した「状況報告」(一九四二年八月九日)は、投降工作が表面的には進展しているにもかかわらず、一般民の対日感情はきわめて悪く、「目下強力なる日本軍の強圧により此等の(反日)思想は表面より影を没して」いるが、実際にはきわめて憂慮すべき状態にあると認識していた。民情を探れば、一般民が日本軍を「比島の侵略者」と捉えており、「我々の幸福なる生活を破壊」したものとして「呪咀《ママ》」していることが明らかだったからである。このような対日悪感情の要因として人見は、まず「失業者の激増」と「生活難の深刻化」すなわち民生問題を指摘している。続けて人見は「日本軍の婦女子暴行」が「極めて熾烈《しれつ》」という敵宣伝が大きな効果を収めていること(その虚実に報告は触れていない)、日本軍密偵・軍政下警察官と称して強盗・窃盗・殺人・強姦などの悪事を働く者がいること、日本軍が利用する協力者に対する政党的反感・個人的怨恨が対日感情悪化の要因となっていることなどを列挙している〔同上、四七一―四七四頁〕。いずれにせよ、このように対日悪感情が支配している状況では、ひとたび日本軍の「武威」が揺らげば、他に何も与えることのできない日本軍の支配の崩壊を食い止めることは難しかったであろうことが報告からは浮かび上がるのである。

日本人の「語り・回想」を紡ぐ本書では、人見の工作が「成功」したあとのイロコス地方戦史を深く追うことはしない。ひとことだけつけ加えれば、この地方ではとりわけ対日協力者の粛清をめぐってユサフェ・ゲリラ内部で深刻な抗争が発生し、とくに北イロコス州では対日協力政府の警察軍や日本軍警備隊も巻き込んで一九四四年末に流血と混乱が深刻化した。この間に強硬派とされるジョージ・バーネット中尉やジョン・オデイ中尉の関与が疑われる残虐行為事件も発生している。しかし、このような抗争を経ながらも、イロコス地方のユサフェ・ゲリラは日本軍を圧倒する存在に成長し、一九四五年二月には北イロコス州の州都ラオアグを自力で解放し、敗走する日本軍を追撃して、同年六月のベサン峠の戦いをもって南北イロコス、アブラのイロコス地方三州から日本軍を独力で排除する快挙を成し遂げた。その栄光の歴史の陰に、「ゲリラによる残虐行為」の記憶は封じ込められていった。こうした内部対立の流血化のひとつの重要な背景として、人見宣伝隊も含めて日本軍が同地に持ち込んだ「武威」の論理が、政治抗争の暴力化を促進した責任は免れないと思われる［中野一九九六］。

パナイ島における「失敗」

次に、一九四二年一〇月、人見にとって最後の地方工作地となったパナイ島に目を転じよう。同地に関する人見資料は、断片的ながら「民情報告」や「敵側書簡」の翻訳などが残されている。パナイ島で対ゲリラ戦指揮・情報収集にあたった熊井敏美《としみ》の回想録も「相手を倒さなければこちらがやられるという苛烈な極限状況」［熊井一九七七、四頁］を冷静にふり返った貴重な記録である。それらが語るのは、日本軍が守勢に立たされ、人見流の「様子見」の勧めがほとんど役に立たなくなっていた状況である。

パナイ島は、一九四二年四月一六日に日本軍が同島主要三都市のイロイロ、サンホセ、カピスの三方面から上陸した時点では無血占領に近かったが、まもなくフィリピンでも最も強力で攻撃的なゲリラ活動で知られるようになった。パナイ島とりわけイロイロ州は、戦前、対岸のネグロス島で生産された砂糖の米国輸出の拠点でもあり、経済利害から言っても「親米」的傾向が強かった。コレヒドール要塞陥落にともない降伏したのは、同島守備隊（第六一師団）八〇〇〇名のうち米国人将校全員（三〇名）を含む約一〇〇〇名に過ぎず、六月にはマカリオ・ペラルタ中佐を中心に約二〇〇〇名規模の「自由パナイゲリラ部隊」が結成され、まもなくその規模は約八〇〇〇名にまで拡大して、一一月はじめにはマッカーサー司令部と無線連絡を回復した。また、イロイロ州前知事トマス・コンフェソールも、一九四二年三月はじめにマニラを脱出して島に戻り抵抗運動を組織した。その後ペラルタにはコンフェソールの政敵ホセ・スルエタ下院議員派が加わり、両者は戦前の政争を引き継ぐ内部対立を抱えながら、強力なゲリラ組織を構築していった。日本軍守備隊兵力が一九四三年三月の時点で（推定）五五八〇名に対して、同年六月の時点でゲリラ側は一万五〇〇〇名近くにのぼった［Manikan 1977, 317–318］。日本軍がパナイ島南部で常時確保し得た地域は、カピス・イロイロ両市とその近郊、アンティケ銅山と州都サンホセなど、まさに点と線の支配にとどまった。移動の安全確保には装甲車が必要な状況であった［熊井一九七七］。

民心の離反も著しかった。この点について人見は「パナイ島アンチケ州サンホセ付近一般民情に就て」(一九四二年一二月二〇日)と題した報告を送っている。同報告は、占領当初は安定していたサンホセの治安が八月中旬から急速に悪化した原因として、まず、七月下旬から行われた投降工作で投降して武器弾薬を返納・帰宅を許されていた約二〇〇名のフィリピン人将兵を、八月五日、訓示を行うとして集合させたのち予告なくイロイロ市の捕虜収容所に送った事件をあげる。この「だまし討ち」は大きな対日不信を呼んだだけでなく、虐待や処刑についての流言も行われて「一般人民に与えたる打撃深刻なるものあり敵側逆宣伝の好餌」となっていると人見は報告書で述べている。

さらに人見は、同州アンティケ銅山で銅の採掘を軍に命じられた石原産業による「労働者の取扱上の不適切」を指摘した。ゲリラの宣伝・威嚇によって労働力を確保できないことから労働者の強制徴発が行われており、場合によっては拳銃による脅迫で「拉致同様に」引っ張って来られて労働に服させられているというのだ。さらに「下級日本人」が殴打・暴行・平手打ち、虐待、肉野菜の略奪などによって労働者の反発・逃亡を招いて労働力を不足させる悪循環に陥っていることも指摘する。こうした状況のなかでゲリラ勢力は、「親日比人の拉致虐殺」「強制立退の命令」「募兵徴兵宣伝」などにより「遂に対日戦意の完全なる醸成に成功し一般民衆をして密に敗残兵に協力せしめ(中略)治安は完全に悪化する」に到ったと報告は述べている〔渡集団編一九九六、上、四八五—四八九頁〕。

このような状況の中で、人見は依然として「様子見」の勧めを説き続けていた。

一九四三年一月、大本営(陸軍省)報道部がフィリピンに送り込んだ女流作家の阿部艶子《つやこ》(一九一二生)と川上喜久子(一九〇四生)が、萱原宏一らとともに、地方見学と称してイロイロ市近郊のサンミゲルで工作中の人見を訪ねて来ることになった。人見は大いに慌てた。

日本では、「今度の戦争の意義はこうだ」なんて、やいやい言うてるころですからね。現地で、「こないしたほうが得だから、日本軍に反攻したらこんなとばっちりがきて損だから、こんなことはしないほうがいいよ」、というような幼稚な話ばかり毎日しているというのだったら、あの人らは何の宣伝をしていると、むちゃむちゃに言われるだろう（中略）それで私は前の晩から、通訳の人に、「明日はいつもと違ってたいへんむずかしいことを言うけれども、君が、民衆に言うことはいつも通り言うてくれ、そして、私の言うことはぜんぜん無視してやってくれたらよい」といって、私はもっともらしく、その大本営の人に分かるようなことを言う、通訳の人は、いつも言うているように、「おまえらはこうしたほうが得だよ」と、冷や汗流しながら、やりました〔人見一九九四、五〇六頁〕。

一年前にバタンガス州リパで望月重信と通訳のフリオ・ルスが行ったのとまったく同じことを、今度は意図的に演じてみせたわけだ。阿部艶子の手記に、人見はH中尉の仮名で描かれている。阿部が人見の一計に気がついた様子は記されていない〔阿部一九四四、一七二―一七八頁〕。熊井の戦後の回想録でも、人見の宣伝内容には気がついていなかったようである〔熊井一九七七、五五頁〕。

人見が芝居を打ってまで隠そうとした「様子見」の勧めも、パナイ島工作では効果をあげた様子がない。人見資料には「敵側書簡」として、アンティケ州のユサフェ・ゲリラ司令官バレンティン・グラスパリル大尉が対日協力政府の州知事トビヤス・フォルニエールに宛てた書簡（一九四二年一二月二九日付）が翻訳されている。そこでグラスパリルは「サンホセ、シバロン、サンデメギオバチゴン等に於て無辜の住民の惨殺されしを貴殿は知らざるか」と日本軍による残虐行為を列挙して、日本軍は州民の「自由感と安全感を裏切った」と非難している。そして「この吾等の反抗の故に日本軍の昔日の乱暴を続くること不可能となり吾等の民衆は或程度の自由と安全を再収得することになった」と述べる。「様子見」するのではなく、むしろ積極的に抗日活動を強化してゲリラ側の報復力を示すことで日本軍の暴虐を抑止できているのだという、ゲリラ側の自信がそこには示されている。「吾等は一度は欺された併し二度と欺されぬつもり」と述べ徹底抗戦の意志を強調した彼の言葉には、初期にある程度「成功」した「宥和」政策が破綻したことが表れている。もはや、大人しくしているほうが得だという「様子見」の勧めはまったく通用しなかったのである〔渡集団編一九九六、五三五—五三七頁〕。

一九四三年二月一四日、前線視察に訪れた比島派遣第一四軍司令官・田中静壱《しずいち》の一行は、イロイロ州ハニワイ付近でゲリラに襲撃され、危うく難を逃れた。パナイ島ゲリラの実力を日本軍が思い知らされた瞬間であった〔熊井一九七七、五四—五八頁。堀田一九九四、四一三頁。人見一九九四、五一四頁〕。この事件後、一九四三年三月二日付の軍司令部宛「情況報告」で人見は「一般民衆に対する圧力は圧倒的に敵側が優勢」であり、もはや「武力をともなわざる徒らなる口頭の宣伝は何ら価値なし」と断じて、宣伝隊にも兵力を配置するよう求めた〔渡集団編一九九六、五七六頁〕。このとき人見は、あと一歩で「討伐」の泥沼に踏み込む危険な場所に到っていた。

一九四三年五月、人見はパナイ島での宣伝隊長の任務を解かれた。ゲリラ工作が難航するなか、一九四三年一月に到着した独立歩兵第一七〇大隊・戸塚良一中佐の命令に従って、民衆をゲリラの拠点から分離するいわゆる「集団部落」工作への村人の同意をとりつける仕事をしていたときのことであった。ゲリラの糧道を断つこの戦術は古今東西でしばしば試みられ、日本も日中戦争で行ってきた。戸塚はその経験者であった。ところが人見は突然マニラの軍司令部から、軍の偵察機に同乗してただちに出頭せよと命じられた。宇都宮直賢参謀副長からの直々の呼び出しであった。一中尉をわざわざ呼び出したことに不審を覚えながら出頭した人見に向かって宇都宮は「おまえ、パナイ島で集団部落をやっているだろう」と言い、「支那大陸でも失敗ずみ」で「効果はないし、民衆の反感を買うばかりだ」とその中止を命じた。気負い込んで戸塚部隊に協力してきた人見は、宇都宮に向かってゲリラの糧道遮断の必要性を一生懸命説明しようとするあまり、つい口が滑って「閣下は、マニラにいらっしゃって現地のことをご存じないからそんなことをおっしゃるのです。現地の状況はそれどころではありませんと言い返してしまった。一下級将校が上官それも参謀副長に「口が裂けても言ってはいけないこと」を言ってしまい人見は「大雷が落ちるぞと思って、首をすくめた」。が、宇都宮はニコッと笑って「おまえがそうムキになるのは、それは若気の至りというもんだよ。おまえは当分マニラで頭を冷やせ」とパナイ島の任務を解いたのだという［人見一九九四、五一九―五二〇頁］。

この出来事の背景は明らかではない。宇都宮は、すでに触れたように、比島派遣軍最高幹部のひとりとして対日協力政府を構成する既成の政治エリートと日本軍の協調関係維持に腐心した宥和論者であった。対日協力政府のイロイロ州知事フェルミン・カラムは、ゲリラ指導者コンフェソール前知事の政治的盟友であったから、コンフェソールの意を受けてカラムが日本軍に「集団部落」工作に対する苦情を申し立てた可能性もある。いずれにしても、ここでは人見がゲリラ戦専門家として戸塚とともに「集団部落」工作を強行しようとしたのに対して、宇都宮がむしろフィリピン側との宥和を優先して中止を命じたことになる。軍司令部に対して人見は自らが地方宣伝で説いた「宥和論」をひた隠しに隠したが、実は軍司令部にも政治エリートとの協調維持をはかるために無用の摩擦を避けたい軍司令部流の「宥和論」が存在していたことを、このとき人見は知らされたわけである。

更迭されたことは人見を救った。このあと、河野毅中将が「抜」兵団長としてパナイに赴任した直後の一九四三年七月初旬に始まったゲリラ討伐作戦は、ゲリラだけでなく非武装の民衆を対象として要路の町や村を襲い、老若男女を問わない無差別の殺戮へ発展したからである。熊井敏美は回想録に自身の経験として、満州事変・日中戦争歴戦のベテランで討伐作戦の先頭に立っていた、ある陸軍大尉の姿を記している。村の取り調べ中に熊井を襲おうとして撃たれた男の首を即座に切った陸軍大尉は、なおも「男の家族がいるはずだ」と住民を脅し、恐怖に青ざめた住民が若い女を指さすと、「今後のこともある。見せしめのために殺せ」と怒鳴り、一人の兵が、泣き叫ぶ女と一緒にいた子供三人の首を、あっという間に切り落としてしまったという[熊井一九七七、八四—八五頁]。

パナイ島ゲリラは、これら残虐行為の被害事実を発生当時から詳細に記録していた。その報告によれば、一九四四年九月一一日までの時点で日本軍の「残虐行為による民間人犠牲者」は少なくとも全島で四六五三名(イロイロ州三〇二五名、アンティケ州三五八名、カピス州一二七〇名)にのぼった[(3)]。宥和の完全な破産のあとに訪れたこの残虐行為をともなう軍事的弾圧は、一時期、ゲリラ側に「戦術的降伏」を迫り、攻撃を自制させる「成功」をおさめた。しかしゲリラの被害自体は死亡者一三八〇名と最小限に抑えられ[Manikan 1977, 733]、むしろ一九四三年四月から翌四四年一二月まで七回にわたる米潜水艦の物資補給によってゲリラの戦力は着々と強化された。同年後半に反転攻勢に出たゲリラは、一〇月の米軍レイテ島上陸前後までに日本軍を再びイロイロ、サンホセ、カピスに封じ込め、翌一九四五年三月末には三市とも解放して、日本軍は内陸の山地に逃れた(同年九月に降伏)。戦後、同島守備隊の日本軍関係者に対して行われた戦犯追及は素早く徹底したもので、指揮責任を問われた河野兵団長、戸塚部隊長をはじめ一一名が処刑されたのである[茶園編一九八六、一六四―一七二頁]。

現実に裏切られたリアリズム

「様子見」の勧めは、満州で抗日ゲリラとの戦いを経験してきた人見の軍事的リアリズムから生まれた「宥和」の論理であった。人見はそれが日本軍の「武威」と結びつき、さらに民生の安定と軍紀が保たれる限りにおいて有効であることを誰よりも痛感していた。だとすれば、人見の軍人としてのリアリズムは、占領下フィリピンの現実によって裏切られる運命にあったことになる。

現場の宣伝工作隊長であった人見は、大本営の機密文書であった「比島処理方策案」を読んでいたわけではなかった。しかし、人見が「芝居」をしてまで上層部に知られまいとした「様子見」の勧めは、実は――「米軍の根拠地覆滅」を優先してフィリピンには「帝国に反抗せざる政府」があれば足りるとした――「比島処理方策案」の方針によく応えるものだったと言うことができる。また、理念の押しつけをともなわない宥和論は、被占領者にとっても、さしあたり唯一受け入れ可能な論理であった。だから人見が「様子見」の勧めを説いてゲリラ工作を行っていたとき、彼は、日比双方が受け入れ可能な一時休戦の「黙契」をとり結ぶ仕事をしていたと言うこともできる。

「黙契」を維持するためには、まず何よりも被占領者が受忍できる程度に民生の安定が必要であった。しかし、繰り返すまでもなく民生の軽視は日本の東南アジア占領体制の本質そのものであった。人見は、占領後半期に米軍が、抗日の大義だけでなく、戦後に米軍人としての未払い給与の支払いや将来の年金まで約束して正規軍ゲリラへの登録を呼びかけ、ユサフェ・ゲリラへの登録が殺到・急増した経緯を「宣伝戦の敗北」として次のようにふり返る。

これはもうこの宣伝戦で負けたと思ったのは、（中略）そういう宣伝をバーッと全比島に展開しはじめたわけです。（中略）日本軍は占領しても、民衆に対して生活を保障する就職の場を全然与えてやることができなかった。だから、それらの人が全部いわば失業者になってしまっていて、生活に困るわけです。（中略）占領ということはできても、民衆に対して生活の道を与えることができなければどうにもならんな、これは。これはいかに宣伝しても、宣伝では解決できる問題ではないということで、アメリカのそういう宣伝がはじまったときに、私個人は非常に敗北感を味わいました。とてもかなわなかった［人見一九九四、五二七―五二八頁］。

このように民生の安定を欠いた状態で「黙契」を維持しようとすれば、被占領者に武装抵抗の無謀を自覚させるほどに日本の圧倒的な軍事的優勢が必要であり、さらに被占領者に命を賭けた復讐の怨念を抱かせないために軍紀の維持が必要であった。しかし、日本占領下フィリピンの現実はそのいずれも、時間の経過とともに維持することができなくなった。軍事的優勢も、それが圧倒的であった時期の北部ルソンでは「武威」に依存した「宥和」を構築することがある程度は可能であった。しかし拡大する抗日組織が米軍からの補給で強化されたパナイ島では、軍事的優勢は早くも一九四三年を通じて失われ、「宥和」の論理は被占領者の側から否定された。その結果、「圧制」を維持するために日本軍はゲリラ討伐と民間人虐殺という最大限の実力行使に追い込まれたのである。そして、手段としての圧制が正当化される状況において、軍紀を実力行使と両立させることは至難の業であった。

南方各地への出張を通じて、軍事的植民地主義の欲望を実現する実力を日本が欠いていた現実を目の当たりにした榊原政春、そしてフィリピンの地方宣伝行脚《あんぎゃ》を通じて、日本が被占領者に押しつけた「宥和と圧制」の論理の破綻という現実に直面した人見潤介の「語り・回想」からは、国力の限界を超えた戦争と占領が日本帝国を揺さぶりやがて解体していく予兆が浮かび上がる。しかし、問題はそれだけであろうか。東南アジア占領をめぐる日本人の「語り・回想」から浮かび上がるもうひとつの、ある意味ではもっと致命的な問題がある。国力だけではない、日本人というヒトの限界である。

3　自省の契機

「戦場」ビルマ

榊原政春は、一九四二年一〇月から一一月まで一時帰国した。一〇月七日、熊本の飛行場に降り立った榊原は、「懐かしい農村の中を四、五十分」熊本市内に自動車で向かいつつ、東南アジア植民地に欧米がつくりあげたインフラストラクチャーと日本のそれを比較せずにはいられなかった。

道は実に悪い。日本の道路の悪いのは世界で有名だと聞いていたが、今南方のペーブされた道路から帰った僕には一入《ひとしお》感ずる。しかも小さな古ぼけた自動車が走って行く。確かにこれを見た外国人には、今日のタンクや軍艦が進んで行く日本の姿は解らないだろう（一九四二年一〇月七日）。

このあと榊原は一二月末にシンガポールの南方軍総司令部に帰任した。翌一九四三年四月、召集の解除が決まった榊原は、残された未訪問の占領地ビルマを視察旅行してから帰国することにした。バモオ一行に同行して、四月一四日、シンガポールから空路ラングーンに入った榊原の第一印象は「とにかくビルマはまだまだ戦場だ」ということであった。ラングーンも頻繁に爆撃を受けており、宿舎の「敷島旅館」の前には防空壕が並び、街の中央寄りにある一流ホテルは「空襲の中心地であるために誰も宿舎に行くのを好まない」という状況であった(四月一五日)。

実際にはビルマは「まだまだ戦場だ」というよりも、一九四三年一月以降、連合国による空襲が日を追うごとに強まっていたのであった。一九四三年三月末にビルマ勤務を終えて帰国の途についた桑野福次はその様子を日記に記録している。ラングーンでは連日のようにひっきりなしに空襲警報のサイレンが鳴り響き、そのたびに防空壕に待避するので仕事が手につかず、二月に入るとラングーン市街地も連日のように空襲・破壊されるようになった。人心は動揺して日本の商会が雇う「苦力」も逃げて半減してしまった。米・塩・衣料品などの不足から拡がる「人心不安と民情不穏」で「ほとんどビルマ全域に不平不満が満ちてきた」「六、七月頃心配していた状態が早くも迫ってきた」と桑野は記している[桑野一九八八、二六八―二九三頁]。フィリピンとは対照的に民衆に歓呼して迎えられたと日本人が感じたビルマでも、情勢は急速に悪化していたのである。

このようにビルマが「戦場」化するなかで、榊原は、一九四三年四月一六日、ラングーンから地方視察に向けて出発した。まず、トングー(タウングー)の町まで北上した榊原は、東に山を分け入り、「連山重畳」の「大シャン高原」カレン人居住地域に入った。タングステン・錫鉱山のモーチ(マウチ)鉱山視察が目的である。ここで榊原は、日本軍の中隊長と小隊長が「付近の娘」を強姦したために、地元住民が日本軍への信頼を失い、復帰が大幅に遅れたという事実を書き記している(四月一八日)。さらに榊原は「坦々たる高原地帯を」米どころのロイコーからタウンジーへと北上した。榊原は「日本人に朝鮮人以上に似ているし、また好意的」で「正直率直」なシャン人に親しみを感じ、かねて議論されていたシャン州の日本領土化と日本人の集団移民の可能性を記している(四月一九日)。そこからさらに北上したシーポーで榊原が見学した、桐油のための一五〇〇エーカーの広大な農園では、栽培経験のない二〇歳の日本人青年がひとりで委託経営の管理にあたっていた。この様子に榊原は「日本の飛躍的発展の前には追従し得ざる幾多の苦悩がある」と人材不足を嘆いている(四月二一日)。このあとラシオ(ラーショー)を経て、四月二二日、榊原は今回の視察の最大の目的地である世界有数のボードウィン鉱山にたどり着いた。ビルマ語で「銀の山」という意味である。

ボードウィン鉱山の経営は、三井鉱山を主体とし、銅の精錬部門に日本鉱業を参加させ、全体としては異例の軍直営という形をとっていた。それは委託経営の激しい受注競争に中央が「業者の決定をなし兼ね」た結果であった。榊原は「この大戦争の中、未だ利権屋の横行激しいかと思うとなさけなくなる」と記している(一九四三年四月二二日)。その一方、ビルマの「戦場」的状況下では操業の再開もままならなかった。ボードウィンは埋蔵量三〇〇万トン・日産一五〇〇トンで含有量一六%の優秀な鉛鉱石で知られ、ニッケル、コバルト、銀、金も含有する優良な鉱山であった。しかし、運転再開まもない選鉱所も「爆撃でもされたらまた元のモクアミ」だし、復旧なお遠い精錬所も「復旧し、煙突から煙の出たところを爆撃されたらそれきり」だった。だから「当分選鉱だけに止めて」二万トンも貯鉱されている鉛の内地輸送を優先すべきであり、「とにかく空襲を前提として考えた施策でなければ実際的でない」というのが榊原の感想だった(四月二三日)。帰路に着いた榊原は、第一五軍司令部があるシャン高原の保養地メイミョウ(現ピン・ウー・ルウィン)、マンダレーを経て、「炎熱地獄のなか」イラワジ河沿いを南下してアランミョウにある東洋紡績系列の企業が委託経営する綿工場、対岸のタエトミョーのセメント工場を見学(四月二六日)、プロームを経て、翌二七日にラングーンに帰着した。

「南方統治は日本人から」

約二週間のビルマ滞在中、榊原は直接空襲されることはなかった。しかし「〔一九四三年四月〕二十三日ラングーンに十数機来襲。百二十発の爆弾投下とか。またマンダレーは毎日空襲されているらしい。今朝出発したボードウィンは十二時頃空襲され、選鉱所に数発の弾を落とされたらしい」(四月二四日)など、榊原は、前後に空襲の報が相次ぐありさまに、「戦場」ビルマを目の当たりにした。その思いも手伝ったのか、マラヤのペナンに戻ったとき目にした光景に、榊原は怒りを爆発させた。

このときペナンには、部隊二五〇〇名と軍政関係者六〇〇名ほどがビルマ行きの船便を待機中であった。船腹の不足でペナンに二カ月、三カ月と留まっているらしかった。これら滞留する日本人が「物資を買いあさる」さまを見て、日用雑貨類が次第に不足を告げるなか「日本人の買付を取り締まらずして日用物資の確保を計る事は全く不可能だ」と「経済人」としての眼を光らせた榊原日記は、日頃は温かい視線を送る「兵隊さん」にも厳しかった。

兵隊の大部は初年兵、ペナンの町の外出に、すっかり外国へでもやって来た気持ちになって、戦争へ行くなどと云う気持ちを忘れてしまっている。見るもの聞くもの奇しく、商店を荒らし廻ったり、氷水の立ち飲みしたり、そのざまは日本軍隊かと云いたくなる。これがビルマの第一線で働けるのか(一九四三年四月三〇日)。

そして、兵隊が兵舎に泊まる一方で将校が——榊原自身も休憩をとった——ペナン・ホテルで優雅に毎日を過ごしているのを見て、榊原は激怒した。「生死を共にする仲間が(中略)天と地との差異の差別待遇を受けて良いものだろうか。こう云う将校の下に於て、兵隊は喜んで死ぬ事が出来るだろうか」。そして初年兵の堕落ぶりもまた「そんな良心もない指揮官だからこそ、こんなざまに落ち入るのだ。貴様等は死んでしまった方が良いのだ(中略)陛下の御前に切腹しても貴様等の罪は許されないのだ。こう云う馬鹿な軍人がまだまだ多数存在するところに日本の悩みがあるのだ。軍人自身の自戒自粛を祈って止まない」(一九四三年四月三〇日)。自らが二等兵として入営直後に下士官から殴られ苛まれた記憶がよみがえったのかもしれない。

ビルマ出張に限らず、榊原日記をふり返ると、日を重ねるごとに日本人と日本軍に対する視線が厳しさを増していることに気がつく。インドネシアのジョクジャカルタでは、生活に困窮したオランダ人の娘たちを買春する将校たちが「三、四名酔っぱらって、オランダ人マダムを中心に引っぱりあって街を歩いて行く」光景に榊原は「これでは征服は出来るかも知れないが、治政は到底困難だ。敗戦国民蘭人に対する土人の敬意の方が日本人に対するより大きい有様だ」(一九四二年七月四日)と記している。

シンガポールでも榊原は怒りを募らせた。「最近進出しつつある日本人を見ると(中略)酒場、または慰安所の如きところにのみ入りびたり、その上酔っぱらいとなって大道を歩く(中略)軍人にしても外出者の酒飲、だらしない者多く、酒場に於て刀を抜くに至っては言語道断である」(八月二〇日)。「昭南で物価が上がる。その主なる原因の一つは日本人の買い込みだ。棉布、毛織物、靴等、これらの店に入っているものは日本人ばかり(中略)昭南の街にはもはや目ぼしいものは一つもない。日本人に与えた従来の教育は大体こんなものだ」(一九四二年九月二八日)。こうして到るところで繰り広げられる日本人の傍若無人ぶりを目撃し、日本人と見れば必ず「淫売に行く」と見る被占領者の視線を浴び、物欲に駆られて利権に走る日本人の姿に怒り絶望した榊原は、ある日の日記に「南方統治は日本人からと叫ばざるを得なくなる」と記したのであった(一九四二年九月二八日)。

醜い日本人

榊原日記に描かれた、酒色に溺れ、ものを買いあさる日本人――以下「醜い日本人」像と呼ぼう――は、東南アジア占領をめぐる日本人の「語り・回想」のなかに、実は頻繁に見いだすことができるものだ。それらは、慰安所や強姦などの性暴力の問題とともに、ある場合は厳しい批判や呪詛・自省をともない、ある場合は全く無批判・無意識のうちに、人々によって記録され、回想されてきた。

今日出海が戦後(一九五〇年)発表した短編「三木清に於ける人間の研究」もまた、そのような視点から読み直すことができる「語り・回想」のひとつである。この作品には、戦時中に出版された『比島従軍』[今一九四四]には記されなかった徴用員たちのマニラ生活の実態がほろ苦い筆致で回想されているからだ。日本人が「指導的立場を確保するためには人格と教養が大切である」(一九四二年八月二〇日)と語る榊原政春の場合、「醜い日本人」には自分は含まれていない。これに対して今日出海の戦時の描写には自省と自虐が感じられる。

戦後視点から書かれた「三木清に於ける人間の研究」は、マニラ占領(一九四二年一月)直後の宣伝班の混乱ぶりを苦笑混じりに回想している。「編成そのものが出鱈目《でたらめ》で、また隊長や軍人が徴用員をどう使ってよいかまるで見当もつかず(中略)本部に行っても仕事らしい仕事は与えられよう筈がなかった」。そのなかで今は「何も知らぬ軍人に相談しても要領を得るわけはないと始めから自分で自分の仕事を決めて、それを独りで実行していた」〔今一九五〇、三六頁〕。それが映画館の再開事業であったことは、『比島従軍』にくわしく記されている。そしてひとたび宣伝班の本部に戻ってみれば、「蜂の巣を突いたように紛然混然として、人々は悉くが不平だった」〔同上、三六頁〕。そのように「既に人員が過剰で、人の和がとれていないところ」〔同上、三七頁〕に、一九四二年三月初め、宣伝班に東京から第二次の徴用員が到着した。今のそれほど親しくはないが知人であった三木清もそのひとりであった。西田幾多郎、ハイデッガーに学び、唯物論の哲学を追究する三木清は、その作品が広く読まれる高名な哲学者・評論家であり、南方派遣軍に徴用された文化人のなかでも筆頭格の大物と言ってよかった。

『比島従軍』では「第二次徴員の到着は(中略)事実活気を与えた。人数が急に倍になったので、食堂なども賑やかだ」〔今一九四四、二二六頁〕とその歓迎ぶりを記した今であったが、戦後(一九五〇年)の「語り・回想」では、快適なベイビュー・ホテルを宿舎とする第一陣が第二陣用の宿舎の確保を怠っために、第二次徴用員が当初、筋向かいにある「華僑の経営する淫売宿」に投宿せざるを得ず、これをきっかけに両者の間で激しい陰湿な対立のあったことが記されている。実はこのとき、三木清は、到着時に日本軍のトラック同士で起こした交通事故で軽い裂傷を負い一時入院していた。そして退院すると、第二陣の代表のたっての願いで、三木だけは別格としてベイビュー・ホテルの部屋を与えられたという〔今一九五〇、三九頁〕。作品はこのあと、三木清の複雑怪奇な人間性に宣伝班員たちが翻弄され、今日出海も唖然とすること度々であったことが種々のエピソードで語られていく。交通事故による入院先で見舞いに訪れた今に向かって「三木清をこんな目に遭わせ」た軍を罵倒したかと思えば、後日小心に口止めをする姿。女は信用できない、「あれァ道具だよ」と言い、性欲処理に手淫の効用を得々として語るかと思えば、「孤独と猜疑と嫉妬に狂って」人を陥れようとする姿。

それから三年後の一九四五年三月、三木清は友人の共産主義者・高倉テルを東京の自宅に匿《かくま》ったかどで治安維持法により逮捕され、釈放されないまま敗戦後の九月に豊多摩刑務所内の拘置所で獄死した。この事件を大きなきっかけに、戦後、三木清は悲劇と抵抗の哲学者としてなかば聖人視されるようになった。そのなかで一九五〇年に発表された今日出海の短編は、三木清をめぐる衝撃的な暴露小説として注目を集めた。しかし、この短編が露悪的に描いているのは三木清ばかりではない。自分も含めた徴用員たちのマニラでの懶惰な生活ぶりであり、酒色と買い物に溺れる様子である。

尾崎士郎は「どこが悪いの、そこが痛いのと云って」ほとんど出勤せず終日ホテルのベッドに寝そべっていた。酒を一滴も飲まない石坂洋次郎は早寝早起き・早朝散歩を日課にしてやはり昼間は部屋で静養していた。実際のところ「出勤しても用がなかったことも事実で」みな「暑熱と戦うだけで精一杯」だったという〔同上、三六頁〕。夜になると元気になる尾崎は、酒杯を手にせずにはいられず、働き者の今がホテルに戻るのを待ちかまえて、毎晩、連れだって「伊太利亜料理にしようか、それとも西班牙《スペイン》にする？　中華でもいいぞ」と食べ歩く。尾崎を部屋に帰してから今は「性生活の不均衡」から来るストレスを発散させるために「悪友と青楼に登ること度々」であった。一方、身体が弱く「青楼」に登らぬ石坂洋次郎はと言えば、買い物だけが「心のはけ口」で「何の役にも立たぬ仏蘭西人形を五〇円も出して枕許に」飾っていた。このような宣伝班の酒色と買い物に溺れた堕落ぶりを、三木清はとある日の会議で痛罵して、後ろめたい今に「穴あらば入りたい」気持ちにさせた。ところがその三木清自身も、トランクふたつ一杯に「夥しい棉布の山」と「毛糸の大変な塊」を詰め込んでいた。「君も買物党とは思わなかったね」という今に対して、三木は衣料品不足の折に綿布や毛糸を買う効用を「卑屈」な表情で説いたと作品は語っている〔同上、四四―四六頁〕。

もちろん文化人たちが聖人君子であるはずがなく、三木清が「サヴォナローラのような大演説」〔同上、四五頁〕で糾弾した宣伝班員たちの享楽は、強いられた不条理な徴用生活の無為を慰めようとする人間的な反応でもあった。ただこのような「語り・回想」に描かれた「醜い日本人」像は、全体として見れば、官民の大量進出が占領地の民生の破綻につながることを榊原が懸念したように、被占領地との関係ではまったくの略奪的な――モノと性の――消費者に過ぎない、軍人・進出邦人を含めた日本人全体の「余計者」としての存在を際だたせるありさまであったということは指摘できる。

ビルマ赴任途上の経由地フィリピンを訪れた桑野福次は、この「消費する余計者」としての日本人の姿について「経済人」らしい興味深い観察を記録している。あのサンフェルナンドで「異様な光景」を目撃した二日後（一九四二年五月七日）、桑野はマニラのアベニダ・リサール街の日系百貨店「日本バザール」を訪れた。「白ポプリン〔平織りの綿織物〕二〇ヤード、カーキドリル〔カーキ色の綿綾織物〕一〇ヤードを始め、子供の靴下、長靴など買い込んで大きな荷物になる。とに角商品が豊富だから、あれも欲しいこれも欲しいと買いたくなる（中略）内地で純棉ものなどなくなって、いかさまものを高く買わされた自分達には、繊維品が実に安いと感じる」〔桑野一九八八、五七―五八頁〕。三木清と同じ感想である。棉花輸入の激減で綿製品の枯渇した日本から来た彼らには、輸入綿製品のストックがならぶフィリピンの店頭はまぶしかった。桑野はこのとき軍票（ペソ）で買っている。軍票は旧来のペソ紙幣とならんで流通しており、しかも戦前の一ペソ＝二円が等価（一円）と設定されているので、物価騰貴が起こる以前は円換算では半値でものが買えたので、一層安く感じたのである。だが、そのわずか一一日後（五月一八日）の日記に桑野は次のように記している。

　町の店の品が減って来たようだ。着いた頃に比べて高くなった物も少なくないようだ。前からマニラに住んでいる人の話では、戦前に比べて、煙草でも酒類でも何でも倍以上になっており、ミルクの如きは十倍以上だという。バターの無くなったホテルもあるという。ストックが無くなったら、もうそれ以上は入って来ないのだから（中略）軍票のインフレは、数ヶ月後には免れぬと思われる。同一現象が占領中の南方各地で起こってくる。これをどう解決するか〔同上、六六頁〕。

ここで紹介した「醜い日本人」像は、さしあたり日本人による日本人批判として語られている。その一方、ここではまだ「他者」の存在は本当の意味では意識されていない。もちろん「醜い」と感じるのは、それが被占領者から見たときに醜悪であろうという想像を含んではいる。しかし、具体的に

「他者」との対話から生まれた「語り・回想」ではない。

しかしやがて日本人は被占領者としての「他者」と向かい合わざるを得なくなっていく。そこから東南アジア占領は、いよいよ日本と日本人の戦後に開かれた「学びの場」としての意味を帯びていくことにもなる。次章では、被占領地のナショナリズム・政治主体との遭遇を通じて経験していくことになる「戦争の政治」を検討する。さらに第五章では、占領に関わった日本人のさまざまな歴史経験をめぐる「語り・回想」から東南アジア占領が日本人の「学びの場」としてもった意味を考えていくことにしよう。

第四章
「独立」と独立のあいだ

夕刊
朝日新聞
大東亞共同宣言中外に闡明
大東亞會議第二日滿場一致採擇
共同の目標五大原則
不滅の大東亞を建設
世界史畫す、十億の總意
大東亞共同宣言
大東亞共同宣言採擇の厳粛な一瞬

大東亜会議を報じる『朝日新聞』（1943年11月6日夕刊）

大東亜会議でフィリピンの主権を主張するラウレル大統領（『FRONT』14号（フィリピン号）1944年）

1　「独立」付与をめぐる相克

「踊る政治・下る戦力」

一九四二年一二月五日。

「大東亜戦争」開戦一周年を目前に控えたこの日の深夜、陸軍参謀次長の官舎で田中新一作戦部長は激昂して陸軍省軍務局長の佐藤賢了に殴りかかった。二人のあいだで「鉄拳」が飛び交ったことが『機密戦争日誌』には記されている。田中作戦部長と言えば、前年(一九四一年)六月に――軍務局戦備課の「物的国力判断」の結論を受けて武力南進慎重論に傾いた――戦争指導班が起案した「対南方施策要綱」に猛然と反対して、戦争指導班長の有末次大佐を「腕力と暴力」に訴えて屈服させた人物である。このときは田中とともに好機南進論を推進した佐藤賢了が、今度は田中の相手になった。佐藤の戦後(一九七五年)の回想によれば、酒が回っていた田中は刀を抜こうとし、誰かがそれを止めるといきなり佐藤を殴った。佐藤は三発殴り返したという[佐藤一九八五、三一五―三一六頁]。

このとき、消耗戦が続くガダルカナル島に向かう日本軍の輸送船団は次々と米潜水艦に攻撃されて沈められており、陸軍参謀本部はその損害を補塡するために、民間船舶の増徴(借り上げの積み増し)を求めていた。これに対して陸軍省軍務局は、これ以上の増徴は国内の生産力を奪い軍需生産が損なわれることになるとして反対した。一二月五日の閣議では陸軍省の意見が通り、一九四三年一月から三月の陸軍船舶の「損耗補塡」について、参謀本部要求の半分(八万五〇〇〇トン)しか認めなかった。そればかりか、四月以降は一八万トンの船舶を民間に戻す「解傭《かいよう》」を決めた。田中は作戦部長として、ガダルカナル撤退を不可避にするこの決定を統帥(作戦)への干渉であるとして激怒したのである。翌日(一二月六日)、田中は陸軍大臣を兼務する東條英機首相ら陸軍省幹部に面会して翻意を求めたが拒まれた。このとき東條らに向かって「この馬鹿野郎!」と面罵した末に田中が作戦部長を更迭されたのは、戦争の曲がり角を象徴するエピソードとしてよく知られている〔種村一九五二、一四〇頁〕。一二月三一日、御前会議はガダルカナル島からの撤退を正式に決定した。

戦争指導班員・種村佐孝の回顧録『大本営機密日誌』は、ガダルカナル撤退決定の頃から一九四四年二月までを扱った第一四章を「踊る政治・下る戦力」と題している〔同上、一四三頁〕。日本が軍事的に守勢に追い込まれるに従って、政治的な打開をはかる思惑が戦争指導部のあいだで強まった状況をさした言葉である。その動きは、まず対中国政策から始まった。一九四二年一二月二一日の御前会議で決定された「大東亜戦争完遂の為の対支処理根本方針」である。南京国民政府・汪兆銘政権に対して、参戦と全面的な戦争協力を前提としながら、「政治力を強化」して「更新支那と一体」となって「戦争完遂に邁進」するために、租界の返還や治外法権の撤廃、経済政策における「日本側の独占」の抑制、「戦後」における駐兵権の放棄などの諸方針を打ち出すというものだった。開戦以来、英米・中国国民政府(重慶政権)と日本・南京国民政府の間で激しい宣伝戦が展開されるなかで、一九四二年八月の南京条約一〇〇周年を機に中国では不平等条約撤廃を求める機運が高まり、一〇月一〇日には英米両国政府が中国国民政府に対して治外法権の撤廃方針を声明するに至った〔馬二〇〇〇、一一八―一二四頁〕。このような情勢のなかで、のちに外相に就任して東條とともに大東亜会議を演出することになる駐華大使(南京国民政府に日本が派遣した大使)の重光葵(一八八七生)らが中心となって「新政策」に向けた説得工作を展開したことが、政府・軍部を動かしたのである。一一月以降、具体的な立案のイニシアティヴは参謀本部がとった〔波多野一九九六、七七―八八頁〕。

日本軍占領下の対日協力政府に対する「主権尊重」など、所詮はジェスチャーとはいえ、主観的には政策の大転換であった。種村の回想によれば、「対支処理根本方針」は、一九四二年一一月末、田中作戦部長が「今後の支那事変処理は、従来の因習を捨てて、思い切った政略施策に俟《ま》つより外はない、戦争に勝てば、後はどうにでもなる、戦争に負けたら、利権など持っていても何にもならぬ、要は戦争完遂のためには、支那四億の民心をわが方に引きつけねばならぬ」と号令をかけて検討が始まった。「東條総理も、これには大変な乗気」で、とんとん拍子に御前会議決定に到ったという〔種村一九五二、一四四頁〕。一二月二〇日には南京から汪兆銘が来日して参戦問題を協議、翌一九四三年一月一五日には参戦および共同宣言・協定の調印を世界に向けて大々的に宣伝する予定で準備が進められることになった。一九四二年一二月二四日には支那派遣軍各軍の参謀長が東京に集められ、新方針が伝えられた。同日付の『機密戦争日誌』には「対支根本方針は歴史的一線を画して転換期に入り其の実施の第一歩を踏み出したり」と記されている。このときの様子について種村は「頭を一八〇度切換えて直ちに諸施策の断行に協力せよ」と強い調子で訓示する東條や杉山元参謀総長を前に、「聞いたものは、今後どうなるのか、眼を白黒させたような次第であった」と回想する〔同上、一四五頁〕。

一方、並行して検討されてきた南方占領地の帰属問題についても、重要政策が決定された。「占領地帰属腹案」および「大東亜戦争完遂の為の緬甸《ビルマ》独立施策に関する件」(一九四三年一月一四日、大本営政府連絡会議決定)である。この決定で大本営・政府は、ビルマ行政府(軍政下の対日協力行政機構)発足一周年にあたる一九四三年八月一日を目途にビルマに「独立」を付与すること、フィリピンに対しても「協力の実を挙ぐるに於ては成るべく速かに」に独立させる方針を確認した。その一方、従来から「帝国領土」化の意図を内外に宣言していたマラヤ、シンガポールに加えてインドネシアをも領有する方向で検討が進み始めていたが、「過早に帝国の意図を決定」すると「漏洩」の恐れもあるとして、ひとまず決定は先送りされた〔参謀本部編一九六七、下、三四八―三五三頁〕。

開戦以来この決定に到るまでには、南方占領地「独立」とりわけビルマ「独立」問題をめぐって大本営、南方軍、各派遣軍さらには独立工作や宣伝班の関係者間で複雑で深刻な葛藤が生じていた。またこのあとも、悪化する戦局と絡み合いながら占領地をめぐる政治は激しく「踊り」続けることになる。そこからは被占領者という「他者」に揺さぶられ始めた日本帝国の姿が浮かび上がる。その経緯を、一九四二年を通じて「独立」の動きを牽制し続けたと語る南方軍参謀の石井秋穂、一九四三年を通じて「大東亜新政策」を打ち出したと語る外務大臣の重光葵、そして内閣総理大臣として「独立」付与政策を主導し、さらに大東亜会議を主宰してアジア諸国の首脳と「交渉」する立場におかれた東条英機の三人をめぐる「語り・回想」を中心に探っていくことにしよう。

「独立」宣伝の禁令

一九四二年三月二日の夕暮れどき。

上陸直後のジャワ派遣軍宣伝班一隊は、バタビア(ジャカルタ)西方バンタム州の州都セランの町に入った。桐の花に似たマデロンの芳香で「香ばしい空気の中を、無数のツバメが、ひらり、ひらり、と白い腹をひるがえしては滑空している」。そんなキラキラした風景のなか、宣伝班は家々の壁に「でかでか」とした字で「アジアは一つになれ――BERSATOELAH BANGSA ASIA!(1)」と書き出した。

ネシア人たちはその文句を見ると、拇指を私たちに向けて突き出し、「ヒドゥップ・ニッポン〔日本万歳〕!・」と、口々に叫ぶのだった。

――アジアは一つになれ!

このスローガンは、大東亜戦争に踏み切る当初には、確かに、いくぶん純粋だった〔町田一九六七、七六―七八頁〕。

ジャワ派遣軍宣伝班長の陸軍中佐・町田敬二が戦後(一九六七年)出版した、ユーモアと諧謔《かいぎゃく》に富んだ回顧録『戦う文化部隊』に描かれた光景である。続けて町田は、軍宣伝班が当初掲げた解放・聖戦のスローガンが大本営・派遣軍から「弾圧」された経緯を苦々しくふり返る。町田によれば、彼が上陸前に「参謀本部の関係者と話し合って了解した通念は、彼ら〔インドネシア人〕の民族自覚を高揚し、日本と提携してアジア解放に挺身させる」ということであった。そのために宣伝班は上陸第一声として「アジアは一つになれ!」という大スローガンを掲げ「「三亜主義」などという怪しげな運動を、おっ始めた」。それは「決してダマしたのではない。それに生き甲斐を感じて、私も熱中したのである」。ところが、「宣伝班長を拝命したときの喜び」は、「上陸後数日――最大のところ十数日――で「アドバルーンがしぼむようにぺしゃんこになって、消え去った」〔同上、一三九、一四二頁〕。

すでに述べたようにジャワ派遣第一六軍宣伝班は、東京で準備するあいだに「インドネシア・ラヤ」を録音して、赤白の民族旗「メラ・プティ」も大量に用意して携行した。パレンバン占領作戦に参加した分遣隊は「メラ・プティ」で町を埋め尽くし、録音した「インドネシア・ラヤ」を拡声器で放送したという〔同上、一〇九頁〕。ところが、一九四二年三月七日に軍政を布告した第一六軍は、早くも三月二〇日の第三号布告「言論、行動等の制限に関する件」・第四号布告「国旗使用に関する件」により、政治的議論および民族旗の使用を禁止すると通達した（のちに日本国旗の使用が強制されていく）。まもなく民族歌「インドネシア・ラヤ」の使用も禁止され、「ヒドゥップ・インドネシア」が別に与えられた〔深見編一九九三、三二頁〕。さらに同年六月二六日には「当分の間、すべての言論、行動、示唆または宣伝にして、政治に関するものはこれを、禁止する」という布告が出た。これでは「インドネシアが、日本に騙されたと思うのは当然で、嬉しそうに軍のお先棒を担いで躍っていた宣伝班そのものが、統帥部に騙されたとも言える成り行きだった」〔町田一九六七、一四八—一四九頁〕。

「独立」付与が既定路線と理解されていたフィリピンに派遣された第一四軍宣伝班の陸軍中尉・人見潤介も、同様の戸惑いを戦後（一九九二年）のインタビューで語っている。

独立ということをあまり言うな、という上からピシャと指示がきたわけですよ（中略）文士の人なども みんな、それでは我々の大義名分がなくなってしまうではないかと、怒っちゃったわけですよ。誰がこんなことを大本営で決めたのか、これでは日本の信用もがた落ちではないか（中略）と、みんな非常に憤慨しちゃったわけですね〔人見一九九四、五一二—五一三頁〕。

当惑したのは宣伝班ばかりではなかった。「まず最初に困ったのは「独立」という言葉の箝口令であった」と戦後の回想で語るのは、ビルマ派遣第一五軍司令官・飯田祥二郎である。飯田によれば「正式に私が聞いたのではないが、幕僚が南方軍関係者から聞いたのであろう。作戦を開始してビルマに入った当時から、独立のドの字も云ってはならないとの禁令が云い伝えられた」。飯田はビルマ侵攻作戦がその軍事目的は別として「政略的には、ビルマを我が有とする為ではない。ビルマ人は我が友人であり、その熱望する独立を援助し、その目的を達成させるのが、我々の求むるところでなければならない。ところが「独立」という言葉を使ってはならぬとなったら、この真意を伝える方法がないではないか」と反発したという〔防衛研究所編一九八五、四八三頁〕。

興味深いことに、これら「独立」宣伝の禁令に当惑した人々の「語り・回想」は、ほぼ一様に、結局、彼らがその方針に従わなかったことをつけ加えている。

「私も宣伝班の初一念に取り憑かれていた」という町田は、「私には何も出来なかった」と語る。町田は宣伝班長として、解放と「独立」に向けた聖戦イデオロギーの民衆宣伝に走る部下たちを敢えて押さえない「放任主義」で臨んだというのである。「こんな班長を任命したのは、日本陸軍のミスだった。あるいは歴史の持つ何かの必然だったかも知れない」。なぜなら、「私の偉大なサムライたちは（中略）着々とアジアの理想を推進し、統帥部の最もいやがる方向へと、ジャワの住民を前進させた」からだ。町田自身はと言えば、「「聖戦」という文字が厭になり、文章にも口にも一切しなく」なり、「仕事は部下任せで酒ばかり飲んでいた」。「やけくそで云うならジャワの酒はうまかった」と居直る〔町田一九六七、一四七―一五〇頁〕。

実際のところ、町田の部下で宣伝課長としてジャワで民衆宣撫事業の先頭に立った清水斉（一九一三生〕は、戦後〔一九八七年〕インタビューに答えるなかで、アジア主義的な民衆宣撫を奔放に進めた清水が派遣軍に押さえつけられたという不満を語っていない。清水の回想のなかで直属の上司・町田中佐の影はたしかに薄い。むしろ清水が語るのは、「こんなことをいつまでもやっていると、たちまち明日にでも独立されるんじゃないか」と危惧する大本営に対して、「慈父」のごとき今村均軍司令官に自分が庇われたという思いである。そして清水は今村司令官が「本当の救世主」であり、「インドネシアを本当に解放してくれるのは今村司令官だという感覚を一般に持たせて〔軍宣伝を〕推進」したという〔清水一九九一、三〇六―三〇七頁〕。

フィリピン派遣軍宣伝班の人見も、「今後、新たにそのことを強調することはしないけれども、否定はしないでおこう、ということにして、消極的抵抗をしていました。比島の独立ということがなければ、我々の比島進攻は、宣伝的には、その意義を失うと考えたんです」と述べる〔人見一九九四、五一三頁〕。ビルマ派遣軍司令官の飯田も、「今直ちに独立させるかどうかは別として、何れ独立させるのだというて何が悪いのか。私は独立という言葉を使うことは、わが聖戦の本義からいうても間違いないことであろうし、ビルマに対する対策上からも、是非必要なことであると思うたので、私は遠慮なくこの言葉を使っていた。ただ、公式の声明あたりで、使わぬでもよい所に無理に使う必要もないので、その程度の遠慮はしていた」と回想している〔防衛研究所編一九八五、四八三頁〕。このように「云い伝えられた禁令」は、現場で事実上「骨抜き」にされたと関係者は一様に語り、回想しているのである。

一九四二年一月東條演説と「電報合戦」

これらの「語り・回想」では、「独立」を語ることの「禁令」は、「中央」「大本営」から来た、と捉えられている。ただし、現実の経緯はもう少し複雑であった。というのも、同じ「中央」と言っても政府のトップに立っていた東條英機首相もまた、軍宣伝班の関係者に負けず劣らず解放の聖戦イデオロギーを世界に向かって意気揚々と宣伝した人物であったからだ。一九四二年一月二一日、日本が内外に占領地の帰属に関する方針を初めて表明したのも、帝国議会における東條首相の施政方針演説中においてであった。その演説案は、一月一五日、大本営政府連絡会議で決定されたものである。

演説案は、香港およびマレー半島は英国による「東亜禍乱の基地」であったとして、「帝国は之を確保して之を以て大東亜防衛の拠点」として「確保」することを宣言した。一方、フィリピンについては「将来同島の民衆にして帝国の真意を解し東亜新秩序の一翼として協力し来るに於ては帝国は欣然として之に独立の栄誉を与えんとするものであります」と「独立」付与の方針を明言していた。さらに「蘭印、ビルマ等」についても「帝国の企図する所は之に異なる所がないのであります」と「独立」付与に向けて踏み込んだ方針を宣言しようとした［防衛研究所編一九八五、三九頁］。

参謀本部は東條に反発した。占領地帰属に関しては「軽々に発表しない」申し合わせだったのに、東條が突如として方針を表明しようとしたからである。『機密戦争日誌』によれば、演説案の「相当思い切ったる内容」に対して「統帥部としては遽《にわ》かに同意し難きもの」があり、参謀本部は修正案を陸軍省に提出した。演説案には「政治的効果」はあるかもしれないが、東條の先走った態度は「我《わが》儘《まま》」であり東條の「言うことやる事最近神経衰弱的症状」とでも言うべきものだと、戦争指導班員たちは日記に不満をぶつけている(一九四二年一月一五日)。南方作戦の軍事を優先したい大本営参謀たちには、東條が「戦争の政治」に取り憑かれて暴走しているように見えたのであろう。

結局、インドネシアすなわち「蘭印」については大幅に表現が後退してオーストラリアと同様の扱いとなり、実際の演説では「蘭印」・「豪州」について、「抗戦」すれば「撃砕《やぶさ》」するが、「帝国の真意を了解して協力」するのであれば「其の福祉と発展」に「力を添うるに吝かではありませぬ」と述べることになった。その一方、フィリピン「独立」の約束と、ビルマに対して「帝国の意図に変わりはない」と約束した部分は維持された。この内容で東條は、一九四二年一月二一日、衆議院本会議で演説を行った(2)。同演説は、すでに一九四二年一月三日に軍政が布告されたフィリピンにおいて、対日協力政府の組織を躊躇していたフィリピンの政治エリートの背中を押して、マヌエル・ケソン政権の秘書官長であったホルヘ・バルガスを長とする行政委員会が対日協力政府として発足するきっかけとなった(一月二三日発足)。その意味でも、また「聖戦」論を回避した開戦当初の慎重な姿勢から踏み込んで、植民地解放戦争の大義を強調した点でも、東條演説の政治的効果は大きかった。

しかし、東條演説の翌日、大本営・政府を「詰問」する電報が南方軍総司令部から届いた。「南方の帰属は過早に定めざること」と決めていたのに、「首相演説を以て急遽発表したるは意外」だと抗議する内容だった。電報は東條演説に怒った南方軍総参謀長・塚田攻《おさむ》の意向を受けて、まだこうした仕事に不慣れだった軍政参謀中佐・佐藤裕雄が「荒立たしい文章」で出したものだった。軍政担当参謀のトップだった石井秋穂大佐は、このときフィリピン対日協力政府の立ち上げをめぐる調整のためにマニラに出張して不在であった。東條はこの電報に不快の念を抱いたようだ。大本営が起草した返電に自ら手を入れて、「現地が決定後文句を言うは怪《け》しからぬ」と「一本釘を刺」した。サイゴンに戻ってこの「お叱りの電報」に接した石井は事情を知らず「狐に鼻をつままれたような気持」になった。このとき塚田は東條首相と佐藤軍務局長に対して「カンカンになって怒っていた」という〔石井一九五七、八五頁〕。塚田は「〔南方〕総軍が中央の決定に従わざりし事実」があればうけたまわりたいものだと「反撃」する電報を大本営に送り返した。戦争指導班の種村佐孝中佐は「電報合戦」になるのを恐れて、この電文を配布しないように措置した〔一九四二年一月二三日〕。「独立」をめぐる大本営・政府・南方軍の食い違いが早くも表面化したことを物語るエピソードである。

この「電報合戦」では部外者のようにふるまっていたが、「独立」付与路線に急ブレーキをかけようとしたのは、実は石井秋穂その人であった。石井の回想によれば、塚田攻総参謀長は「政治が全く嫌いで且つ苦手」で、こと「軍政となると徹底した盲判主義」だった(ただし後述するようにインドネシアの「帝国領土」化については早くから積極的であった)。総参謀副長で軍政部長を兼ねた青木重誠も作戦にのみ関心をもち、「軍政のことは石井大佐に全部お頼みします」というのが常套文句だった。技術将校出身の佐藤裕雄参謀中佐も「開戦初期彼はほとんど使い物にならなかった」。そういうわけで、「とにかく昭和一七年〔一九四二年〕五月頃までは総司令部の軍政は私がワンマン振りを発揮して、何でもかんでもどしどし自ら処理した」〔石井一九五七、五―八頁〕。「独立」にブレーキをかけることは、そのなかでも石井がもっとも力を入れた仕事のひとつだった。

一九四二年二月一六日。シンガポール陥落の翌日、東條はふたたび帝国議会で演説した。「首相議会に於て吼《ほ》える、吼えるのみにて戦勝を得るならば何度吼えてもよし。上手な夜店商人は仲々本音を云わざるべし」と『機密戦争日誌』は東條のパフォーマンス過剰ぶりに冷ややかなコメントを残している。その一方、大本営政府連絡会議が二月一二日に決定した演説の内容は、占領地帰属方針の表明内容に微妙な修正を加えていた。すなわち「大東亜建設への協力」を条件として「帝国」が「欣然として」与えるのは、ビルマについては「ビルマ民衆の多年に亘る宿望即ちビルマ人のビルマ建設」に対する「積極的協力」と表現された。インドについても「印度が印度人の印度として本来の地位を回復すべきことを期待し其愛国的努力に対しては敢て援助を惜しまざるもの」とした。さらに「インドネシア民族」に対しては「その希望と伝統とを尊重し同民族を米英の傀儡《かいらい》たる和蘭《オランダ》亡命政府の圧制下より解放してその地域をインドネシア人の安住の地たらしめん」と宣言した。「ビルマ人のビルマ」「印度人の印度」が「独立」という表現を回避するために用いられたのは明らかだった。インドネシア人の「安住の地」という表現は、より明瞭に「独立」表明を避けたものであった。全体として見れば、占領地帰属方針の明確化を先送りしようとする南方軍による巻き返しが功を奏したのだった。

このように、ジャワ・フィリピン派遣軍宣伝班や、ビルマ派遣軍司令官までが「独立」に積極的であり、また東條首相も内外に「聖戦」論を連呼する一方、大本営は慎重であり、南方軍総司令部は明確に「独立」運動抑制の立場を示した。この場合、派遣軍に直接命令を下す立場にあるのは南方軍総司令部であったから、大本営が直接この問題に介入しない限りは南方軍の方針が派遣軍を拘束した。そしてこのあと南方軍は、ビルマ派遣軍側の「独立」政府樹立の主張を斥けて軍政を施行(一九四二年六月四日)させ、南機関を解散させる。そして、飯田司令官が憤ったように、各派遣軍に対して一時は「独立のドの字も云ってはならない」と箝口令が敷かれるほどに「独立」についての日本の姿勢は後退していく。独立問題をめぐる、この南方軍版「逆コース」の背景には何があったのだろうか。

「独立」という「謀略」

ここで確認すべきことがふたつある。まず、大本営・政府・各派遣軍・南方軍など日本側で具体的に検討された独立とは、いずれも日本を指導国家として、少なくとも大戦下の現状では日本軍の占領または駐留下にあって、日本の干渉や軍事支配を大前提としていたことだ。本書ではすでに、このような民族自決を認めない独立のあり方を示す場合には、南方独立問題に関する資料を詳細に検討した武島良成[武島二〇〇三]にしたがって、独立にカッコを付けて「独立」と記述している。

すでに指摘したように、開戦当時の日本人の通念のなかで「東亜解放」の「聖戦」論は、日本をアジアにおける盟主・指導民族と捉える発想と表裏一体であった。また、戦争の大目的が戦争資源の獲得であり、「戦争によって戦争を養う」ことである以上、被占領地の経済は日本による全面的な軍事統制下におかなければならなかった。このような前提の下では、いかなる独立もカッコ付きとならざるを得ないことは明らかであった。また「東亜解放」を叫ぶ一方で、開戦後まもなく官民の大量進出を通じて日本が東南アジアを軍事的植民地化しようとする動きが始まっていたこともすでに指摘した。

満州国および南京国民政府は、すでにそのような意味で日本占領下における「独立」国であった。そこでは対外的には日本が「独立」を承認し、国家の枢要の地位には各国の指導者が就くが、日本軍が駐屯して治安維持・国土防衛にあたるだけでなく、日本から進出した軍人・官僚が黒子役として「内面指導」により国家の重要な機能を実質的に把握・支配して、日本企業に特権的な便宜をはかってきた。このような「独立」をさして岩武照彦は軍事的植民地体制と呼び〔岩武一九八九、一一〇頁〕、波多野澄雄は「満州国モデル」と名付けている〔波多野一九九六、一〇四頁〕。

ここで重要な意味をもつのが、「独立」に向けて先走った発言を繰り返し、戦争指導班が「神経衰弱」とまで呼んだ東條首相自身が、誰よりも「満州国モデル」の信奉者であったという事実である。満州事変・日中戦争を通じて、陸軍参謀本部編制動員課長、関東憲兵隊司令官、関東軍参謀長として満州国の成立と経営に深く関わってきた東條は、「内面指導」による満州国経営の「成功」を自負し、日本を家長とする家族主義的な「大東亜共栄圏」像を――心から――信じていた。東條の家長制度的「共栄圏」観は、首相としての発言の端々からも窺うことができる。たとえば東條は中国（南京国民政府）を、しばしば「弟」扱いした。シンガポール陥落翌日の演説では「帝国の中華民国国民に対する態度は、飽く迄も兄弟と考え、相倚り相扶けて共に大東亜建設を行わんとするものであります」と述べ〔参謀本部編一九六七、下、二五頁〕、一九四二年一二月二五日、南京国民政府の参戦問題で日本を訪れた汪兆銘に対しては、「私は御国を弱者とは思っていない。国民政府は未だ生れて二年である。只年少者である（中略）転んだ時にはだき起す」「兄弟の間に垣根があってはならない（中略）子供が家に帰ってくるのにわざわざ名刺を出して玄関から正式に入ることはない（中略）内輪同志、何も遠慮はいらない」と述べている〔伊藤ほか編一九九〇、一三九頁〕。

一九四二年九月一日、東條内閣は大東亜省の設置に向けた閣議決定を強行した。「満州国モデル」を「大東亜共栄圏」に拡大することを根本観念とする大東亜省設置案は、外務・拓務両省、興亜院、対満事務局の諸部門を統合して、満州国・中国だけでなく「独立」国を含めた南方占領地域をも対象として、対外行政を一元的に担う官庁を発足させようとするものであった。それは、重光が評したようにかねて軍人には目障りな存在であった外務省を「破壊」する企ての「最後の計画」にほかならなかった〔重光一九八六、四二二頁〕。言うまでもなく、外務大臣の東郷茂徳は設置案に激しく抵抗した。

注目すべきことは、このとき東郷が、「満州国モデル」や家長制度的「共栄圏」観に対して、主権尊重と対等平等を重んじる近代国際法の外交観を盾に反対の論陣を張ったことである。「大東亜建設に付ては、独立国の独立を尊重」すべきで「独立を制限するものであってはならぬ」。「大東亜省設置案は「占領地の人心も離反し、又印度方面にも悪影響を及ぼす」「総理は大東亜地域の諸国は親類附き合で行かねばならぬと述べられたが、その為には相手を其の気持にすることが先ず必要である。内政干渉すれば、其の気持を毀《こわ》す」――その主張は、「大東亜」諸国に対して近代国際法の外交観念を尊重しなければ、英米の植民地主義と対抗することにならないというものだった。後述する重光葵の「新政策」論と同じ立場からの発言としても捉えることができる〔伊藤ほか編一九九〇、八三―八五頁〕。

東郷外相は閣議決定に同意せず抵抗したが、得意絶頂の東條内閣を倒す政治力は外務省になく、昭和天皇も内閣総辞職を望まない意向を示した。結局、東郷は九月一日の同日中に辞表提出に追い込まれた（後任は東條が暫時兼務したあと、谷正之が就任した）。このあと、一九四二年一〇月二八日、大東亜省設置案は枢密院本会議で審議された。ここでもその是非が「本会議としては稀有」の長時間におよぶ激論となった〔深井一九五三、二五一―二六八頁〕。東條内閣は異例の多数決採決で同案を成立させた。その際の東條の発言は「満州国モデル」への揺るがぬ自信を示している。

既成観念の外交は対立せる国家を対象とするものにして、左様の事実は大東亜地域内には成立せず。我国を指導者とする所の外政あるのみ(中略)大東亜圏内の諸国に対する従来の方針を変更して新たなる出発を為さんとするにあらず。事実に即したる機構を以て之に臨まんとするなり。

枢密顧問官・深井英五はこの東條の答弁について「大東亜圏諸国をデペンデンシー〔従属国〕として取り扱わんとする意図を頗る露骨に表示したもの」と評している〔同上、二五七頁〕。またこのときの答弁のなかで東條は「支那等に対する我が関係は家長と家族の如し」と述べ、家長制度的「大東亜共栄圏」像への信念をあらためて明言している〔同上、二六一頁〕。このように、南方占領地に対する「独立」付与をめぐる政府・軍内部における路線対立とは、外交を否定して「外政あるのみ」と断じる東條流の、カッコ付きに過ぎない「独立」を与えるべきか否かをめぐって巻き起こったのであった。

いまひとつ確認しておかなければならないことがある。開戦前から一貫して「独立」が「謀略」として捉えられていたということである。

陸軍文書の頁をめくると、「謀略により」「作戦及び謀略により」といった表現がいたるところに表れることに気がつく。軍にとって目的を達成する正規の手段は軍事力を行使する作戦である。しかし、作戦のみによって目的を達成することが困難な場合、あるいは作戦を行わない対象に対して目的を実現したい場合、その手段として日本軍は「謀略」の活用を躊躇しなかった。とりわけ一九三一年以来の中国に対する侵略戦争を通じて、日本軍は——テロリズムやアヘンの密売から和平工作まで——正規の軍事作戦以外のあらゆる手段を追求してきた。言い換えれば作戦以外のあらゆる手段が日本軍から見れば「謀略」であり、作戦と「謀略」の間にはトレード・オフの関係が存在した。軍事力で問題を解決しようとする場合には「謀略」の余地は小さくなり、むしろ作戦の障碍《しょうがい》として斥けられかねない。逆に、作戦を行わないのであれば「謀略」を自由に展開することが可能であった。

南方軍参謀・石井秋穂も、「独立」を終始一貫して「謀略」として捉えていた。「南方軍政日記」でビルマ「独立」問題を回想した章に、石井は「ビルマにおける軍政と謀略との調整」というタイトルを付した［石井一九五七、八八頁］。ビルマ派遣軍に対する軍政実施要領の起草を終えた一九四二年一月一四日の日記にも石井は「謀略との調和仲仲問題」と表現している［石井一九六〇、二六頁］。しかも石井は、開戦前に自らが起草した文書のなかで「謀略」としての「独立」を説いていた張本人だった。「ビルマの独立を推進し其の成果を利導して印度の独立を刺激す」とした「対米英蘭蔣戦争終末促進に関する腹案」（一九四一年一一月一五日、大本営政府連絡会議決定）がそれである。このような腹案が起草されたのは、この時点でビルマ、インドが南方攻略作戦の対象となっておらず、それゆえに南機関のビルマ「独立」工作や藤原機関のインド国民軍工作に大本営が期待していたことを示す。しかし、いざ軍が正規の作戦を実施してビルマを攻略・占領するとなると、南方軍としては「謀略」としての「独立」をただちに認めるわけにはいかなくなった。この経緯をよく知るがゆえに、石井は後年の回想で「腹案」は「私が書いたものであるが、現実の取扱いに直面した私は、これと軍政との関係を調整することに苦しめられた」と記したのである［石井一九五七、八八―八九頁］。

石井秋穂とビルマ「独立」問題

一九四一年一二月下旬。南機関を率いる鈴木敬司大佐は――当初は南部タイ・ビルマ国境付近に限定されていた――日本軍のビルマ攻略作戦に呼応してビルマ全土に「擾乱《じょうらん》を激発せしめ敵の作戦指導を不可能ならしむると共にビルマ人をして全面的に協力せしむる」ことを目的とする「ビルマ工作計画」を起案して、第一五軍の承認を求めた。その「実施要領」は、「ビルマ独立党員を指揮して擾乱軍を組織し国内政治組織を破壊し騒擾を蜂起せしむると共に義勇軍を編成し独立政権実力の核心を構成し両者呼応して先ずテナセリウム地区を戡定したる後臨時政府を樹立」するとしたうえで、首都ラングーンを攻略、さらには北上して「上部ビルマを戡定し独立を完成」させるとしたものだった。この計画にしたがってビルマ独立義勇軍ＢＩＡが編成され、鈴木は軍司令官として「ボ・モウ・ジョウ大将」すなわち「雷将軍」を名乗った。幹部は日本軍人が占めたが、タキン党から高級参謀としてアウンサン少将が、参謀としてラミヤン中佐が入った〔戦史室編一九六七b、一一七―一二六頁〕。

この時点では、鈴木が「謀略」と日本軍の作戦に矛盾を感じている様子はない。「ビルマ工作計画」も、少なくとも文章のうえでは、独立工作を戦争の手段すなわち「謀略」として捉える姿勢に貫かれている。もともと鈴木は大本営直轄の工作員として南機関を発足させたのであり、それが南方作戦にともないまず南方軍の指揮下に入り(一九四一年一一月二四日)、さらにビルマ攻略作戦にともない第一五軍の指揮下に入ったばかりであった(一二月二三日)。鈴木は大本営・南方軍とも連絡し、相互に意志の疎通をはかっていた。一九四一年一二月に大本営から服部卓四郎がビルマ作戦について協議するためにサイゴンを訪れた時点でも「ビルマの独立を支援」することが確認されている。この時点では南方軍も「いまだにビルマ処理は謀略工作に期待するところが大きく、南機関の活躍によるビルマ独立への発展に少なからず望みを託していた」〔同上、一二二頁〕。鈴木のビルマ独立工作に対する「当初の動機」についても、ビルマ民族主義への共鳴というよりは軍人として成功したいという「出世欲」

にあったという見方が研究者のあいだでは強い〔武島二〇〇三、二一一―二一三頁〕。

しかし、当初予定されていなかったビルマ全域に対する攻略作戦の実施が決まると、南方軍参謀・石井秋穂は、独立工作の流れに歯止めをかけようと全力を尽くすことになる。石井はその真意を「作戦がゴタゴタしている時機に独立政権を作るべきでない。作戦の要求が大であればあるほど独立政権はその要求に圧せられて民心獲得に反するような政策を敢て進めねばならぬ。かくて幻滅の悲哀に陥り日本及び日本軍との対立が深まる」〔防衛研究所編一九八五、四五三頁〕と持論を繰り返している。「南方では晴れて戦争だから旗幟鮮明にやろうという希望」をもち、軍事資源の獲得と「占領軍の現地自活のためには民生に重圧を与えてもこれを忍ばしめると規定したことは大英断のつもり」〔同上、四四三頁〕だった石井にとって、たとえカッコ付きであっても被占領者を政治的主体として認める「独立」に向けた「戦争の政治」を立ち上げてしまうことは、何としても避けたかった。

見方を変えれば、石井は、「満州国モデル」の「独立」では民心収攬《しゅうらん》につながらないとして批判的であった点では、大東亜省設置問題で東條首相と対立した東郷外相と考えを同じくしていたことになる。独立を与えるならその主権を尊重しなければならないというのが東郷の言い分であるとすれば、カッコなしの独立を与えることは占領・戦争下では不可能であり、被占領者の期待を裏切る「独立」ならば、いっそのこと与えない方が得策だというのが石井の政治的感性であった。この信念にしたがって、石井はビルマ「独立」に向けた政治が燃え上がらないように、ほとんど孤軍奮闘の体《てい》で何度も「火消し」にまわった。「南方軍政日記」には、その経緯がくわしく語られている。

一九四二年一月五日。鈴木の「ビルマ工作計画」が南方軍総司令部に報告された。しかし、「南部ビルマに侵入したらそこに先ず臨時政府を樹立するという計画」は、石井の「反対で一応保留された」〔石井一九五七、八九頁〕。このときは第一五軍司令官・飯田祥二郎も、ビルマ侵攻と同時に独立政府を樹立するという鈴木の希望は「無理であるので、私もこれには応じなかった」と述べている〔防衛研究所編一九八五、四八三―四八四頁〕。一月中旬、石井は「ビルマ軍政要領」を起案し、ビルマ要域攻略に向けた南方軍命令が発される前日の二月八日、バンコクで第一五軍の幕僚監部に対して軍政実施の命令を説明した。「できるだけ現地機関を利用して軍政をやれ、謀略工作として推進されている独立運動は善導継続して参加者は義勇軍に編入するが過早に独立政権を樹立させるな、その主要者たちは政治機構に吸収せよ」と石井は指示して第一五軍の了解を得たつもりであった〔石井一九五七、九〇―九一頁〕。

ところが、一九四二年二月一〇日、石井がバンコクからサイゴンに戻ると大本営からの驚くべき電報が待っていた。「ビルマの独立をラングーン攻略の前後においてする如く指導せよ」という内容であった。ラングーンはタイ・ビルマ国境にも近いビルマ南部に位置しているから、「ラングーン攻略の前後」とは即時「独立」とほとんど同義であった。石井は、もともと大本営直轄の「謀略」機関であった南機関の鈴木が、大本営と気脈を通じていると感じたようである。「実情はしかく進捗しておらぬ」と返電するとともに、第八(謀略)課長・武田功に「私信的電報」を打ち、「独立機構の考え方についてどういう思想を持っているか」を問い合わせた。武田は「本件については後で連絡する」とのみ回答してきた。その一方で、モールメン(一九四二年一月三一日)、ラングーン(三月八日)へと日本軍が進撃するなかで、ビルマ独立義勇軍BIAは民衆の間に熱狂をもたらし、独立運動はすさまじい勢いで進展し始めた。「ところが現実は軍政を布くことになっており、彼らは焦りはじめた」。南機関長鈴木大佐は次第に上司に反発し形成穏やかならざるものがあった。同大佐以下南機関の日本人たちはＢＩＡに解け込んでしまい、事と次第によっては日本軍に対して反旗をひるがえすぞとまで言いふらした。謀略主任大槻〔章〕参謀は三月上旬ラングーンへ行って鈴木氏と懇談し、彼をなだめた〔石井一九五七、九一―九二頁〕。

一九四二年三月二一日。当初は石井の説明に納得していたはずの飯田司令官が、「だんだん心境が変わったものか」、南方軍総司令官〔寺内寿一〕に対して「ビルマの独立を速に具体化したし」と意見を具申してきた。この申し出に石井は「断固取締る」〔石井一九六〇、五一頁〕決意で臨んだ。ちょうどこのとき〔三月二三日〕、謀略課長の武田や作戦課長の服部を含む杉山元陸軍参謀総長の一行が南方視察の出張でサイゴンを訪れた。石井は、一行とりわけ武田と「ビルマの処理、インド謀略、胡文虎〔香港占領時に日本軍が拘束した実業家・政治家〕の利用」について論争したが「概ね見解が相反した」。石井はビルマ独立の「過早を戒める」ために相当に強い「抑制的言辞を弄し」「武田は困った」様子であった。翌月はじめ、やはり南方視察の出張に訪れた武藤章軍務局長に同行した軍務課高級課員の大西一〔石井の後任〕からも、石井は「あんたはビルマの独立を拘束し過ぎている。いけませんよ」と言われた。まさに孤軍奮闘であった。

一九四二年四月八日。石井はラングーンに飛び、翌日、トングーの軍司令部で「飯田軍司令官と二人きりでビルマの将来について隔意なく激論を交わした」。「飯田さんは、即刻にでもビルマを独立させるべしとの見解である。私は支那の苦しい例を引いて大いにこれを戒めた。その方便としてビルマなどは日本の領土としておくがよいかもしれんとまで言った。この会話は無論水掛論に終わった」。この出張でＢＩＡの実情を観察した石井は、「支那の遊撃隊に似たり。軍政との関係混沌たり。手際よく処理しないと被害が大きい」と記している〔石井一九五七、九八頁〕。

翌五月二三日、南方攻略作戦の終結宣言後まもなく、第一五軍はふたたび「ビルマに新政権を樹立する」と南方軍に打電してきた。石井は従来の立場を崩さず、第一五軍に方針を是正するよう返電する一方、佐藤参謀をラングーンに送った。戻ってきた佐藤は、石井に対してＢＩＡは「速かに解消」すべきだと報告、義勇軍を野放しにしては危険であるという見方で南方軍総司令部は一致した。この線に沿って石井は軍政機構案を策定し、寺内寿一南方軍総司令官の決裁をへて第一五軍に命令が下された。その結果、ＢＩＡは整理のうえビルマ国軍に改編され、南機関は解散、鈴木敬司大佐も更迭されたのである。

一九四二年八月一日。バモオを長とする、基本的にはフィリピンに発足させたのと同じ性格をもつビルマ行政府が発足した。こうして開戦前には「謀略」の一環として捉えられ、開戦後の「聖戦」ムードの高まりのなかでビルマ攻略作戦にいったん引き継がれるかに思われたビルマ「独立」工作は、南方軍の介入により急ブレーキがかけられた。石井は「戦前からの因縁をもつビルマ独立工作との矛盾を調整するのに骨が折れ」て時間はかかったが、結局のところビルマでもフィリピンとその性格が「異なることがない」行政組織を設立することができたと回想する〔石井一九五七、一〇〇頁〕。

しかし、ビルマ「独立」問題は、これで終わったわけではなかった。一九四二年八月の行政府発足後も、石井の耳には執拗に「ビルマ人ばかりでなく、第一五軍の首脳、東京の大勢も行政府設立だけでは満足していないらしい空気が頻々として送られて」きた。インド独立運動工作を藤原機関から引き継いだ岩畔豪雄《いわくろひでお》も、今すぐにでもビルマを独立させてインド独立運動を「利導」したいと主張した。その一方、ビルマ行政府の設立と前後して大本営ではインド東部侵攻作戦の検討が始まった。その成功の見通しの暗さから何度も断念・先送りされたうえに、やがて悪化する戦局の中で強行されて日本軍に壊滅的な損害を与えることになるインパール作戦(一九四四年三―七月)につながる流れが生まれていたのである。このときは「やるかやらないかは未定だが、やるかもしれないから、ともかくも準備をせよ」というのが大本営の意向であった。これに対して石井は、インド東部侵攻作戦が始まったならば「作戦上の要求が容赦なくビルマの上にかぶさってくる」ことは確実で、「民心獲得の施策など考慮」してはいられなくなる、要するに民生への圧迫が強まることは必至であり、独立したビルマ政権が「納得するはずがない」と考えた。石井はそのときのために独立政権と日本のあいだに日本軍司令官の「内面指導権」を認めさせる密約案を準備する一方、このような事態を避けるためにも独立政権の樹立を先送りすべきだという立場を繰り返し主張した。

一九四二年七月一日。南方軍総司令部がサイゴンからシンガポールに移るのを機に、南方軍総参謀長の塚田攻中将は華中の第一一軍司令官に転出し、かわって東京から黒田重徳中将が着任した。黒田は「東京出発の際中央から吹き込まれたばかりでなく自らもそれが妥当だとの信念」からビルマへの「独立」付与に積極的であった。中国での苦い経験から「自説を固守する」石井秋穂に黒田は「お前は〔中国の〕汪〔兆銘〕にホトホト苦しめられたらしいな」と皮肉を言ったという。一〇月一二・一三の両日、東京で軍政会議が開かれることになり、黒田はビルマの早期独立を内閣総理大臣声明で出し、バモオに独立準備に入るよう指示する案を出そうとした。しかしここでも石井ら南方軍参謀が強硬に反対したために黒田は案を撤回して、バモオに対しては東條から手紙で「適当の時期に独立を認めるよう約束することになった」。石井もこの辺が落としどころと思ったようである。

翌一九四三年一月六日。石井は病を得て南方軍参謀から陸軍大学に配置換えとなった。「これでビルマ独立の妨害者(?)たりし私が南方から消えた訳だ」と石井は記す〔石井一九五七、一〇九頁〕。折しも東京では、中国に対する治外法権撤廃に関する米中条約の調印が間近いとの情報から、大本営・政府は急遽一月一五日に予定されていた「対支新政策」に関する国民政府との共同宣言・協定調印および国民政府参戦を一月九日に繰り上げた(米英中は一月一一日に調印)。中国が九龍半島の返還を求めて中英交渉が難航するなか日本・汪政権に機先を制されたことは蔣介石を残念がらせ、イギリスの九龍半島返還拒否に対して蔣介石は「きわめて遺憾」と国民大会で表明した〔馬二〇〇〇、一三一—一三三頁〕。宣伝外交的には日本側がひとつ得点を稼いだかたちとなったわけである。

このように風雲急を告げた中国問題をめぐる動きと並行して、大本営では「占領地帰属腹案」の検討が大詰めを迎え、「米英の反攻時機以前に内を堅め外に対する」ためにもビルマ独立は「早急に決定」しなければならないと議論されたのであった。「踊る政治」はますますそのテンポを上げようとしていたのである。このとき東條は、もし「現地軍〔この場合は文脈から南方軍のことと思われる〕の報告や意見にのみ従っていたら、恐らく今後二、三年位は現状の軍政の儘」になってしまうが「物には時機がある」という言葉を残している〔伊藤ほか編一九九〇、五〇〇頁〕。ビルマ独立時機の決定が、東條および大本営・政府の側の意向で急がれたことがわかる発言である。

正解のない迷路

石井秋穂の「語り・回想」からは、石井がほとんど孤軍奮闘で各方面の説得にあたり、ビルマ早期「独立」路線に抵抗した様子が浮かび上がる。しかしもちろんそれは石井の独断専行ではなく、南方軍総司令部の立場を体現していた。そもそも南方軍は、日本軍内部の戦争政策の調整機関として、戦争長期化を前提に「南方領域を安定確保して自給必勝の体制を確立する」こと（一九四二年六月二九日、大陸命六八五〇号〔防衛研究所編一九八五、二三頁〕）を任務とする総軍として編成された。この立場からすれば、作戦上の要求や兵站の確保を最優先して物流・通貨金融・動員政策など南方全域の経済を統制することが南方軍にとってはもっとも重要な課題なのであって、統制の被害者となるに違いない被占領者が政治的主体として立ち上がる道を開き、作戦・兵站に支障を来しかねない「独立」に南方軍が反対するのは、ある意味で当然だった。

南方軍総司令部に勤務した榊原政春の日記にも、石井秋穂と同様の「独立」批判がしばしば語られる。ビルマ行政府発足後も早期「独立」付与に向けて大本営から圧力がかかっていた頃、榊原は「戦争完遂の手段としては搾取以外の何物も存在し得ない」「ただそれを如何に巧みに実行するか」「原住民の心を得て政治をせんとするが如きは、我々の考えるところでは次期の問題だ」「まず重要物資の取得である」（一九四二年八月一七日）と日記に記している。翌一九四三年四月、すでに年内の独立方針が宣言されたビルマの視察中、榊原は、軍政が独立の準備で混乱をきわめ、作戦を支えて軍の兵站業務を遂行するという軍政本来の機能が失われていることを批判したなかで「独立政府の如きは、これは大きな謀略宣伝」に過ぎない、「戦争が大切なのか独立が大切なのか。必勝なくして独立あり得ず」「日本人はすべて作戦へ、そしてビルマ民衆を作戦遂行のために組織化せしめ、日本軍の作戦を全面的に援助せしめる事が急務なのだ」(一九四三年四月二七日)と述べている。その主張には、あくまで「資源の戦争」の完遂を優先したい南方軍の立場が滲《にじ》み出ていた。

興味深いことに、戦後の「語り・回想」のなかで「統帥部に騙された」宣伝班長の悲哀を語るジャワ派遣軍宣伝班長の町田敬二もまた、同じ著書のなかで、インドネシア人に対して「独立」を呼びかけたことは「大東亜戦争に関する最大のミスの一つだった」と述べる。「聖戦」論を掲げて上陸した宣伝班長の主観的な経験としては町田には「騙された」思いがあり、「独立」に向けた宣伝を続ける部下たちを放置して「酒ばかり飲んでいた」。しかし一軍人として客観的にふり返ると、その認識は石井秋穂や榊原政春とあまり違わなかった。独立を「日本人からケシカケる必要などはさらさらなかった。逆に、その過激さのブレーキになるのが、日本の重大な指導方針でなければならなかった」〔町田一九六七、一一五頁〕。一軍人の立場に戻れば、「資源の戦争」を戦う南方作戦にとって、被占領者を政治的主体として立ち上げる「独立」工作は大きな足かせとなりかねず、また実際に日本軍を苦しめる結果となったと町田も考えたわけである。

その一方、石井秋穂は、自らビルマ「独立」にブレーキをかけた過去を戦後視点からふり返り、次のように述べる。一九四三年八月一日のビルマ独立が「日本および日本軍のため貢献したか、あるいは以後の困難なる戦況下に足手まといとなったかは私の知るところでない。ただ戦後の今日私は、日本が比較的早い時期にビルマに独立を与えておいたので戦後の友好上役立ったのではあるまいかと観察しており、一層のこと昭和一七年八月一日に一挙に独立させた方が賢明ではなかったろうかと反省する」〔石井一九五七、一〇九頁〕。どうせ結果が敗戦に終わるのであれば、「独立」の大義を優先することに迷うべきではなかったということであろう。町田や石井の揺れる思いからは、日本帝国が日中戦争の出口を求めて大きな賭けに出た南方作戦・東南アジア占領が、軍事的植民地支配をめざした占領に植民地解放の言説を持ち込んだがゆえに、被占領者と日本の政治的関係をめぐって正解のない迷路に入り込んでしまったありさまが浮かび上がる。

以上見てきたように、南方軍が「資源の戦争」の論理から「戦争の政治」にブレーキをかけようとしたのに対して、ジャワ・フィリピン両派遣軍の宣伝班や南機関そしてビルマ派遣軍司令官・飯田祥二郎のような言わば現場の当事者たち、そして東條首相をはじめ東京にあって戦争の全体を指導する立場にあった大本営・政府は、それぞれ対象や範囲に差はあれ、「独立」について推進・肯定の立場を示した。このことはどのように理解すべきだろうか。ひとつには、東南アジア占領の現場に派遣された日本人が、戦争目的についてのある種の大衆的な理解から植民地「独立」を当然視したという見方も可能であろう。しかしここでより重要なことは、彼らが、現地の民衆・指導者と接触する現場主義的な立場から「独立」抑制の方針に反発したことであった。

一方、大本営・政府も、南方軍の「独立」慎重論を斥けて、ビルマ「独立」に向けた政策調整を積極的に主導した。その背景として政治工作という「謀略」を好む陸軍の体質を指摘することも可能だろう。しかしここでも、より重要なのは、ちょうど並行して展開した中国に対する租界返還・治外法権撤廃問題が示すように、世界大戦という構図のなかで、大本営・政府が「世界の視線」を意識せざるを得なかった点である。言い換えれば、派遣軍は被占領者という、そして大本営・政府は戦時下の世界という、ふたつの「他者」を、それぞれに強く意識せざるを得なかったのである。

もちろん、「世界の視線」を意識していると言っても、東條首相をはじめ大本営・政府の大勢が意図する「独立」は「満州国モデル」に過ぎず、近代国際法が定義する主権国家とは似て非なるものだった。一九四三年七月二九日、八月一日に迫ったビルマ「独立」に先立ってビルマと結ぶ独立条約のねらいについて枢密院議員を前に東條が行った説明には、彼が考えていた「独立」についての本音が露出している。繰り返し使われるのが「小国のメンツ」という言葉である。まず前提として「ビルマは大東亜共栄圏の一聯《いちれん》としての道義国家であって、而て世界新秩序の建設に協力」しなければならない。「どこ迄も小国のメンツと云う点は特に考慮している」が、「我国の恩恵と武力があってこそビルマの独立が出来る」のであり、「条約の文面上は、わざわざ対等に書かれてあって、それ故ビルマのメンツが立つわけ」だが、「大綱は我国が握っておるので、将来の色々な問題も日本の実力が物を云う」「然し力で行く感じはビルマ人に持たしたくない」「それ故メンツを立てて、対等の独立条約を結ばんとしている」というのだ〔伊藤ほか編一九九〇、五一二―五一三頁〕。これら独善的とも思える発言からは、「独立」付与にともなう「外交」を方便として扱い、あくまで「我国を指導者とする所の外政あるのみ」という「指導国家」論がはっきりと読み取ることができるのである。

しかし、ここで問わなければならないことがある。日本の軍事的圧制下におかれていたにもかかわらず、あるいはおかれていたがゆえに、被占領者は「独立」さらにはカッコを外した独立に向けて迷うことなく政治的主体を立ち上げようとしていく。はたして日本は彼らに対して、「満州国モデル」

を信奉する東條首相が語る独善的な「共栄圏」像を、どこまで押しつけることができたのであろうか。

2 立ち上がる政治的主体

戦争指導の行き詰まり

一九四三年三月一〇日。日露戦争の奉天(現・瀋陽)入城を祝す陸軍記念日のこの日、東京有楽町日本劇場の正面に百畳敷の「写真大壁画」「撃ちてし止まむ」が掲げられた。日本の「商業写真」の草分けとされ、戦後、日本広告写真家協会の初代会長に就任することにもなる写真家・金丸重嶺《かなまるしげね》(一九〇〇生)による「鉄帽をかぶり、防暑服を着た兵士が絶叫しつつ、まさに手榴弾を投擲せんとする瞬間」の拡大写真である。作家・深田祐介(一九三一生)は、小学校六年生の少年としてポスターを見上げたときの印象を、「写真拡大の技術に感心しつつ、憑かれたように絶叫する兵士の表情に異常な臨場感を覚え、漠然と戦局の切迫を感じ取った」と回想する［深田一九九一、九─一〇頁］。

これより一カ月前の一九四三年二月九日にはガダルカナルからの「転進」、五月二一日には連合艦隊司令長官・山本五十六の戦死、五月三〇日にはアリューシャン列島アッツ島守備隊の「玉砕」がいずれも大本営から発表され、一斉に報道されている。ヨーロッパでは二月二日にスターリングラード攻防戦が独軍の崩壊・降伏に終わり、七月一〇日には英米軍がイタリアのシチリア島に上陸して、まもなくムッソリーニ政権が崩壊した。戦局の緊迫と枢軸国側の敗勢は隠せなかった。

行き詰まり悪化する戦局のなかで、大本営・政府は、世界戦争の大局についての情勢判断と今後の大方針を述べる「世界情勢判断」と題した文書の作成と審議を繰り返した。その内容はと言えば、戦況の悪化を認めつつ、希望的観測をすべり込ませて戦争の完遂を訴える作文であった。これら「世界情勢判断」の作文集と審議記録からは、世界情勢の変化と米英連合国の攻勢の強化に自信を失いながらも、方針を根本的に転換する力がない戦争指導部の姿が浮かび上がる。

一九四二年一一月七日と四三年二月二七日の「総合判断」は、ほとんど同文である。「茲一両年の間に我にして万難を排して(中略)自彊《じきょう》不敗の政戦態勢を確立し独伊と提携して(中略)米英の対日反攻に対処し随時随所に敵の戦力を撃滅するに於ては(中略)遂には米英の戦意喪失せしめ我は充分戦争目的を達し得べきものと確信するものなり」〔参謀本部編一九六七、下、一七三―一七四、三八五頁〕。米英の反攻をひとつひとつ潰して行けばよいという、漠然とした楽観論である。しかし実際には、このふたつの「世界情勢判断」のあいだには、ガダルカナルとスターリングラードにおける日独の敗北という戦局の大きな転換点があった。

一九四三年二月の「世界情勢判断」の審議記録には、英米のうちイギリスを先に屈服させるという従来の方針は変更を迫られているというのが「会議場一般の空気」であったと記されている。このとき皆が救いを求めたのが、アメリカには「精神的弱点」があり、「労働問題、選挙問題等もあり案外脆弱性を包蔵」しているという谷正之外務大臣の言葉であった。東條首相も「米国の弱点」は「特に精神的方面に在り国内分裂並に厭戦機運の醸成が茲両三年の弱点」ではないか、「人的資源も必ずしも余裕綽々《しゃくしゃく》」とは言えないのではないかと希望的観測を交えた質問を重ねている。しかし、満足のいく答えはなく「判然たる結論」には到達できなかった〔同上、三七九―三八一頁〕。戦前の日本で根強く語られていた通念だったとはいえ、開戦後一年以上をへて、依然としてアメリカの「精神的弱点」に期待していた戦争指導者たちの発想の貧困には驚かされる。

重光葵と「大東亜新政策」

このように悪化する戦局を前に意気消沈する戦争指導部のなかで、ひとり気を吐いた人物がいた。「対支新政策」の主唱者で、一九四三年四月の内閣改造で東條に請われて駐華大使から外務大臣として入閣した重光葵である。

重光葵は、開戦前に駐ソ連・駐英大使を歴任し、開戦直後に駐華大使に任命された、外務省を代表する外交官のひとりであった。朝鮮独立運動家による上海爆弾事件（一九三二年四月）で右脚義足となった姿で知られていた。彼の開戦直前の手記（一九四一年一二月二日付）は、「何かの破壊的勢力が動いて居るとしか考えられぬ。国を挙げて狂気に非〔ず〕んば神経衰弱に陥っている有様は見るに忍びぬ気がする」〔重光一九八六、三二五頁〕と、無謀な戦争突入に対する批判の思いを記している。また戦後（一九五二年）の「語り・回想」によれば、大東亜省設置という「外務省破壊」に重光はもちろん反対であり、これでは「対支新政策」の実行もできないとして駐華大使辞任を決意した。しかし意外にも、外ならぬ東條が「新政策」実行の決意を示して協力を求めたことから駐華大使に留まった。さらに東條から請われて外相に就任したのも、ひとえに「対支新政策」の実行のためであり、さらに「対支新政策」を「拡大して、日本の力の及ぶ限りの地域に及ぼす」「大東亜新政策」を推進するためであったという〔重光一九五二、下、一六六、一七〇、一七三頁〕。

アジア・太平洋戦争におけるいわゆる重光外交については、波多野澄雄［波多野一九九六］による包括的な研究がある。波多野は、戦争の争点を「脱植民地化」に求めて重光が推進した一連の「大東亜新政策」を詳細に検討し、日本を「指導国家」とする「大東亜共栄圏」像を乗りこえて、連合国の大西洋憲章（一九四一年）と対峙し得る自主独立・主権平等原理を戦時アジア外交に盛り込もうとした努力として高く評価する。河西晃祐［河西二〇一二］は、重光外交が内実を与えようとした「大東亜共栄圏」の「自主独立」の論理が、結果として「日本に抗う主体」を生み出して日本の「指導」を脅かし、さらに南方への「独立」付与が朝鮮半島の独立・参政権付与問題につながるなど、軍事支配の崩壊に先立ってまず言説空間の中で「大日本帝国」を揺るがしたことに注目する。重光外交の両面を捉えたこれらの研究をふまえつつ、ひとまずは「大東亜新政策」をめぐる「語り・回想」を追ってみよう。

後述するように重光は、東條首相の「新政策」への貢献を高く評価した。しかし、軍部主導の東條内閣のあり方そのものには、外相在任当時から手記に激しい批判を書き記している。サイパン島「玉砕」で東条内閣が総辞職する直前（一九四四年七月二日）の手記でも、東條内閣は狭量な軍閥的指導で号令し独我的態度で進む「満州内閣」であったと形容したうえで、次のように述べている。

東条内閣は政治外交は邪魔物であると考えた（中略）政治外交は総て戦争指導の政略以外には有り得ない。政略は即ち軍事の一片鱗であると云う感念《ママ》であって、今日に於ても大本営は軍の指導の下に（中略）戦争指導の方針、要領、措置を記述して、外交、内政も総て指示して居る（中略）然し根本の観念に於て錯誤がある。今日の世界は人間生活の全部から来るのであって、一部軍人観より出発して居るのではない。外交は対外関係の全部から発足し、政治は人類政治生活の全部に亘

い
る。一つの決定したる目的に出でたる軍事でもなければ、又之に依って判断し得るものでもない
[重光一九八六、四一九―四二〇頁]。

重光の観察は、政治を作戦に従属する「謀略」としてしか見ない軍部に対する痛烈な批判として読める。この見方からすれば、政治と戦争を切り離そうとした石井秋穂参謀の「資源の戦争」のリアリズムも、「戦争の政治」を「謀略」として進め、「満州国モデル」の「独立」に積極的だった東條や大本営の幕僚も、政治外交に対する無理解という点では同列であった。このような「語り・回想」からは、行き詰まった軍人たちの戦争指導から「政治外交」を文民の手に取り戻そうとする重光の強い意欲が感じられる。それでは重光は外務大臣として何を実現しようとしたのであろうか。

重光が唱導した「対支新政策」とその拡大版としての「大東亜新政策」とは、ひとことで言えば「支那の独立自主性を完全に認めて支那は支那人の手に総てを復帰すること」すなわち中国との不平等条約を撤廃することであり、さらにこの原則を「東亜諸民族」に拡大適用することであった[波多野一九九六、八三頁]。本書の言い方を用いれば、要するにカッコなしの独立国間の主権尊重・平等をもって日中関係、「大東亜共栄圏」内の諸国関係の原則とするということに尽きる。

対米英開戦直後に南京に駐華大使として赴任した重光が「対支新政策」を唱導した背景について、戦後(一九五二年)の回想は、「日本の限られた実力」では満州問題は処理できても「支那問題を解決する力」はなく、「日支の平等及び相互尊重の政策の外には、日本が勝っても敗けても、日支関係を調節するの方法はない」と考えたからだと述べている。また軍部が一九四二年末にいたって「表面的にもせよ、態度を変える」ようになり、自らが提唱する「新政策」に協調したのは、まずは昭和天皇の

「御声掛りによる東條首相兼陸相の実行力」によるものだったとする。さらに、「〔一九四二年一月以降の〕躊躇する小一年の間に時機は失われつつも、また熟した」――対米英開戦による日中戦争の構図の変化――として、重光は次の三点を指摘している。①一九三七年以来、一〇〇万に近い日本の青年兵士が日中戦争に従軍したが、両国は「戦う理由」がなく「争うべきものではない」ということを「血を見て知るようになった」。②「日本人の限界が、大戦争に突入して初めて広くなって来た（中略）日本のアジアに対する使命は、支那と共同の責任である」「東亜の解放、アジアの復興こそは、日本の使命でなければならぬことを悟り、日本人は漸次悪夢より覚めて来た」。③中国における日本軍の物資獲得が――貨幣の裏付け物資の欠乏によるインフレなどを背景に――行き詰まり、中国側の自発的協力が必要とされるようになった、というのである〔重光一九五二、下、一六二―一六四頁〕。

右の回想に示されているように、重光の「新政策」は、対米英開戦後の新情勢を梃子として、日中の対等平等な関係に基づく和解と提携を「東亜の解放」と結びつけることを命題とした。したがって、「主権尊重と平等対等の関係の樹立をもって、支那を初め東亜諸民族に臨むのでなければ、この戦争は、日本に取っては全然無意味である」〔同上、一六二―一六三頁〕と重光が主張するとき、「大東亜新政策」はたんに「対支新政策」の拡大適用なのではなく、相互に不可欠の関係にあった。そして重光は「東亜の解放」が「大東亜戦争」の「戦争目的」であることを政府はもっと明確に内外に宣言すべきだとする立場をとっていく。「聖戦」論の暴走を恐れた大本営参謀たちとは一八〇度異なる「戦争の政治」へのアプローチであった。

いまひとつ「大東亜新政策」構想の契機として見逃せないのが、米英両国首脳が、一九四一年八月、領土不拡大・民族自決・自由通商などの諸原則を戦後世界構想として宣言した「大西洋憲章」〔歴史学研究会編二〇〇六、三五二―三五三頁〕との対抗であった。アジア・太平洋戦争開戦後の翌一九四二年一月一日、枢軸国と交戦中の二六カ国の調印を得て、同宣言は連合国の戦争目的を表明する連合国宣言へと発展した。重光は、外務大臣就任直後に記したと考えられる文章「大西洋憲章と太平洋（大東亜）憲章」で、その主張を次のように開陳している。

「今度の大戦」で英米連合国側は「小民族の保護者を以て任じ、其の自由を恢復せんことを標傍《ママ》」する一方、アジア・アフリカの植民地や中東欧諸国を占領した「枢軸諸国」を「侵略者」・「自由の公敵」と非難して、「大西洋憲章」により「小民族」を「仲間に引入れ」ようとしている。しかし、これら「小民族」の大半は実際には枢軸国側の占領下にある。だから「大西洋憲章」は戦後について約束したいわば「空手形」に過ぎない。しかも、独ソ開戦で連合国の一員となったソ連はポーランド人をカチンで大量虐殺したではないか。「空手形の債務者たる英米と、自由の反逆者たる蘇《ソ》連とが果して自由の保護者たる地位を独占し得るであろうか」。連合国が非難するように枢軸国はいつまでも「侵略国の地位」に甘んじていてよいのか。「東洋の解放、建設、発展が日本の戦争目的」であり、日本が占領下のアジア諸国民に対して「自由を与え、自由を保護する地位」に立ち、「他の東亜民族に満足を与うるは帝国の政策にして国是」でなくてはならない〔重光一九八六、三二八―三三〇頁〕。

この主張からもうかがえるように、「大東亜新政策」は、そのめざすところは大西洋憲章が謳う民族自決の戦後世界像と変わらなかった。問題は誰がそのような戦後世界を築けるのか、であった。この点で重光は、戦争当時、ヨーロッパとりわけ英帝国が自ら脱植民地化に乗り出すことはできず、それゆえ大西洋憲章は「戦争遂行の手段として空手形を発行した」に過ぎないと信じた。実際のところ英首相チャーチルは、大西洋憲章の発表後の議会審議で、憲章の民族自決原則はドイツ占領下諸国(中東欧)に適用されるものであって英連邦植民地を対象として想定していない方針を繰り返していた[Brinkley et al. eds. 1994, 102]。これに対して日本は現実に東南アジアを軍事支配下においているのだから、日本から発せられるであろう「太平洋憲章又は大東亜憲章」は、アジア諸民族に対する「生きた文字であり、現実の政策」であり、「成功せぬ訳がない」と重光は論じたのである。

一九四三年五月一三日、重光は外務大臣として初めて昭和天皇に上奏した。天皇は「大東亜新政策」について「深く首肯あらせられ」、「支那問題」についても「種々の批評」に耳を貸すことなく「新政策を徹底遂行」して「逆転」させてはならないと述べたという〔重光一九八六、三三九頁〕。「大東亜新政策」は昭和天皇のお墨付きを得たわけである。ちょうどこの時期(一九四三年五月)、東條首相の指示で、一九四三年末までの対外政策の大綱として「大東亜政略指導大綱」の起草が進められていた。大本営政府連絡会議における大綱案の審議は二回にわたり、御前会議で大綱案が決定されたのは五月三一日のことであった。審議が一回で終わらなかったのは、主として「対重慶和平工作」着手の是非が争われたためである。結局、最終文案では「機を見て〔南京〕国民政府をして対重慶政治工作を実施せしむる如く指導す」と決定した。一方、南方占領地問題も議論が百出したが、結論としては、すでに「独立」が決まったビルマに続いてフィリピンを早期に「独立」させること、その「独立の時機は概ね本年十月頃」として初めて「独立」の予定期日が設定された。大綱における新たな決定として重要だったのは、マラヤ、スマトラ、ジャワ、ボルネオ、セレベスを「帝国領土と決定し重要資源の供給地として極力これが開発並びに民心の把握に努む」としたことであった。これらの地域では「独立」ではなく「原住民の民度に応じ努めて政治に参与せしむ」方針が採択された。最後に同大綱は、フィリピン独立後、「大東亜各国の指導者を東京に参集せしめ牢固たる戦争完遂の決意と大東亜共栄圏の確立を中外に宣明す」とした。大東亜会議の招集が正式の政策として決定されたのである。

このように「大東亜政略指導大綱」は、「新政策」の延長線上に「対重慶和平工作」を展望するという新たな段階を対中国政策にもたらした。一方、南方占領地における「独立」付与の対象という点では、ビルマ・フィリピンの「独立」という既定方針を確認・推進するにとどまり、かねて軍部が検討してきたインドネシアの「帝国領土」化を国策として決定するなど、「大東亜新政策」の理想像としての「自主独立」諸国の集合体としての「大東亜共栄圏」像からは遠い内容であった。

大綱案の審議に関する複数の「語り・回想」からは、「大東亜新政策」をめぐる大本営・政府内の対抗を読み取る幾つか論点が浮かび上がる〔参謀本部編一九六七、下、四〇三―四〇六頁。軍事史学会編一九九八、三八三頁。重光一九八六、三五六―三五七頁。以下出典略〕。まず問題になったのはフィリピン「独立」時期であった。「海軍側」は「時期尚早だ現指導者の首のすげ換えだけでも相当の時日を要する」と異論を唱えた。フィリピンについては一向に回復しない「治安」や、親米エリートが対日協力政府を構成することについて現地の陸海軍の一部に不満が渦巻いていたことが「海軍側」の異論の背景にはあった。大東亜会議についても海軍・大東亜省が「時期尚早論」を唱え、さらにこれらの施策によって日本が「戦争指導の主働性《ママ》」を「堅持」できるかどうかに関して異論があった。これに対して東條は、フィリピンの「独立」については「飽く迄大局上急ぐ」「準備の如きはやり方次第でどうでも出来る」と断じて議論を切り上げ「時期変更の要なし」の結論に持ち込んだ。このとき杉山参謀総長も、フィリピンの「治安」が悪いことを認めたうえで、独立を「早くすることによりて治安をよくすることができる」または「治安悪く独立の政治的方法を急ぐ要あり」と発言したとされている。

一方、大東亜会議に関連しては、重光が、あくまで「独立国」のみを集める場として、仏印やインドネシアなど「独立」させない各民族代表者の会議は別に開催してはどうかと提案して、「大東亜会議は各独立国のみ集むること」になった。「東亜の解放」積極論に立つ重光が大東亜会議への民族代表の参加を否定したのは一見矛盾しているように見えるが、それは会議参加を独立国に限定したうえで、独立国間はあくまで「平等対等の建前」とするねらいを優先させたものであった。この観点から重光は、「日満支結合の観念」から離れ、「満州も支那も比もビも形式上は日も対等」とするべきで、そのうえで対等な(多国間の)同盟条約を結ぶことを提案している。

このとき重光の念頭にあったのは、大西洋憲章に対峙する「大東亜憲章」であり、「平等衡平の建前」を堅持して「帝国の大東亜共栄圏の指導者たることは事実問題としても苟も表面に現さざる」同盟条約の締結であった〔波多野一九九六、一三〇頁〕。しかし、これに対しては陸軍参謀次長の秦彦三郎が、ビルマやフィリピンを中国、満州と対等に扱うことは「支那、満州が満足すまい」と述べて同盟条約は二国間で結ぶべきだと主張し、会議一同は次長の意見に同意して重光案は通らなかった。なおこのとき重光は日本軍の駐留についても、戦時は別として「戦后に於て又は永久的に軍隊駐在若くは武力的威圧」を感じさせるような条項を要求しないことが必要であると主張した模様である(重光著にのみ、その記述がある〔重光一九八六、三五七頁〕)。このように大綱案審議では、アジア諸国を平等対等の政治的主体として認める「新政策」の方向性が議論の俎上にあがり、海軍・大東亜省の消極論に対して陸軍・東條・重光が「新政策」推進の立場から議論をリードした様子がうかがわれる。

一九四三年六月一六日。衆議院本会議で、東條首相は「大東亜政略指導大綱」をふまえた施政方針演説を行い、演説の目玉として「本年中に比島に独立の栄誉を与えん」と宣言した。一方、大綱において「帝国領土」化を決定した諸地域については、その事実を伏せたうえで「原住民の念願に基き、それぞれの民度に応じて、本年中には原住民の政治参与に関する措置を逐次執って参る所存であります」と述べたうえで、「就中ジャワに付きましては、其の民度に鑑み、民衆の輿望に応えて、能う限り速かに是が実現を期せんとするものであります」とつけ加えた。(3)「政治参与」に重点をおいてあたかもこれら諸地域がビルマ・フィリピンと同じ軌道上にあるかの表現を使用し、さらにジャワに特別に配慮した発表の内容は、インドネシアに対して大本営・政府が示した初めての政治的ジェスチャーであった。しかしナショナリズムが湧き上がるインドネシアの現実をふまえれば、出遅れたちぐはぐな対応と言わざるを得なかった。大綱案審議でインドネシア「帝国領土」化に抵抗した形跡のない重光・外務省が、この演説内容にどの程度関与していたかは明らかではない。ただし翌六月一七日、衆議院予算委員会に出席した重光が、前日の東條演説に解説を加えて次のように述べたことは注目できる。

各国に対しては或は完全なる独立を与え、或は広汎なる政治参与を与えて其の要望を達せしめ、相互の間に於きましては平等互恵の関係に於て善隣の協力関係を樹立せんとする趣旨であります。(4)

この発言のなかで重光は東條首相が決して使用しない「平等」・「互恵」の語をあえて明言した。さらにその真意は必ずしも明確ではないが、「平等」・「互恵」の関係の対象を独立国・政治参与促進地域を包摂したかたちで用いている。「満州国モデル」や家長制度的「大東亜共栄圏」像とは相容れない「大東亜新政策」の理念が込められた発言であった。このあとも、大東亜会議・大東亜宣言に向けて、重光は互恵・平等・対等をキーワードとして、「大東亜新政策」の理念を政策に、或いは政策文書に反映すべく執拗に努力し、また新聞メディアの報道でも「互恵平等」の字が躍ることになる。

もちろん「新政策」が、いくらカッコなしの独立を「大東亜共栄圏」像に求めたとしても、日本が軍事占領している以上、現実には南方占領地の被占領者と日本の間に平等・互恵の関係が成立することは不可能であった。結局は重光が考える「大東亜憲章」も、将来構想として戦後秩序における主権尊重・平等互恵を語っていたに過ぎなかったのであり、その限りにおいては「大西洋憲章」と同様の「空手形」であった。しかし、だからといって「新政策」が無意味だったとは言えない。東南アジアの被占領者たちから見れば、それは「大西洋憲章」が欧米諸国に対してもった意味と同様に日本を「空手形の債務者」の立場においたからだ。しかも被占領者から見れば、不在の欧米諸国と違って日本は目の前にいる――つけ加えるならば、いつ居なくなるかもわからない――債務者であった。だとすれば、被占領者は、ただちに債務（独立）を請求しなければならない。そのような意味において重光の「新政策」は、被占領者を刺激して、その政治的主体形成を加速させる契機としての意味をもつことになる。

さらに日本が振り出した「空手形」は、日本帝国の「内部」からも不穏な反響を呼んだ。河西晃祐によれば、一九四三年六月一六日の東條演説は、当時、世界に向けて「大東亜宣言」として大々的に宣伝され、その反響を日本政府は収集した。中立国・枢軸国と連合国で賛否が分かれたのは当然のことだったが、このとき注目すべきことに、在満朝鮮人の——南方民族に独立を与える一方で「朝鮮独立」を行わない帝国日本への怨嗟を含んだ——不穏な反響が在満大使館から東京に届けられていた。河西はこの事実を、南方の「独立」が帝国日本の構造を揺らし始めた兆しと捉える〔河西二〇一二、一七一—一七四頁〕。

「新政策」の最大にして究極の目標は日中戦争の収束であり、中国国民政府との和平であった。しかし、「大東亜政略指導大綱」を基礎にした東條の議会演説「大東亜宣言」は、中国国民政府からは一蹴され、むしろ演説中で具体的人名を挙げて中国国民政府の「幾多の人士」が「重慶政権の傘下を離れ、汪主席と行動を共に」しつつあるという発言を「捏造」と非難された〔同上、一七三頁〕。重光の「新政策」は中国国民政府との関係では単なるプロパガンダとして「独り言」扱いされざるを得なかったのである。重光はまた、租界返還や治外法権撤廃など日本側から見れば重大な譲歩をともなう「新政策」は、日本が戦勝で自信に満ちているときこそ実行できる政策と考えて要人説得工作を進めた。しかし「小一年」を経てそれが実を結び始めたのは、戦局の転換が明らかとなった一九四二年末になってからであった。このような経緯が示すように重光の「新政策」は、軍部にとっては「戦力の低下」を補うための、また相手としては対日協力政府である南京国民政府との関係を円滑化するための、もうひとつの「政略」に過ぎない面があったことは否めなかった。重光はそうした「新政策」の限界や軍部の理解の浅さに苛立ちながらも、「新政策」の推進に力を尽くしたのであった。

その一方、「大東亜新政策」は、必ずしも「独り言」に終わったとは言えない。重光は「日満支」

提携――その背後には「大東亜」の中枢地域としての北東アジア、周辺地域としての東南アジアという観念が見え隠れする――を固定観念として否定して、日本も含めた域内諸国の水平的な対等平等を「建前」として説いた。しかしその発想は、大本営・政府部内では「終止《ママ》無理解にして反対的態度」「半解して追随」「了解せずして、横槍を入れる位の点なるも、遂には承服す」といった反応に晒された〔重光一九八六、四二三頁〕。むしろ重光の「大東亜新政策」にある種の――不穏な――真実味を与えていくのは、「他者」としての東南アジアの被占領者、あるいは河西が指摘したように帝国内部の「他者」による、「空手形の債務者」日本に対する取り立ての声であった。そして皮肉にもそれらの「声」の矢面に立ったのは、「満州国モデル」の信奉者・東條英機内閣総理大臣だったのである。

東條英機と「新政策」

「本来生真面目な軍人であり、事務能力にすぐれ部下に対しても厳格であったが、特に政治的識見が秀でていたわけでなく、対米英戦争突入前後の情勢が彼を独裁者に押し上げた」――吉川弘文館『国史大辞典』「東条英機」の項の人物評である。著者は、日中戦争に陸軍士官として従軍し、戦後、日本現代史・軍事史研究者としての道を歩んだ藤原彰（一九二二生）である。四年間の従軍で戦争の矛盾と過誤を痛感したことが歴史を学ぶ原点となったという藤原の筆は、東條英機には意外に優しいようにも読める。それは昭和天皇の戦争責任回避に対する批判と一体でもあった。一九四五年八月一五日に「当然、自殺する」と思っていた昭和天皇が「平然として、「国体を護持し得て」などと言っている。これはおかしいと思ったのが、私の思想が変わった決定的な原因でした」〔藤原二〇〇六、二三四頁〕と回想する藤原は、「東条英機」の項を次のように結ぶ。「極度にたかまった陸軍の政治的地位を背景に、部下幕僚の強硬論を代表して、戦時下の最高指導者となったのである。しかし天皇の戦争責任が免除された日本では、ヒトラー・ムッソリーニに並ぶ最大の戦争責任者とされた」(5)。

陸軍省軍務局長として東條内閣を支えた佐藤賢了は、東條を「責任観念の権化とでも言うべき人」と呼ぶ。また陸海軍首脳が御前会議では語れない本音を酒席で語り合うなどという「馬鹿なことがあり得るか」と一蹴する、「そういうところの幅がない」人だったと評する〔佐藤一九八五、二三六―二三七頁〕。能吏として出世を重ねてきただけに、「細かい気配り」には一流のものがあったが、その一方、その「責任観念」の対象はもっぱら昭和天皇の「大御心」ひとつに集中して、外には批判に耳を貸さない頑なさで権力を集中させ、反対者を弾圧した。大東亜省設置案の枢密院審議での印象について、日銀総裁などを歴任して枢密顧問官を務めていた深井英五(一八七一生)は、「東条総理大臣は神経過敏」で、「種々進言するものの動機を倒閣運動に帰す」ありさまだったと述べている。自分の質問に対する答弁でも東條には「頗る昂奮の気色」があり、「言辞冗長にして趣旨の繰返し」が目立ったという。深井の記述から浮かび上がるのは、独裁者のオーラを窺うべくもない凡人ぶりである〔深井一九五三、二五四、二六〇頁〕。『機密戦争日誌』でも大本営参謀将校たちに「神経衰弱」「議会に於て吼える」と揶揄されたように、その権力者としての姿には周囲から冷ややかな視線が送られていた。

これら言い古された「東條英機」像をここで再確認したのは、重光葵とともに「新政策」を演出し、とりわけ大東亜会議を「成功」させた東條をどのように理解するべきかという問題があるからだ。重光自身、この問いをめぐっては答えが揺れている。すでに指摘したように重光は、東條内閣の「満州内閣」的性格にも、東條が強行した大東亜省設置にも激しく反発し、東條内閣末期に人心が離れた様子についても「日本人は、表面では追随的でも、何時の時代でも、独善的政治には陰に陽に反抗する」［重光一九五二、下、二二九頁］と突き放した眼で見ていた。その一方、「対支新政策」「大東亜新政策」への東條の貢献については戦後の回想のなかで次のように評価している［同上、下、一六八―一六九頁］。

東條首相が、何処まで徹底して、新政策の意味を体得していたか、は疑問ではあるが、彼が新政策の実行を指導したのは、主としてこれが天皇の意思に副うものと思ったからである、と共に、彼の新政策に対する理解は、軍の首脳部及び軍人政治家として現われた人々の他の何人に比較しても、最も深いものであって、彼が少くとも戦争目的を公明正大なところに置こう、と努力したことは、大東亜会議その他の場合における彼の言動に見て、明らかである。

戦時中の「語り・回想」でも重光は、大東亜会議「成功」後の一九四三年一二月の記述で「東條総理は明敏なる陸軍大将である。其の努力、其の頭脳、軍人として稀に見るものがある」［重光一九八六、四一七頁］と讃辞を贈る。一方、東条内閣末期の一九四四年七月の記述では、「対支新政策」を推進したことについて「単に大御心を体してなしたる迄にて、其の信念に於て欠けたる処」があるのか、はたして「信念」はあるのに「軍人的障害の為めに徹底」しないのかが分からない、少なくともこれを「内政的に活用する」ことを敢えてしなかったのは「遺憾」であると述べている［同上、四二四頁］。

「新政策」の主唱者であった外相が、目の前にいる首相の政策に対する理解と信念について、本当のところは分からないと感じていたというのは不思議にも思える。しかし、それが重光の偽らざる感想であったのかもしれない。なぜなら東條は、その家長制度的「大東亜共栄圏」像に対する信念にはいささかも揺らいだ様子が見られなかった一方で、重光が推進した「新政策」が含む「対等平等」「主権尊重」の原則について、少なくとも「大東亜共栄圏」諸国首脳との関係ではたしかにこれを尊重する首相を演じ続けて見せたからである。この点に関連して東條は、一九四三年七月二三日、「重臣懇談」のなかで――反東條派が頼る――岡田啓介海軍大将との緊張感に満ちたやり取りのなかで、岡田から「大東亜諸国家の主権尊重は当然なるも、何れも同盟国なり。外国に非ず(中略)同盟国として遠慮なく注文する要あり」と質されて、「大東亜諸国家は外国に非ずとの観方は同感」「大東亜省の設置も外国に非ずとの観念に立脚す」としたうえで、ただし「弱小国に対しては、取扱いの形に於ては、対等なるを要す」と述べている〔伊藤ほか編一九九〇、二〇七頁〕。

こうした東條の発言からは「外国に非ず」という「満州国モデル」的発想が基調にあって、「対等」は「弱小国」の「メンツ」に配慮した外交上の方法論に過ぎないという発想が見え隠れする。重光はこうした東條の「発想」は度外視して、結果として「彼の言動」が重光から見て「公明正大な立派なところ」に「戦争目的」をおこうとしたことを評価した。はたして、その「言動」はどう評価すべきなのであろうか。次にこの問いを、大東亜会議をはじめとする「大東亜」諸国首脳外交の現場をめぐる「語り・回想」から考えてみよう。

大東亜会議

一九四三年一一月五日。新聞各紙は突然、この日から東京で大東亜会議が開かれることを報じた。

各国首脳が東條英機と一堂に並んだ写真は大きな反響を呼んだ。中華民国(南京国民政府)行政院院長・汪兆銘。満州国総理・張景恵。同年八月一日に「独立」したビルマのバモオ総理。会議直前(一〇月一四日)に「独立」したばかりのフィリピンから来日したホセ・P・ラウレル大統領。タイから「首相代理」として派遣されたワンワイタヤコーン親王。そして、会議にオブザーバーとして参加を認められた自由インド仮政府のスバス・チャンドラ・ボース。すでに会議は一一月三日夕刻の首相官邸における東條首相招待の茶会から始まっており、翌四日には各国首脳は皇居に参内していた。

当時一二歳だった深田祐介は、「私の少年時代」にとって大東亜会議が「異様に華やかで、誇らしげな思い出」だったと述べる。各国代表の名前は「子ども同士の日常会話にもしばしば登場し、物珍しさも手伝って、陸海軍軍人の姓名以上に親しいものになった」[深田一九九一、六頁]。会議終了後の一一月七日午前には日比谷公園で「大東亜結集国民大会」が開かれて東條と各国代表が演説し、「大東亜戦争完遂決議」が行われた(6)。さらにその日、明治神宮外苑競技場では第一四回明治神宮国民錬成大会が行われており、午後、首脳一行の到着に合わせた特別プログラムとして「大東亜五カ国の旗」が宙に舞い、最後の種目として「大東亜諸国」からの南方特別留学生による「大東亜各地青年合同体操」が行われた[高嶋二〇一二、二五七―二五九頁]。首相官邸の茶会から、明治神宮競技場の「合同体操」、そしてその夜の「歌舞伎座観劇」までわずか四日間のイベントが、「誇らしげな思い出」として少年たちの心に刻まれたという深田の「語り・回想」からは、戦争の行方に対する不安や行き詰まり感が強まるなかで、この四日間がいかに夢見心地の一大イベントとして演出されたかを窺うことができる。

大東亜会議は、戦局にますます暗雲が立ちこめるさなかに開催された。会議に先立つこと一カ月あまり前の一九四三年九月三〇日、御前会議に提出された「世界情勢判断」の結語「総合判断」は、「米英ソ」が「戦争の主導権を把握」している現状を認めて「世界戦争は明年春夏の候に最も熾烈化すべし」と結んでいる〔参謀本部編一九六七、下、四七八頁〕。会議では、永野修《おさみ》身海軍軍令部総長が「勝敗は時の運」で「戦局の前途を確言することは出来ぬ」と、天皇臨席の御前会議としては異例とも言える「今後の作戦の見通しに関し海軍の自信のない悲観的言辞」が述べられ、「議場」が「にわかに緊張」した。このとき東條は「最後迄戦い抜かねばならぬ今後の戦局の如何に関せず日本の戦争目的完遂の決意には何等の変更はない」と、精神論で議論を封じ込めている〔同上、四七二頁〕。

政情も不穏の色を漂わせ始めていた。一九四二年四月三〇日の衆議院議員選挙（翼賛選挙）で非推薦候補ながら最高点当選した政治家・中野正剛は、一九四三年一月一日の『朝日新聞』に「戦時宰相論」を発表して東條の戦争指導を批判し、さらに同年六月には翼賛政治会（ほぼ全衆議院議員が属していた会派）を鳩山一郎・三木武吉らとともに離脱した。このあと中野は独自に重臣グループに接近して倒閣運動を試みたが失敗した。一〇月二一日、中野の率いる政治団体・東方会は一斉検挙され、中野もまた憲兵隊に逮捕された。一〇月二五日に嫌疑不十分で釈放されたが、二七日、中野は自宅で割腹自殺した。その死は、同日夕刊で一斉に報道された。「中野一派」の弾圧は東條の強い意志によるものであったことが、関係閣僚会議の記録から明らかとなっている〔伊藤ほか編一九九〇、二七七―二八一頁〕。大東亜会議の準備がまさに大詰めを迎えているなかでの出来事だった。

深田祐介は、少年時代の「誇らしげな思い出」をめぐって、存命の関係者がまだ多かった時期に取材を重ね、一九九一年、『黎明の世紀――大東亜会議とその主役たち』を出版した。同書は戦後の日本で「東京裁判」の「自由主義対ファシズム」という「単純図式の太平洋戦争史観」が主流を占めるなかで、大東亜会議が「傀儡政権の代表を集めた茶番劇」と片づけられてきたことを批判する。その一方で深田は、日中戦争で和平(日本軍撤兵)に賭けた汪兆銘の期待を日本が裏切り、東南アジアでは過酷で支離滅裂な占領地行政が民心の離反を招いたこと、大東亜会議の「自主独立尊重」の理念が現実の日本軍にはまったく浸透しなかったことなども厳しく指摘したうえで、大東亜会議をめぐる個性豊かなアジアの指導者たちを「主役」として描き出す。東條がその几帳面な「準備魔」ぶりを存分に発揮して会議準備の先頭に立った様子や、窮乏する日本帝国が何とかその面目を保とうとした大東亜会議のありさまも活写している。戦局の悪化するなかでそもそも「大東亜」各地から首脳たちを無事に往復させるだけでも際どい大仕事であった。バモオの搭乗機は台湾で墜落事故を起こした(一行は奇跡的に助かった)。各国首脳は、政府が借り上げて帝国ホテルから給仕を派遣した財閥・富豪の邸に分宿し、全国から政府が調達した――皮肉にも――米国製の「いい車」が配されたという。

深田が同書出版に向けて取材中の一九八九年、NHKが外交史料館に残されていた大東亜会議の録音盤九〇枚をもとに会議を再現したドキュメンタリー『NHKスペシャル 遺された声 アジアのリーダーと太平洋戦争』が放映され、参加各国首脳の肉声が明らかになった。一九九〇年に公刊された『東條内閣総理大臣機密記録』でも、大東亜会議前後の首脳間のやりとりなど詳しい記録が明らかになった。また深田の取材には――フィリピンでラウレル大統領特別顧問となり、また大東亜会議では東條首相専属の英語通訳を務めた――浜本正勝(一九〇五生)が全面的に協力しており、生き生きとした回顧談で会議の雰囲気を伝え、またラウレルの「傀儡」というイメージを徹底的に否定している。これら新たにもたらされた「語り・回想」から、大東亜会議の「茶番劇」というイメージはたしかに修正された。かわって浮かび上がったのが、会議の「主役たち」アジア諸国首脳が、「東條の覇権的アジア主義」に対して果敢に「自主独立」の論理と強烈な個性・自己主張で対抗した様子である。

そのような意味で深田、波多野、河西が一様にもっとも注目するのが、フィリピンのラウレル大統領が初日(一九四三年一一月五日)に行った演説である[深田一九九一。波多野一九九六。河西二〇一二]。各国首脳に対して日本は——事実上の検閲を目的に——和訳の便宜を理由として演説草稿の事前提出を要請していた。しかしラウレルは再三の要請にもかかわらず提出を拒否して草稿なしで演説に臨んだ。そしてラウレルは、東條が会議冒頭で行った演説の一部を、ほぼそのまま引用したうえで、「換言すれば」と言葉をつなぎ、「大東亜共栄圏の確立は之を形成する或る一国の利益の為に行われ居るのではないのであります(中略)各構成国家の自主独立を認め、之を尊重することに始るのでありまして斯く政治的独立及領土権を承認することに依りて、各国は各々独自の制度に応じて発展」を遂げるのです、と述べた。さらに「日本のみが残存し東亜の朋友が滅び苦しむ場合は日本は喜ばれないのであります」とも述べた。占領下各地における日本による資源の収奪を事実上非難したことになる発言である。さらにラウレルは、会議に招待されず東條が言及しなかったジャワとスマトラに演説の中で言及することによって、インドネシアに「独立」を与えようとしない日本を暗に批判した(7)。もちろん演説の全体は日本と大東亜共栄圏への讃辞と美辞麗句で飾り立てられてはいたが、そこに埋め込まれたこれらのメッセージには厳しい日本批判と強烈な「自主独立」の主張が込められていた。河西が言う

「抗う声」のひとつの典型をここに見出すことができるのである。しかもそれは単に演説の上だけのことではなかった。すでにこのときまでに日比間では緊張に満ちた「交渉」が始まっていたからだ。

一九四三年六月一六日、「大東亜政略指導大綱」にしたがい「本年中」のフィリピン「独立」が東条演説で約束されたあと、日本の指示で発足したフィリピン独立準備委員会PCPIの委員長に就任したラウレルは、米イェール大学で法学博士号を取得した、ケソン・オスメーニャを後継する世代を代表する政官界エリートのひとりであった。しかし、ケソン後継者と目されていた同世代のロハスのように政治集団を率いる指導力や資金力のある政治家ではなく、むしろ法律家・最高裁判事としての評価が高く、開戦時には最高裁判所長官の職にあった。開戦後ケソン大統領はラウレルの最高裁長官の職を解き、司法長官に任命し直してマニラに残留するよう命じた。東京大学法学部からの名誉博士号授与、子息(ホセ・S・ラウレル三世)の日本陸軍士官学校への留学経験など戦前から知日派として知られていたことから、対日交渉役を期待されたのである。一方、日本側でもその地味ながら法律家的な潔癖さや剛毅な人柄は高く評価された。「独立」付与が決まり、いよいよ日本が大統領を選ぶという段階で、村田省蔵は軍政最高顧問としてラウレルを独立後の指導者として推薦する意見書を秘書の秋山龍に書かせて軍に提出したという[秋山一九九四、六八―六九頁]。PCPI発足直前の一九四三年六月四日、ラウレルはワクワク・ゴルフクラブでプレイ中に抗日ゲリラの狙撃を受け重傷を負った。それはむしろラウレルを「時の人」に押し上げ、日本占領下の指導者にするダメ押しの事件となった。

このようにラウレルは、ケソンの暗黙の承認に加えて日本側の支持と期待のもとに日本軍占領下フィリピンの指導者となった。しかし、その言動・行動は一貫して戦時下フィリピン国民の利益と安全の保護を最優先するものであり、日本軍・日本政府と悉くに対立・摩擦を起こさずにはいられなかった。まず、独立準備の過程では、「共和国」憲法について、戦争協力を容易にするため行政府に権力を集中する簡素な憲法を望む日本側と、国民投票で民主的に定められた一九三五年憲法の実質を維持したいフィリピン側で調整が難航した。ラウレルはＰＣＰＩ委員長・法学者としてフィリピン側の立場を頑強に主張して譲らなかった。さらに深刻な問題が、日比同盟条約の締結と対米宣戦布告・参戦を求める日本の要求であった。東條首相は、一九四三年七月、独立準備の状況を視察に訪れた際のＰＣＰＩとの懇談で独立の際に日比同盟条約を締結することを求め、さらに一九四三年九月末、「独立」準備完成の報告のためラウレル一行が来日した際に、対米・連合国宣戦布告を求めた。これに対してラウレルは、自らの政治力の不足や国民の親米感情などを挙げて宣戦布告を明確に拒否し続け、また、フィリピン人の軍事動員も頑として拒絶し続けた［ホセ二〇〇四、二〇六―二一二頁］。そのような日比の緊張した関係のなかでラウレルの「草稿なし」演説が行われたのである。

大東亜会議において「自主独立」の論理で日本と向かい合ったのは、もちろんフィリピンばかりではなかった。ある意味でもっとも露骨に日本に対してその「自主独立」ぶりを見せつけたのは、首相ピブーンが「健康状態」を理由に大東亜会議出席を固辞したタイだったと言えるだろう。すでにタイには不穏な抗日ムードが強まっていた。早くも一九四二年一二月一八日には、バンコク市内バーンポーン駅で、泰緬鉄道建設工事に動員された白人捕虜にタバコを恵んだタイ人僧侶を日本兵が殴り倒したことをきかっけにタイ人労務者と日本兵が衝突して双方に死者を出す事件が発生し、その後バンコクでは抗日戦の噂がしきりに流れた。そして翌一九四三年になると、隣国ビルマに対する連合国軍の空襲が激しくなるなかで、日本と最初に同盟を結んだアジアの国であったにもかかわらず、ピブーン政権は日本と露骨に距離を取り始めた〔吉川二〇一〇、五八―六一頁〕。大東亜会議への欠席について、ピブーンは自身の健康問題を理由としつつ、もしも自分が会議に出席すれば国内政局が不安定化すると言い、また日本が「独立」させた他の四カ国とタイは事情が異なるとも主張した。結局日本はワンワイタヤコーン親王の出席で合意せざるを得なかった〔河西二〇一二、一八七頁〕。その親王も「急病」を理由に遅参して、日本政府との事前協議を避けた。会議での親王の発言も、大東亜共栄圏への空疎な讃辞以上に出るものではなかった。

ビルマのバモオ首相は、大東亜会議の場では日本にとって無難な存在であった。しかし会議が終了するや、一一月八日に東條と会見したバモオは、日本軍の占領政策に対して長時間にわたり猛烈な勢いで苦情を申し立てて東條を当惑させた。いわく、日本軍がビルマ政府に連絡を入れずに主要道路を封鎖した、農民労働者や役牛の一方的な徴発で米生産が激減する恐れがある、政治犯の拘束が続き、そのなかにビルマ人もおり、しかも国務大臣の或る者までが嫌疑をかけられている。それなのに首相の自分には、まったく連絡がない。さらに驚いたことに、憲兵の下級将校が直接、自分を来訪してこの件について方針を質そうとした。元首として自分は彼に応酬すべき筋合いにないので辞去させたが、これでは、ビルマ民衆からみるとき、自分の地位がむしろ滑稽に見えてしまう。「元首としての私を信じて」いただきたい、連絡がなく事を運ばれるのは、「元首として非常に困る立場に置かれる」とバモオは東條に迫った〔伊藤ほか編一九九〇、三四六―三五〇頁〕。現地・日本の占領軍がビルマの「独立」をないがしろにしているという非難であった。

バモオの苦情の背景には、開戦当初から日本が「独立」工作を通じて最も容易に積極的な対日協力をとりつけることができたと思い込んできたビルマにおいて、現地自活の日本軍と住民の間で摩擦が深刻化していた現実があった。「独立」前のビルマで徴用軍属として軍政に携わった桑野福次は、ビルマを去ったあとの印象として「戦前、あれほど親日的だったビルマ人に、日本は本当に頼れる国だろうかという疑念を抱かせつつあることを、軍も官僚も気がついていないようである。人心が去るということは恐ろしいことだ。形式だけの独立を与えても、ビルマ人は決して喜びはしない。日本の今のやり方では、ビルマが平穏無事に協力関係を続けるとは思えない」という言葉を残している（一九四三年四月六日［桑野一九八八、三四五頁］）。「謀略」工作として取り組んだビルマ独立運動への支援に肩入れが過ぎて、結局、更迭の憂き目を見た鈴木敬司陸軍大佐は、数少ない戦後（一九五三年）の文章のなかで「家は焼かれ、肉親は殺され」たビルマ人の「日本軍の残虐行為より受けた怨嗟的感情」に言及している。そして「ビルマ人に取り残されて居た僅かな事業」さえ容赦なく取りあげて「日本人御用実業家」に分配した占領軍の経済政策が「日本人は口にこそ巧いことを言うけれども、其の内心には恐るべき征服欲」を宿しているという印象をビルマ人に与えたと厳しい言葉を残している［鈴木一九五三、八頁］。

このような状況の下でビルマでも抗日の機運が強まった。バモオ政権の国防大臣およびBIAから改編されたビルマ国軍の最高司令官であったアウンサンもまた、南機関との出会い以来の対日協力から抗日への転換を決意して、開戦当初から抗日活動を展開していたビルマ共産党、当初はBIA・日本軍に協力したが幻滅から抗日に転じた人民革命党との間で密かに抗日決起の準備を進めていくことになる。一九四四年八月にはビルマ共産党、人民革命党、ビルマ国軍の三者による抗日統一体「パサパラ」(反ファシスト人民自由連盟のビルマ語略称)が密かに発足し、アウンサンはその議長に就任することになる。バモオは、公安筋から入るこれら抗日地下運動の情報を全て握りつぶして日本側に伝わらないようにした[根本一九九六、二二九―二三二頁]。

大東亜会議では、このように日本軍占領下における東南アジアの過酷な現実を背景として、国益を担い国民を守る義務を負う「独立」諸国の首脳として、彼らは日本に対する自己主張と抗議の「自主独立」外交を展開したのだった。

高嶋航は、大東亜会議が外交イベントを超えて民族の「抗議」のパフォーマンスさえ引き起こした興味深い光景に注目している。会議終了翌日の午後に首脳が列席した第一四回明治神宮国民錬成大会で行われた「大東亜各地青年合同体操」には、占領地・進駐地を含む南方各地から日本が招いていた南方特別留学生が参加した。そのなかで「アンナン」(ベトナム)留学生が、「仏印」のプラカードを持たされたことに抗議して、予行演習のときから「アンナン」と書けと「いざこざ」があった。そして大東亜省の指示で「仏印」のままに無理に持たせたところ、大会総裁の高松宮の前に来たところで「札を返還する様な形において行ってしまった」というのである。日本軍進駐下でヴィシー政権による仏印植民地支配の現状が維持されていることに対する抗議であった。フィリピン人南方特別留学生レオカディオ・アシスの日記は、それがラウレル演説に対するベトナム人学生の感動から引き起こされた事件であったという見方を示している[高嶋二〇一二、二六二―二六三頁]。

大東亜会議で採択された「大東亜共同宣言」は、事前に大本営・政府部内で検討されたものがそのまま認められたもので、その意味では「茶番」であった。しかし共同宣言の文言自体に含まれる「自主独立」「互恵」「開放」などの高邁な理念にはそれなりに注目すべきものがあった。大東亜共同宣言五原則の内容は、前文を省略すると、次のとおりである。

一、大東亜各国は共同して大東亜の安定を確保し道義に基づく共存共栄の秩序を建設す。
一、大東亜各国は相互に自主独立を尊重し互助敦睦《とんぼく》の実を挙げ大東亜の親和を確立す。
一、大東亜各国は相互に其の伝統を尊重し各民族の創造性を伸暢《しんちょう》し大東亜の文化を昂揚す。
一、大東亜各国は互恵の下緊密に提携し其の経済発展を図り大東亜の繁栄を増進す。
一、大東亜各国は万邦との交誼を篤うし人種的差別を撤廃し普《あまね》く文化を交流し、進んで資源を開放し以て世界の進運に貢献す。

諸条項の文言の背後には、ここに表れているだけでは分からない大本営・政府部内の利害対立を反映した政策のせめぎ合いが存在した［波多野一九九六、一七〇―一七三頁］。しかし結果として大東亜共同宣言に盛り込まれた「普遍性の高い諸理念」の波紋と余韻は、戦争目的と戦後構想をめぐる議論を引き起こし、敗戦を見越した重光や外務官僚のうちに、日本の「言い分」を「歴史に弁明させよう」とする動きにつながっていく［同上、第八・九章］。ここではそのような「普遍性」や「戦後」に向けた宣言の内容が、アジアの立ち上がる政治的主体にとって利用可能な、日本に対する自己主張の根拠を与えたことに注目しておきたい。

「独立」から独立へ

大東亜会議で参加各国首脳が繰り広げた一連の自己主張・批判・苦情・抗議に対して、日本政府そして東條首相は、期間中、文字通り低姿勢の対応に終始した。原稿の事前提出を拒否して思い切った内容の演説をしたラウレル大統領とその一行は日本政府からの報復を恐れたが、何事も起こらなかった。大東亜会議の期間中は、二国間協議の場でもフィリピンの宣戦布告問題は取りあげられなかった。「仮病」のピブーンの名代で「急病」を理由に遅参したワンワイタヤコーン親王は、来日してみればまことに福々しく色艶も良く、到底病み上がりには見えなかった。しかし、日本政府としては、もちろん下にも置かない歓待に終始した。バモオの苦情にも東條はたじたじとなりながら、「根本的に帝国政府は閣下を一から十迄信頼」しているから心配はいらないと述べるとともに、憲兵将校の問題などは、ビルマが「独立」したというのに彼らが頭を切り換えられない好例であると、日本軍側に非があることを認めた〔伊藤ほか編一九九〇、三四九頁〕。東條は、大東亜会議のホスト役として、基本的には来日した首脳たちの苦情・陳情を承る低姿勢の対応に終始したのである。

東條の低姿勢が、はたして大東亜会議の「自主独立の尊重」という精神をどこまで深く受けとめた結果であったかについては、もちろん疑問が残る。日本政府にとって、そしてとりわけ反東條運動に直面して中野正剛を弾圧したばかりの東條英機にとって、大東亜会議はいかなる失敗も許されないイベントだった。参加国から見ればそこに「弱者の脅迫」の余地が豊富にあり、日本側がそれらを受けとめざるを得ない政治力学が一時的に働いたという見方もあり得るかもしれない。もしそうだとすれば、東條の低姿勢も一過性のものと言うことになる。はたして現実はそうだったのだろうか。

大東亜会議の終了直後の一九四三年一一月一六日、タイ国軍の最高司令部はタイ駐屯日本軍に対して、ラーマ五世王像周辺、憲法記念塔、戦勝記念塔、ラーマ六世王像周辺の四カ所での演習・訓練・行進を実施しないよう申し入れた。反日に傾く国民感情を刺激しないようにとの理由からである。このようにタイ政府は、被占領国ではなく対等な同盟国として日本軍の駐屯を許しているという立場を最大限に活用して主権の保全をはかり、日本軍もタイの主権を軽々には蹂躙できなかった。一九四四年七月、ピブーン首相は辞任した。戦局の悪化につれてタイ国内では連合国と結ぶ自由タイ運動が展開したが、同盟関係と日本軍駐屯は日本の敗戦まで維持された。同盟関係はタイ国益の保全と主権の維持に役立ったと吉川利治は評価する〔吉川二〇一〇、六二―六三、一六四頁〕。

ビルマ「独立」後の一九四四年一月に発足したビルマ国立銀行について、武島良成の研究は、戦費充当のために南発券(南方開発金庫券。軍票)の発行・流通を続けたい日本に対して、バモオ政権が「通貨自主権」を主張、妥協を迫られた日本がビルマ国立銀行券を利子付で借り入れて戦費に充てる取り決めがなされた経緯を明らかにしている。交渉を通じてバモオ政権は正面衝突を辞さず、強い姿勢で「主権国家に近づく」ことを要求した。「傀儡政権という評価」は「的外れ」だと武島は指摘する〔武島二〇〇九、一三七頁〕。

「独立」に際して締結された比日同盟条約でも人的協力を拒否したフィリピンのラウレル政権は、その後も戦争に対して事実上の中立姿勢を保つべく努力した(第五章)。「独立」からマニラ脱出による事実上の政府崩壊(一九四四年一二月)まで一年あまりの間のラウレル外交について、フィリピンの歴史家リカルド・ホセは、日本との厳しい「信念の対決」を繰り返すうえで、ラウレルが「日本が宣伝あるいは戦略的な策略としてフィリピンに押し付けた独立」を最大限に利用したと指摘する〔ホセ二〇

○四、一二三二頁〕。

このように、「大東亜諸国・諸民族」と日本のあいだの戦争外交のダイナミズムは、大東亜会議のあいだだけ成立していたのではなかった。そして「独立」アジア諸国の被占領者たちは、あるいは公然と、あるいは密かに、対日協力から非協力へ、さらには抗日へとシフトし、この間を通じて各国の政府外交は「大東亜共同宣言五原則」を盾にして「独立」からカッコを外そうとする動きを拡げていく。結局、「独立」という「戦争の政治」が走り出すことに対する石井秋穂の危惧はあたっていた、ということになる。しかしそれを防ぐ手立てはあったのだろうか。もちろん日本の軍事占領下にある以上、カッコを外すことはフィクションに過ぎない面もあったが、少なくとも外交言説のレベルでは、カッコを外そうとする各国政府の主張に対して、「戦力の低下」という客観的な現実そして言説のうえでは「大東亜共同宣言五原則」に縛られた日本政府は、その「自主独立」を尊重する以外の方法を知らなかったのである。

このような展開をふり返ると、東條の低姿勢や「自主独立」の尊重が一過性のものであったのか、あるいは「満州国モデル」といかなる関係にあったのかという問いは、実は「大東亜共栄圏」における「現実政治」を考えるうえでは、あまり意味がないことに気がつく。「共栄圏」の「政治」の行方を決めたのは日本や東條の意図・発言ではなく、むしろ政治的主体として立ち上がり、走り出したアジアの「他者」たちであったからだ。

あえて東條英機その人からこの問題を捉えるならば、恐らく次のような言い方ができるのではないか。その主観的な意図がどこにあったかにかかわらず、彼は内閣総理大臣という仕事を彼なりに「生真面目」に「律儀」にこなすなかで、「大東亜共栄圏」の「政治」の行方に従っていかざるを得なかった。そこでは、東條が首相として積み重ねた発言あるいは首脳外交で構築してきた「他者」との関係に対して「生真面目」に「律儀」に対応することの方が、自分の信念と辻褄が合うかどうか悩むことよりも、はるかに重要な問題であった——。

考えてみれば、昭和天皇の「大御心」で首相に就任したとはいえ、東條は、さしたる準備も経綸もなく、日本の首相としてまったく空前の経験に臨まなければならなかった。戦時中の少年たちは「東條節」を、たえず「声色」をやって興じたという〔深田一九九一、三五頁〕。その言動・一挙手一投足がこれほど新聞・放送メディアで国民に報道された首相は初めてであった。「大東亜共栄圏」を東奔西走した「首脳外交」も、日本の首相として空前の経験であった。そのなかで東條は、たとえばこんな経験をしている。一九四三年五月六日、南方占領地の初めての訪問地マニラ市の中央にあるルネタ公園で、コレヒドール島陥落・米比軍降伏一周年を期して「皇軍感謝民衆大会」に出席したときのことだ。動員された民衆は三〇万人にのぼった。

このときの映像記録が残っている。東條は公園の中央に据えられた演壇から、事実上たったひとりで、遠巻きにする三〇万人もの異国の大群衆と正対している。こんな経験をした日本の首相は、恐らくそれまで居なかったであろう。東條は子供たちに物まねされるいつもの調子で声を張り上げている。

比島民衆奮起の時機は、今やまさに到来をしたのであります。今日諸君はあやまれる米国主義を速やかに一掃して、民族興隆の泉源である剛健進取の気風を養い、大東亜民族の真の姿に立ち返られんとしておるのであります。(8)

その雄叫びが――実はそれがフィリピン政治の最高のお家芸であり、ホセ・ラウレル三世が背後から拡声器で民衆を振り付けていたことに気がついていたかどうかは別として――圧倒的な歓呼で迎えられたとき、東條は、ジャワ上陸直後に歓声に迎えられた第一六軍宣伝班員たちと同様の立場におかれたと言ってよい。帰国後、「大東亜政略指導大綱」の審議のなかで海軍の反対を押し切ってフィリピンの「独立」を「飽く迄大局上急ぐ」「準備の如きはやり方次第でどうでも出来る」と断じて議論を切り上げたとき、東條の脳裏には三〇万人を前にした演説の記憶が幾分かよみがえっていたのかもしれない。東條首相もまた「自主独立」に向けて勢いよく立ち上がるアジアの「他者」に圧倒されたひとりの平凡な日本人であった――そう考えることができるならば、結局、正義と自主独立を語る「他者」に対して調子を合わせる以外にできることはあまりなかったという点で、「私には何も出来なかった」と語る町田宣伝班長と東條は、それほど遠いところにいたわけではなかったのかもしれない。

第五章
帝国・日本の解体と東南アジア

(上)フィリピン・マラカニアン宮殿で握手するラウレル大統領(右)と村田省蔵駐比大使[村田 1969]
(下)ジャカルタでインドネシア共和国独立を宣言するスカルノ(1945年8月17日)(Wikipedia)

1　終焉に向かう戦局とアジアのナショナリズム

インパール作戦とチャンドラ・ボース

一九四四年八月一九日。

ヨーロッパでは連合国軍によるパリ解放戦がまさに始まろうとしていた（一九四四年八月二五日、独軍降伏）。日本では東條内閣がサイパン失陥（七月九日、米軍サイパン島占領を宣言）の責任を問われるかたちで七月一八日に総辞職、陸軍大将・朝鮮総督の小磯国昭を首相とする内閣が発足して一カ月が経っていた。小磯内閣発足後、大本営政府連絡会議は「最高戦争指導会議」に衣替えされ、この日は天皇臨席で開かれた。会議に付された「世界情勢判断」の結語は、ドイツの敗勢が強まるなか、前年のそれをほぼ踏襲している。そして「今や敵は戦争の主動性を把握」「全力を傾倒して政戦両略に亘る真面目なる決戦攻勢を続行強化」しており「今夏秋より戦政局の推移は愈々《いよいよ》重大化」するだろうが日本は「欧州情勢の推移如何に拘《かかわ》らず（中略）飽く迄も戦争完遂に邁進」すると述べる〔参謀本部編一九七九、五二頁〕。このように戦局が終焉に向かい始めたこの時期、日本帝国は連合国に軍事的に圧倒されると同時に、占領地から立ち上がった政治的主体のナショナリズムによってもさらに大きく揺さぶられた。そのありさまを以下、インパール作戦の破局、フィリピンの対米英「宣戦布告」、インドネシア「独立」という三つの問題をめぐる「語り・回想」から捉えてみよう。

インパール作戦(ウ号作戦)の中止を南方軍が発令したのは一九四四年七月二日のことである[戦史室編一九六八、六七三頁]。サイパン失陥と相前後しての出来事であった。

ビルマ全域占領(一九四二年五月)の余勢を駆って早くも一九四二年八月頃から検討され始めたインド領内への進攻作戦は、反攻・空襲を強める連合国軍に対してビルマ防衛を固める目的で検討が続いたが、補給や成功の見通しは暗く、具体化は先送りされた。この流れが変わったのは、一九四三年三月に牟田口廉也《むたぐちれんや》(一八八八生)が飯田の後任として第一五軍司令官に就任、同時に上級軍としてあらたに編成されたビルマ方面軍司令官に河辺正三《まさかず》(一八八六生)が就任してからであった。牟田口のほとんど「信仰」とも言える作戦決行の主張と河辺の容認のもとに作戦構想は息を吹き返したばかりか、ビルマ防衛のための局地作戦から、国境に近いアラカン山系のインパールを攻略したのちインド東部アッサム州へ進攻して、ここを拠点にイギリスのインド支配瓦解をめざす遠大な構想へと肥大化した。

盧溝橋事件(一九三七年七月)で中国軍と衝突した支那駐屯軍歩兵第一連隊の連隊長だった牟田口は「わたしは盧溝橋事件のきっかけを作った」ので、「自分の力によってインドに進攻し大東亜戦争に決定的な影響を与えることができれば、今次大戦の遠因を作ったわたしとしては、国家に対して申し訳が立つ」、これぞ「男子の本懐」という野心にとりつかれたという[戦史室編一九六八、九〇―九一頁]。牟田口の構想に対しては、兵站(補給)を無視した無謀な作戦構想として、隷下の師団長、上級軍(方面軍・南方軍)の参謀などから一様に疑問・反対・慎重論の声があがった。しかし反対する参謀は異動させられ、一九四四年一月、大本営は作戦を認可し、三月八日にウ号作戦が開始された。

日本軍はインパール付近への進出には成功したが、制空権をもつ英印軍の激しい攻撃に遭う一方で補給の途絶と熱帯の過酷な自然条件のもとで孤立し、身動きがとれないまま部隊は消耗し、戦病死・餓死者が続出した。当初作戦は六週間程度を想定していたが、首尾良くいけばインパールを占領していたはずの四月の「天長節」までに作戦の失敗は明らかとなった。しかし作戦中止の決断は遅れ、雨期が到来して現地で飢餓と赤痢・マラリアが蔓延するなか、六月には第三一師団が師団長・佐藤幸徳《こうとく》の「抗命」により独断で撤退を開始するなど前代未聞の混乱が生じた。七月初旬の作戦中止後も、ビルマ側への敗走中に大量の戦病死・餓死者が戦場に放置される惨状が出現した。方面軍兵站参謀倉橋武夫中佐によれば、第一五軍の作戦前の総兵力一五万五〇〇〇に対して生還者の総数は三万一〇〇〇に過ぎず、犠牲者率は八〇％にのぼったという［丸山一九八四、一八四頁］。

悲惨な結果を招いた無謀な作戦に何かしらの救いを求めたい心理から強調されてきた側面が否定できないが、日本軍関係者のあいだでは、作戦準備の過程でインド東部進攻を熱烈に支持した自由インド仮政府首班スバス・チャンドラ・ボース(一八九七生)のインド独立に対する熱意に魅了されたことを強調する「語り・回想」が目立つ。河辺正三によれば、一九四三年七月末に河辺と初めて会見したボースは「情熱を傾け、インド進攻作戦の緊急不可欠」なことを説き「英米を共同の敵とするいかなる国とも、相提携せんとする決意」を述べ、このために「畏敬する師父ガンジー翁とも訣別」したと「悲壮なる」心境を打ち明けた。「親しくその傑出した人柄」に接した河辺ら方面軍首脳の間には「好漢チャンドラ・ボースの壮図に、なしうるかぎりの協力助成を与えんとする念願が、この際、すでに強く硬く暗黙のうちに燃え上がった」［読売新聞社一九六九、三四―三六頁］。牟田口との初対面は意外に遅く、インパール作戦開始直前の一九四四年二月末であった。しかしふたりは「たちまち意気投合」

して、日印両軍による凱旋行進の段取りや軍政をインド側に任せるなどインパール占領後の構想を語り合い「話はいつつきるともしれない」様子であったという〔同上、四二―四四頁〕。

チャンドラ・ボースは、インド東部ベンガル地方を地盤として非妥協的な反英独立闘争を闘う若手政治家として支持を集め、コルカタ市長を経て国民会議派議長にも選出されたインド独立運動の最高指導者のひとりであった。しかし、一九三〇年代末の緊迫する世界情勢のなかで非暴力闘争やヨーロッパ大戦開戦後の英・連合国支持の是非をめぐってガンディーや主流派と対立を深め、一九四一年一月、英官憲に軟禁されていたコルカタの自宅を脱出、ソ連を経由して同年三月ドイツに姿を現した。ナチス・ドイツの支援を得たボースはベルリンから短波放送で反英独立を訴え、北部アフリカ戦線の捕虜を中心に編成されたインド部隊(約三〇〇〇名)を率いた。しかし、独ソ戦など大戦の展開から次第にボースは対独協力を通じた反英独立の可能性に限界を感じていった。一方、日本は、対米英開戦後、陸軍少佐・藤原岩市のいわゆるF機関「謀略」工作によりマラヤ・シンガポール攻略作戦で捕虜とした英印軍インド兵を「インド国民軍」として組織した。しかし、英印軍大尉出身の指導者モーハン・シンは対日協力に慎重で、のちにスパイ容疑で投獄された。また、在日経験の長い独立運動家ラシュ・ビバリ・ボースも指導力不足でインド「独立」の謀略工作は低迷した。ここに両者の思惑が一致して、一九四三年一月、日本はチャンドラ・ボースの招致を決定したのである。秘かに独日の潜水艦を乗り継いで来日したボースが公に姿を現したのは、六月一六日、東條英機首相「大東亜宣言」演説の議場であった。翌七月からボースはシンガポールでインド独立運動の組織強化に乗り出し、七月五日には東條首相とともにインド国民軍を閲兵、一〇月二一日には自由インド仮政府の樹立を決議、日本の仮政府承認後ただちに米英に宣戦を布告した。ボースのもとに再編された当時のインド国民軍は約一万三〇〇〇人の規模であったが、インパール作戦までに一個師団・約一万九五〇〇人の規模まで回復した〔丸山一九八五、七八、一七六頁〕。

「対日協力」政権のなかでも枢軸国側に立つことについて迷いもブレもなかった点で、チャンドラ・ボースは抜きんでていた。それはインドの反英独立という点で迷いもブレもなかったがゆえであった。またボースは、領土・国民という拠り所をもたない一方、日本からの協力と承認を要求・獲得した点では他政権に一歩も引けを取らなかった。日本軍が占領したインド洋の英印領アンダマン・ニコバル諸島を自由インド仮政府に「帰属」させることになったのも、大東亜会議出席に来日したボースが会議に先立つ東條との会見で申し出て、急遽決まったものだった。申し出を受けた東條は、同諸島の奪回のために英米による「相当の作戦」が行われる可能性を指摘して即答を避けた〔伊藤ほか編一九九〇、二八七頁〕。しかし「大東亜会議第一日〔一九四三年一一月五日〕席上の空気より六日朝に至り突如総理及海軍大臣の熱望により本日会議終了に際し宣明すべき旨発議」があったと『杉山メモ』は記録している〔参謀本部編一九六七、下、五一五頁〕。第一日目にボースは発言の機会を与えられていないが、大東亜会議の「空気」から東條ら日本側は、機を逃すべきでないと判断したことになる。

インパール作戦でもボースは、インド国民軍を「作戦的にはむしろ厄介な問題」と見なす日本軍に対して「日印対等、独立」を強硬に主張し、日本側の国民軍に対する指揮権を兵団長以上に限ることや「対等の敬礼」を日本軍に認めさせ、憲兵の権限についてもとくに防衛上必要な場合に限り「最も制限した区処権」を認め、下級憲兵にはこれを認めないなどで合意した〔丸山一九八五、八六—八九頁〕。

自由インド仮政府と日本軍はインパール占領後の軍政も準備した。「電灯、水道などの復興や、建築再建に必要な技術者、農作のための労働者などは、すべてインド人を用意し、その他農作物の種子に至るまで」準備して「一つの大きな軍政機関が作れるほどであった」という〔戦史室編一九六八、二七二―二七五頁〕。しかし、全ては夢と終わった。

インド国民軍もまた日本軍とともにインパール作戦の第一線へと投入された。敗残行路、飢餓・戦病死の悲劇もまた等しくインド国民軍兵士を襲った。朝日新聞従軍記者としてインパール作戦に従軍した丸山静雄(一九〇九生)は、奔流渦巻く「ヤナン渡河点」のこんな光景の記憶を語っている。

夜がすっかり明けてみると、水ぎわは真っ黒な兵隊の塊で埋められていた。橋脚や、石、材木の上に腰かけるもの、横たわるもの、泥沼のなかにぼんやり立っているものなど、ここにも先着組が溢れていた。橋脚から少し離れたところに裸のインド兵が一人仰向けに倒れていた。まだ生きているらしく、ときどきピクッと体を痙攣《けいれん》させた。その横に服を着たままの日本兵が一人寝ていた。もう死んだらしく、身動きもしなかった〔丸山一九八四、一六九―一七〇頁〕。

河辺は、戦後の回想で「インパール作戦の発端は全く戦略的」に「英印軍のビルマ奪回企図の封殺」が目的であり、「ボースの東條政府に対する強硬な要請に押されて」「無理な作戦を冒険的に始めた」という批判は「全く当たっていない」と主張している。その一方、作戦の失敗が明らかになってから「作戦終結に決するまで相当の時日」を要したことについて、河辺は「本作戦の内外に及ぼす政略的意義にとらわれた」「チャンドラ・ボースの壮図を見殺しにできぬ苦慮が正純な戦略的判断を混濁させた」と述べる〔戦史室編一九六八、六一四―六一五頁〕。「政略」への責任転嫁は軍司令官の弁明として説得力に欠ける。ただ、あくまで戦場の悲惨から離れた者の「語り・回想」として、そこに凡庸で定見を欠いた一軍人が「他者」の「正義」に揺さぶられた姿を見ることは間違ってはいないだろう。

丸山は、インパール作戦が日本人にとっては戦局を左右する見込みのない「無用の戦い」だったとしたうえで、丸山自身がインド国民軍と行動をともにして、「傀儡」とは正反対の彼らの自己主張と民族独立への願望の強さを肌で感じた経験は、自分にとって「ナショナリズムへの開眼」であったとふり返る。戦後、丸山は朝日新聞のアジア報道をリードする記者として活躍した。そして、朝日新聞社論説委員としての一二年間「わたしが書く社説の基調はアジアのナショナリズムへの共感であった。インパールが原体験となっていた」と述べる［丸山一九八四、一九八頁］。

一九四五年八月一八日。

反英独立を貫くチャンドラ・ボースは、日本敗戦の報に「英米を共同の敵とするいかなる国とも、相提携せんとする決意」でソ連に向かうことを即座に決断した。外務省・日本軍はボースの脱出に協力、ボースは大連でソ連軍に接触すべく日本軍機でサイゴンを出発した。しかしこの日、経由地の台北を離陸直後に搭乗機が墜落、機外に脱出したものの全身火傷を負い、同日中に息を引き取った。

戦後、インド国民軍の幹部将校は反逆罪で軍法会議に付された。しかし、反枢軸国の立場を崩さなかった国民会議派も裁判では被告を全面的に支援し、裁判はインド独立に向かう政治的機運を盛り上げる一大国民運動に発展した。その一方、チャンドラ・ボースの評価は定まっていない。インド現代史研究者の長崎暢子は、日本軍がビルマ全域を占領した一九四二年五月頃ガンディーが日本の勝利やインド進攻を予想していたことや、一九四二年八月に始まった即時独立を求める「クウイット・インディア(インドを立ち去れ)」運動にボースの存在が影響を与え、そして運動がボースやインド国民軍を鼓舞した側面を指摘して、「ガンディーとボースの運動は従来いわれてきたように対立的でなく補完的にインドの独立を支えた」〔長崎一九八九、二四五頁〕という見方を示している。

「不動」のフィリピン・ラウレル政権

一九四四年八月一九日に戻ろう。この日の最高戦争指導会議に「世界情勢判断」とともに提出・議決された文書のひとつに「今後採るべき戦争指導の大綱」がある。全編ほとんどは無意味な戦争完遂論の作文で埋められ、また対ソ関係の好転や独ソ和平の実現をめざすなど、戦後からふり返るといかにも空想的な「政略」が並んでいる。しかし「大東亜諸国家諸民族」への対応策については、二点の重要な政策が提起された。そのひとつがフィリピンの「参戦」についての次の一行である。

　比島に対しては比島大統領の希望を容れ適時米英に対し宣戦せしむ〔参謀本部編一九七九、五七頁〕

小磯内閣に外務大臣として留任するとともに大東亜大臣を兼務した重光葵は、この日の会議について「極秘　御前における最高戦争指導会議概要」というメモを残している。それによれば、重光はこの会議で、戦局が次第にフィリピン方面に波及しつつあるところ、フィリピン大統領は「米英に対し参戦し度き希望を有する趣」なので、日本としてこの際その希望を容れて適時米英に対して宣戦させてはどうかと発言し、異論なく右文案が決定されている〔伊藤・武田編二〇〇四、二二五―二二六頁〕。フィリピンが全占領地中でも「親米」色が強い特異な性格を有していることや、「独立」に際して日本側の「参戦」要求にラウレル大統領が応じなかった経緯をふまえると、比側が「参戦」したい「趣」であるという重光の発言は奇妙に響く。このことはどのように理解すればよいだろうか。

反英独立を貫き自らインド国民軍を率いて日本軍と隊伍を組んだチャンドラ・ボースと、親米派エリートを中心とする対日協力政府の指導者であったラウレルとでは、その立場はまったく対照的であった。政治的選択という点でも、ラウレルがすでにあるフィリピン国民と国家の生存を何よりも優先した点で、独立至上主義のボースとは大きく異なっていた。しかし、その選択こそ異なれ、政治的主体性という点では、ボース同様の強い意志をラウレル政権は貫いた。このことは日本人による多くの「語り・回想」のなかで――敬意とともに――一様に強調されてきたことである。

大東亜会議で東條の通訳を務めた浜本正勝は、日本国籍ながらハワイで育ち、ハーバード大学法学部を優等卒業したのち慶応大学に学び、開戦時にはジェネラル・モータースの極東地区総支配人だったという異色の経歴の持ち主であった（伝記として、［香取一九九八］がある）。その抜群の語学力と教養から日比要人間の通訳を務めた浜本は、やがてフィリピン側の全幅の信頼を得て、ラウレルは浜本を大統領特別顧問に指名した。浜本は、戦後の回想で「ラウレルさんは、勇敢な愛国者ですよ。私はそれに惚れ込んだ。絶対に傀儡じゃなかったんです」［浜本一九九四、八七頁］と繰り返してきた。

「傀儡」でないエピソードを何か、と問われて浜本がしばしば挙げたのが、大統領警備隊の将校を憲兵隊が抗日の嫌疑で拘束に来るという情報がもたらされた時のことである（一九四四年一一月）。このとき大統領官邸（マラカニアン宮殿）の執務室でラウレルは「電話を切るなり、革製の帽子をパッと取り、それを深々と耳まで被り」「引き出しからコルト四五口径のピストルを出して弾を調べ」「戦闘準備」をした。憲兵隊がマラカニアン宮殿のゲートから「一歩でも前に進んだら、わしは即座に撃ち殺す」、邪魔をするならお前も殺すと浜本に告げた。大統領は本気だと感じた浜本は、秘かに和知鷹二(南方軍参謀副長)に電話して憲兵隊を制止させ、撃ち合いは回避されたという〔同上、八七―八九頁〕。ラウレルが巣鴨拘置所の収監中に記した『戦争回顧録』にもこの事件は記述されている。浜本の工作には気づかず、「憲兵隊は来なかった。その理由が何であったか、私は知らない」とのみ記されている〔ラウレル一九八六、九五―九六頁〕。

村田省蔵大使もラウレルへの心酔ぶりを隠さなかった。一九四四年八月三〇日、少尉に任官した長男・震一に宛てた手紙に村田は、ラウレルが戦況の悪化を「達観して居り、日本の勝利を堅く信じ、万一今日達成せずとするも終局に於ては大東亜会議の五大宣言の実現を確信して居る」「非常に落着いて」「自分の生死については超越した境地」にあるようだと述べている。そしてラウレルが「大東亜共栄圏中にても有数の人物」であることを「日常の交際に依り蓋《けだ》しよく感得し得た」「父も非常に幸で如此人と広く或はゴルフをやり或は食事を共にし或は雑談に耽り或は遠慮なしに突っ込んだ政務を談ずるなぞ、今は真に好個の知己たり友人となった」と、ラウレルと肝胆相照らす仲になった喜びを述べている。(1) 村田とラウレルは空襲の恐れが増すなかで、閣僚や要人を誘い、連日ムキになったようにマラカニアン宮殿の(パシグ川をはさんだ)対岸にあるゴルフ・コースを廻った。その様子は『比島日記』の日々のエントリーに、連日のようにスコアとともに記されている。

村田がラウレルを絶讃する手紙を長男に向けて認《したた》めた前後、日比関係は「参戦」問題をめぐって緊迫の度を高めていた。アメリカではハワイでマッカーサー元帥(陸軍)、ニミッツ提督(海軍)、ローズベルト大統領の三者会談が行われ(七月二六―二七日)、米軍の次の目標を台湾ではなくフィリピンの奪回におく方針で合意した。ちょうど同じ頃、大本営は「捷号作戦」を策定して準備に入り、フィリピンが日米の決戦場となることが確実になった。このように戦局が緊迫するなかで、陸海軍の一部では戦争協力に応じないラウレル政権に対する不満がますます強まり、ガナップ党指導者ラモスやリカルテ将軍などを担いだクーデターが懸念される事態となっていた。これに対して村田は南方軍総司令官・寺内寿一に対して「海軍のある部分、時に陸軍の下っぱの者にしてラウレル政権につき云々するものあるが此等は以ての外なり。其声之以上大なるに及んでは断乎たる処置をなす」と詰め寄るなど［村田一九六九、一三六―一三七頁］、軍首脳部に対して何回も軍不満分子の動きを警告し続けた。このような状況のもとで「宣戦布告」の遅延は、ラウレル政権をさらに追い込む恐れがあったのである。

一九四四年八月二五日。ゴルフなどで訪問客を慰労したあと、ラウレル、村田、浜本の三人だけになったことから「食事前期せずして真面目の話題」に入り、ラウレルは「日本として今比島に希望しおるものは何か」と問い、村田はすぐに「参戦なり」と応答した。村田は続けて「但し日本は無理やりに之を強いんとするものにあらず。大統領の意中は既に十二分に熟知」しており、「適当と思われる機会」に実現を希望している次第だと述べ、ラウレルは「其つもりで御承知の通り種々の画策」をしていると答えている［同上、一二二頁］。日付から分かるように、すでにこのとき最高戦争指導会議では「比島大統領の希望を容れ適時米英に対し宣戦せしむ」方針が決定されていた。ここから推測できるのは、あえて比側の希望という「フィクション」をはさむことにより、日本側でこれ以上参戦時機の議論が起きることを封じ、また参戦はあくまでラウレルが決めたという「主権尊重」の建前を通すためにこの決定が作文されたということである。

戦後のフィリピン政界で「宣戦布告」問題は対日協力者問題のひとつの焦点となった。外務大臣としてラウレルとともに起案の中心人物となったクラロ・M・レクトは、一九四六年、責任追及に対する反論の書として回顧録を出版した。ここでレクトが最も強調したのは、フィリピンを米英と敵対させる「宣戦布告」とはせず、単にフィリピンが戦時国際法を適用すべき「戦争状態」となった事実を声明するに過ぎないよう、文章が慎重に起案されたという点であった。レクトはまた、フィリピン人のいかなる戦時動員も伴わない点で宣言は無意味であり、さらに憲法が求める議会の承認をラウレル大統領が故意に怠ることにより、アメリカ・連合国に対して同宣言が日本の強要による無効なものであるというメッセージを発信する意図があったことを強調している[Recto 1946, 49-55]。

『比島日記』には、「戦争状態」宣言をめぐって村田が懸命の調整にあたった経緯がくわしく記されている。そこから分かるのは、レクトが戦後強調した比側の意図を村田が十分に承知しており、おおむね容認していたことである。とくに「戦争状態」の文言について村田は、中国にくわしい田尻愛義《あきよし》公使に依頼して、一九四三年一月九日の南京国民政府の「対米英宣戦布告」を検討している。その結果、同布告も英文では「戦争状態」宣言であり、これを同時に日本政府が「宣戦」と解釈する英文声明を発表していて「米英に対し参戦を宣言するも、交戦状態に入れりと布告するも効力」に変わりはないという田尻の結論を確認している(一九四四年九月二三日、[村田一九六九、一三一―一三二頁](2))。

一九四四年九月二一日。

午前九時過ぎ、米軍機がマニラに来襲、約二時間にわたって飛行場・港湾設備などを空襲した。午後も断続的に空襲が続き、マニラ市街は高射砲の響きに包まれ、黒煙があがった。中心街区のエルミタが誤爆され、市民に死傷者が出た。米軍のフィリピン奪回作戦が空爆により開始されたのである。浜本は宿泊先のマニラ・ホテルから、村田は日本大使館からそれぞれマラカニアン宮殿に駆けつけて、防空壕に避難したラウレルと三人での話し合いとなった。このとき浜本は空襲のさなかマラカニアン宮殿に来る途中で農商務省ビルに飛び込み、かねて打ち合わせのとおり南方軍総参謀副長・和知鷹二の金庫から「戒厳令布告」の原本を取り出して持参していた〔浜本一九九四、一〇三―一〇四頁〕。村田はラウレルに「時は来れり」と決断を促した。これに対してラウレルは具体的な宣言の方法について、①戒厳令布告後、大統領非常大権により「参戦」する、②憲法の規定通り議会を招集して承認を求める、③戒厳令発布・宣戦布告後あらためて議会承認を求める、以上三つの選択肢について村田の意見を求めた。村田は、議会承認を求めるのは現状では不可能である、強いて招集しても議論百出で結論は出ないだろう、強行すれば軍の力に依らざるを得ず、それはフィリピン政府の望むところではないはずだ。それを避けるためにも「大統領一人にて責任をとり、敢然として戒厳を施行し、参戦を断行」することを勧めた。ラウレルも最初からそのつもりで、日本側に示唆させるかたちをとりたかったのだろう。村田もその事情は納得ずくで、畳みかけるように、宣戦が数日遅れれば「何事が起るや」予想できない、クーデターもあり得るとラウレルに迫った〔村田一九六九、一五五―一五六頁〕。

しかし依然としてラウレルは慎重だった。ラウレルは戒厳令を布告したうえで、翌九月二二日、「宣戦布告」の案文をさらに閣僚・国家評議会（長老政治家の諮問機関）に諮った。この検討中に大統領代理としてレクト外相が協議の模様を伝えに日本大使館を訪れている。村田はこのときレクトに対して、開戦前フィリピン陸軍を米比軍に編入したアメリカと異なり日本は「比国参戦するも其子弟を戦線に立たしめんとするにあらず」と明言し、「日本の兵力のみ」をもって戦うこと、フィリピンに対して望むことは「治安の維持と日本の作戦に十分の協力を為すこと」であると述べて、フィリピンに対して戦時動員を求める考えのないことをあらためて確認した。レクトは「微笑をたゝえて鄭寧《ていねい》の挨拶を返して」去った〔同上、一五八―一五九頁〕。翌九月二三日午前一〇時を期してラウレル大統領は「米・英との間に戦争状態に入りたる旨を宣言」した。(3)

一九四四年九月二七日。フィリピンの「宣戦布告」をふまえて、重光葵から大使館に宛てて大東亜大臣として政府方針を伝える九月二五日付の電報が来た。村田の要請に応じて発信されたことが明らかな内容である。同電報はまず「一　ラウレル大統領の政治力の強化を図るため」「ラウレルを飽迄信頼し其政府に対し強力なる支援を与うる態度を明にす」としたうえで「ラ政府以外の親日分子に付てはラウレルの希望を尊重し現政府に包摂」する、「所謂親米派と目せらるゝ要人に付ても為し得る限り之を排除せず」と、日本政府としてラウレル政権を支え、親日勢力・親米派をもそこに包摂する方針を明確に打ち出した。さらに同電報は「二　比律賓国の主権及独立を尊重し(中略)帝国の真意を実践により比律賓官民に徹底」するために「比側を表面に立て極力比島政府をして民心を把握せしむ」るとして、重光外交の「自主独立」論をあらためて強調するとともに、次の注目すべき文言をつけ加えていた。

在比帝国軍官民に対し特に右趣旨の徹底を図り日比協力を阻害するが如き末梢的摩擦を根絶するに努む〔同上、一六八頁〕。

「末梢的摩擦」とは、全土で頻発する日本軍の暴力・残虐行為をさす婉曲語法であった。ラウレル政権はこの問題について公式・非公式に抗議を繰り返していた。なかでも知られているのは、一九四四年六月二〇日付でレクト外務大臣が和知鷹二に提出した長文の抗議文である。この抗議文を受けて村田は、七月一〇日、南方軍総参謀長の飯村譲、総参謀副長(軍政監部総務部長)の高橋坦《たん》にレクトを引き合わせ、「比島に望む軍の態度の重大性」を理解させようとしている。

同文書の冒頭でレクトは、「独立」にもかかわらず国民の大部分は現体制に対する不信と敵対心が拭えないと述べ、戦争目的をめぐる抽象論ではなく身辺の日常から事の善悪を判断する庶民の立場から現状を見るべきことを日本側に勧める。そして、差別的で傲慢で残忍な取扱いを受けたり、家や土地を追われ、正当な補償もなく財産を接収され生活が困窮した庶民がどうして共和国と日本を信じることができようかと問いかける。続く長文の抗議の核心は、日本軍の残虐行為批判である。

年齢・性別にかかわらず人々が火炙り・銃剣・斬首により殺され、無慈悲な殴打や様々の方法の拷問を受けているという数千の事例が報告されています(中略)私の郷里タヤバス州ティアオンでも共和国独立の直前、「ゾニフィケーション(匪民分離工作)」のあいだに一〇〇名以上が集団処刑されました。一九四四年三月という最近になっても同様の事件によりタヤバス州ロペスで同じ人数を下らない人々が殺されています。これらの村の事例は諸島全土であまねく発生している事件の典型例として挙げたに過ぎません。

レクト抗議文の結びは、日本の傲慢を一喝して「抗日」の気配さえ漂わせている。

しばしば日本国民の一意専心の情熱に満ちた意志の強さと、フィリピン国民のまとまりの悪い微温的な態度が比較され、フィリピン人には何か根本的な欠陥があるかのように仄《ほの》めかされることがあります。この指摘はまったく真実ではありません。フィリピン人は四世紀の歴史を通じて自由のために圧倒的に不利な状況で闘ってきました。自由と名誉のためならば、フィリピン人は他のいかなる国民にも引けをとらない情熱的な決意をもって、勇敢にまたいかなる犠牲を顧みることもなく闘うのです［Recto 1946, 115–125］。

結果的にはラウレル政権は、フィリピン国民と国家の生存を日米戦下において守るという目的を達成することはできなかった。

村田もフィリピン政府の抗議を側面から支援している。一九四四年八月五日、船舶司令官としてミンダナオに赴任の挨拶に来た鈴木宗作中将に対して村田は、フィリピンのゲリラは必ずしも「親米分子」ばかりではなく、実は日本軍の警備部隊や将兵の良否が治安の良否に影響を与えている(日本軍の暴虐ゆえに抗日に転じたゲリラが多い)ことを強調した。その一例として村田は「過日大統領より直接交渉ありしミンドロ島のナウハン(Naujan)に於ける守備隊の暴行の如き、処女を逆しまにつるし陰部に捧《ママ》を突き立てるが如き此種の蛮行を敢てするもの」があると、あえて「露骨に」語った。これに対して鈴木は自分も「支那や南方にて我将兵の振舞につき相当苦心」した、また今回も杉山元陸軍大臣から「比島民心をこれ以上刺戟せざるよう訓示」されたと返事している。日本軍の暴力の蔓延を戦争指導部も憂慮していたことがうかがわれるやり取りである［村田一九六九、九六―九七頁］。

戦後の戦犯裁判で追及された日本軍によるフィリピン各地での残虐行為の多くが米軍のレイテ島上陸(一九四四年一〇月)以後に起きたことを考えると、レクトの抗議は効果に乏しかったと言わざるを得ない。重要なのは、レクトが(多分に戦後を見越して)フィリピン側に「正義」があることを明らかにしておいたことであり、またその抗議に対して日本側が返す言葉もなかったという事実である。日本軍の圧制は占領末期には政権要人の身辺にまで及んだ。ラウレル大統領のバタンガスに住む姪は、憲兵隊に針金で首を絞められ村人と共に穴に埋められて危うく殺されかけた。ラウレルは浜本に向かって、怒りと悔しさで涙ぐみながら、このような残虐行為が全島で行われていては「中立を守れ」と言われてもそれはできないと語ったという〔浜本一九九四、八九頁〕。

一九四四年一〇月二〇日の米軍レイテ島上陸に始まるレイテ戦、一九四五年一月九日のルソン島リンガエン湾上陸に始まるルソン戦、ビサヤ諸島のセブ島(一九四五年三月二六日)、ミンダナオ島(三月一〇日サンボアンガ上陸)など諸島全土が戦場化したフィリピンでは、日本軍の激しい抵抗と米軍の圧倒的火力によりマニラをはじめとする都市部の大部分が灰燼《かいじん》に帰すなど被害は全土に及び、直接の戦闘による物的・人的被害は東南アジアでも最悪となった。占領下の経済崩壊による被害も含めて、戦後フィリピン政府の算定によれば、一九三九年の総人口約一六〇〇万人に対して戦争犠牲者は全土で一一一万人余りにのぼった〔吉川一九九一、三八六―三八七頁〕。その少なからざる人々が、日本軍による住民虐殺事件や「マニラ戦」における虐殺・強姦事件など、婦女子を含む非戦闘員に対する日本軍の残虐行為の犠牲であったことは繰り返すまでもない。

その一方、「比島処理方策案」が望んだ「帝国に反攻せざる政府」と、ケソン大統領がマニラに残したラウレルたちに告げた「日本に忠誠を誓わない(米国に反逆しない)」政府という消極的な定義の重なり合う部分を相互の了解とするラウレル政権と日本の協調関係は、あらゆる摩擦にもかかわらずついに最後まで貫かれた。浜本によれば、「捷一号作戦」の準備が始まり、戦局打開の期待を背負って第一四方面軍(比島派遣軍)司令官に就任した山下奉文がラウレルと初めて会見したとき、山下は「アメリカ側につかんでくれれば、それだけで十分です」と言い、ラウレルは「フィリピンの若者を一人たりとも戦場へだす意志もありません。しかし、日比同盟条約は忠実に厳守します」と答えたという〔浜本一九九四、一一〇頁〕。占領末期に到って両者は再び出発点の了解を確認しあったわけである。

しかしその一方、山下の腹心として同時に赴任した武藤章参謀長は、従来の方針を覆してガナップ党の積極利用に乗りだした。宇都宮直賢(参謀副長)は従来の経緯を説明してラモスの重用に反対したが、「比島人の大部が日本軍に協力しない時、この様な人間を重用することに決して遠慮すべきでない」と厳しく武藤に反駁《はんばく》されたという〔宇都宮一九八一、一五三―一五五頁〕。ルソン戦も間近に迫った一九四四年一二月八日、開戦三周年を期して初めて日本軍を補助する現地人による本格的な兵補組織としてガナップ党を主体とするマカピリ Makapili(フィリピン愛国同志会)が発足した。ラウレル政権は反発したが、村田、浜本、宇都宮らの努力によって両者の協調は辛うじて維持された。

一九四四年一二月二二日。ケソンのマニラ脱出からちょうど三年後、ラウレル政権もまたマニラを退去して日本軍とともにバギオに移転した。さらに翌一九四五年三月二九日、ラウレル大統領一行は空路ツゲカラオより台湾に脱出、村田省蔵大使とともに台湾で二カ月余りを過ごし、六月九日、福岡飛行場に到着、日本に亡命した。出発前、村田は軍司令部に対してフィリピンに残る閣僚の保護を繰り返し要請した。マヌエル・ロハスらのような「親米」派を含めて「多少の事」はあっても日比関係の「将来を慮り看過の態度をとり夢にも彼等を処分」してはならないという村田の要請は、すでに戦後を見通していた〔村田一九六九、四五八頁〕。浜本正勝はフィリピンに残り、山下司令官が発行した特別通行証を、空襲を逃れてバギオの山のなかの隠れ家に住まう残留閣僚とその家族に配布するためであった〔浜本一九九四、一二二―一二三頁〕。四月一八日、ロハスら主要閣僚は前線を越えて米軍占領地区に脱出、米軍に出頭した。このうちロハスのみがマッカーサーの介入により「解放」者に数えられ、残りの閣僚は逮捕された。

一九四五年八月一七日。

ラウレルは日本の無条件降伏にともない正式に「共和国」消滅を滞在先の奈良ホテルで宣言した。このあとラウレルは同行した閣僚や日本大使として東京に赴任していたバルガスらとともに巣鴨拘置所に収監された。一方、翌一九四六年七月四日、戦前からの予定通り、フィリピンはあらためて共和国としてアメリカから独立した。同年四月の大統領選挙で初代大統領に当選したのはマヌエル・ロハスであった。独立後の七月末、ラウレル一行は日本から帰国のうえあらためて収監され、他の対日協力政府閣僚とともに特別国民裁判所(People's Court)に国家反逆罪で起訴された。しかし、一九四八年一月二八日、ロハスは大統領特赦令に署名して政治・経済的活動における対日協力者全員を特赦した(レクトは赦免を拒否して裁判で無罪を勝ち取った)。まもなくラウレルらは政界に復帰した。一九四九年一一月の大統領選挙では、野党ナショナリスタ党候補として出馬したラウレルが、急死したロハスに代わった与党リベラル党現職のエルピディオ・キリノ大統領と大接戦を演じ、実際には勝利していたのに与党の選挙不正で当選を阻まれたと広く囁《ささや》かれた。

ラウレル、レクトら対日協力政府要人の多くは、一九五〇年代から六〇年代まで政財界で長老格として要職を占めた。彼ら対日協力政府要人の戦後における復権をフィリピン現代史のなかでどのように評価するかは、ここでは問わない。しかし少なくとも、彼らが日本軍占領下において日本軍の暴虐と野蛮から国民を守るべく最善を尽くそうとしたという弁明については、目的を達成できなかったとはいえ、戦後フィリピン社会でおおむね受け入れられたと言ってよいだろう。

それでは日本側が最後までラウレル政権を支えた意味はどのように捉えるべきだろうか。浜本や村田のようにラウレルに心酔した人々が懸命に政権を支えたことは事実である。しかし、だからと言って消極的協調の維持を日本側の「良識」ある人々の勝利の物語として捉えるのは間違っている。占領体制の破局を避けようとすれば他に選択肢はなかったからだ。その意味で、むしろフィリピン現代史研究者リカルド・ホセの次の言葉の方が、現実を言い当てている——「クーデターの準備が進んだが、穏健派の日本軍将校が、クーデターは有害無益で、フィリピン国民を完全に敵側にまわすことになるとして急進派を説き伏せて事なきを得た。ラウレルの不動の姿勢〔steadfastness〕は、いよいよ日本人を逃げ場のないところに追い込みつつあったのである」〔ホセ二〇〇四、二二九頁〕。ここにも、ラウレル政権という「不動の他者」に揺さぶられ、あるいは依存せざるを得ず、そしてあたかも預かりものを返すが如くにフィリピンの戦前体制——「ケソンなきケソン政権」——を戦後に向けて粛々とつないでいった存在としての日本帝国の末期の姿が浮かび上がるのである。

インドネシア「独立」問題の展開

一九四四年八月一九日。この日決定された「今後採るべき戦争指導の大綱」には、比島宣戦とならんで、東南アジア占領地についてもうひとつの重要な方針——「将来東印度を独立せしむることを成る可く速かに宣明す」〔参謀本部編一九七九、五七頁〕――が盛り込まれた。この方針は、一九四四年九月七日、第八五帝国議会において「小磯声明」として発表された。

すでに述べてきたように、一九四二年一月の東條演説の素案の段階で、いったんインドネシアはビルマと同様に「独立」付与に前向きな方針が示されながら大本営の反対でオーストラリアと同じ扱いに後退し、一九四三年五月の「大東亜政略指導大綱」では秘かに帝国領土化が決定されるまでに至った。そのインドネシアをようやく「独立」に向けた軌道に乗せることが大本営・政府の方針として認められたのである。こうして日本が当初まったく「独立」付与の対象として考慮していなかったインドネシアは、結果として、その独立問題が日本の東南アジア占領史の終焉を飾る最大の焦点となった。

日本軍政下インドネシア独立問題の展開については西嶋〔西嶋・岸一九五九〕以来、後藤〔後藤一九八九〕、倉沢〔倉沢一九九二〕らにより研究が蓄積され、また前史にあたるインドネシア民族主義の形成史についても検討が重ねられてきた。日本人の「語り・回想」からは、これら戦後の研究が明らかにしてきた植民地事情とナショナリズムの歴史についてほとんど無知・無関心のまま日本がインドネシア占領に臨んだことが浮かび上がる。いまいちど軍宣伝班長・町田の「語り・回想」をふり返ってみよう。

いやしくも国運を賭して戦争に突入するのに、インドネシア人の心情も知らないで、彼らに対する宣伝方針を打ち立てたということは、全くバカげたことだった。民族意識を高揚し、独立に向かって民心を結束しながら、日本の戦争遂行に全面的に協力させせよう、というのが当初の根本方針だったが、彼らは日本の指導層が考えていたより、はるかに民度の高い時点にあって、民族意識の強烈さは、明治維新時代の日本人に匹敵するものがあった〔町田一九六七、一一五頁〕。

そして町田はその著書で、町田なりにインドネシア・ジャワの歴史をパレンバン王国にまでさかのぼり、開戦直前までをふり返る。そのうえで「私も知らなかったが、日本の指導者たちも、彼らの独立運動がまさに発火寸前に来ていたことを、まるっきり知らなかったのだろう」［同上、一六八頁］と述べるのである。本書でも簡単にふり返っておこう（［白石一九九七］など参考）。

二〇世紀初頭、オランダが自由主義者による「進歩的」植民地政策として「倫理政策」を導入して植民地の開発と教育に力を入れ始めて以来、たとえば一九〇一年生まれのスカルノが東部ジャワ地方都市の小学校からスラバヤの高等学校、バンドゥンの工科大学に進学したように、一九一〇年代に入ると他の東南アジア植民地と比較してやや出遅れていた原住民植民地エリートが少数とはいえ育成され始めた。一方、一九一〇年代になると近代的大衆運動の方法論（ジャーナリズム・団体組織・集会と演説）を取り入れた運動体として、まずイスラム同盟が急成長した。しかし第一次世界大戦後の経済的混乱から労働組合運動が台頭し、社会主義・共産主義の影響力が強まると、イスラム同盟は内部分裂して、植民地政府との対決も避けたことから大衆的な影響力を失った。代わって急速に勢力を拡大したのが共産党・人民同盟であった。これもまた急拡大ゆえに統制を失い西ジャワ（一九二六年）・西スマトラ（一九二七年）で起こした蜂起事件で弾圧・非合法化され、活動家たちは流刑された。

このようにイスラム同盟や共産党が成長と分裂と崩壊を繰り返したあと、工科大学を卒業したばかりのスカルノが創立したのがインドネシア国民党であった。集会の演説に異常な才能を有するスカルノは、まだ識字率の低いインドネシア社会で大衆的指導者として熱狂的な支持を集め、ロマンティックなナショナリズムによる運動の「統一」一点にしぼった訴えで聴衆を魅了し、国民党の党勢拡大とともに一躍「国民的指導者」の地位を確立した。これに対して共産党・人民同盟の蜂起事件以来、民族運動に対する弾圧を強めていた植民地政府はスカルノを警戒し、一九二九年に逮捕、一九三一年には釈放したが一九三四年には再び逮捕してフローレス島エンデ(のちにスマトラ島ベンクル)に流刑した。日本軍来攻まで八年間をスカルノは流刑先で過ごしていく。スカルノの流刑と前後して留学から帰国したモハマッド・ハッタ(一九〇二生)もインドネシア国民教育協会を足場に民族運動を展開して、スカルノに次ぐ――深い学識をもち西欧的近代・民主主義を志向する点ではスカルノと対照的な――民族運動指導者としての声望を獲得した。しかしそのハッタも、同じく留学から帰国して国民教育協会を指導したスタン・シャフリル(一九〇九生)とともに一九三四年に逮捕され流刑された。

こうして一九三〇年代後半、弾圧により活動家たちが流刑されて独立運動は表面的には押さえ込まれ、オランダ政府が認める協調派のエリートだけが活動を許される状況となった。これら協調派の民族主義者は米主権下フィリピンの独立に向けた自治政府発足に大きな衝撃を受け、自治獲得・議会開設・国号変更(蘭印からインドネシアへ)などを次々と請願・要求したが、オランダ政府は事実上のゼロ回答で応じた。ヨーロッパ大戦の勃発に際しても、民族主義者の大勢は反ファッショであったが、オランダ政府がイギリスと同様に大西洋憲章の民族自決原則をインドネシアに適用しない態度を堅持したことなどから失望が深まり、一部に日本への接近の動きが生まれた〔倉沢二〇〇五、二二五―二二八頁〕。まさに独立運動は表面上押さえ込まれていただけで「発火寸前」だったのである。

このようなインドネシアの戦前史が日本側にまったく認識されていなかったという町田の回想には誇張がある。しかし、たとえば『戦史叢書　蘭印攻略作戦』には、南方軍によるラジオ「謀略放送」

が敵を攪乱する効果を上げたことが紹介されているだけで「政謀略」についての記述がない。『ビルマ攻略作戦』とは対照的である。そのかわり戦史に記されているのは「作戦中、ジャワ全島のどこへ行くにも原住民に対しては警戒は不要であった」〔戦史室編一九六七a、六二二頁〕という軍人の感想である。南方軍参謀・石井秋穂もまた、すでに触れたように「戦車の周囲」に「群衆が寄り来って歓迎」しているという偵察機の報告に「これで軍政も簡単に行くわいと予見して、この旨ハッキリと自信の程を直ぐ日誌に書き込んだ」〔石井一九五七、一一一頁〕。本書で注目してきた「作戦と「謀略」のトレード・オフ」という日本軍の発想をふまえれば、「皇軍に対する信倚観念」がこれほどまでに「原住土民」に満ちているのならば「政謀略」は不要と大本営や南方軍が認識したとしても不思議はなかった。そして、緒戦の楽勝ぶりと榊原政春がその日記に感嘆の念を記した豊穣な植民地としてのジャワ・スマトラのイメージが重なりあったとき、大本営・南方軍がインドネシアの帝国領土化の夢を見たのもまた当然の成り行きであった。早くも一九四二年三月二九日、南方軍の塚田攻総参謀長は石井秋穂に対して「ジャワは日本の領土とする方針で進みたい」と宣告したという〔同上、一一一頁〕。

このような楽観論が支配していたからこそ、一九四二年一〇月九日、インドネシア出張から戻った南方軍参謀・佐藤裕雄中佐が、第一六軍参謀長・岡崎清三郎少将からの「インドネシヤに高度の自治を許容するよう内閣総理大臣において声明してくれ。さもなければ治安の確保が覚束ない」という伝言を報告したとき、石井は「これまでにジャワの治安について憂慮したことは一度もなかった。全く突如として沸き起こった事態である」と驚いた。そしてビルマやフィリピンの「独立」が毎日のように課題になっているおり「ジャワでもバスに乗り遅れまいとの欲望から論拠を治安に求めたのであろう」と石井は考え、「遠き将来はそれもよろしかろうがまだまだ以ての外なりと私は言った」と回想している〔同上、一一七頁〕。このエピソードは、南方軍参謀として東南アジアを俯瞰する石井と、現地で被占領者と直接に向かい合っている派遣軍との温度差を明らかにしている。偵察機から見た群衆の様子を総司令部で伝え聞いた石井にとって、インドネシアは心配する必要のない占領地であり、直接軍政を施行して戦争資源の獲得に粛々と励めばよい存在であった。しかし地上で「ヒドゥップ・ニッポン〔日本万歳〕！」と「拇指を私たちに向けて」突き出された町田ら軍宣伝班にとって、民衆の歓呼は脅威さえ感じさせる「他者」の声だったのではないか。

そのような意味において占領初期にインドネシア民衆の「声」の脅威に満ちた潜在力を日本人に見せつけたのが「３Ａ運動」だった。上陸後、日本軍が各地で目にした連合国プロパガンダのＶサインを逆手にとり、「アジアの光・日本」「アジアの守護者・日本」「アジアの指導者・日本」という――町田によればまったくの思いつきの――スローガンをひたすら唱和する３Ａ運動は、スカルノ、ハッタがまだ流刑地から帰還していない一九四二年三月一七日、穏健民族主義のパリンドラ（大インドネシア）党指導者サムスディンを責任者として開始されるや、その目的も意味も方向も曖昧なままにジャワ全土に「コレラのように猛威をふるい」一九四二年四月二九日「天長節」にはバタビヤ（ジャカルタ）の町を二〇万人の民衆が行進するまでに爆発的に発展した〔町田一九六七、一五三―一五七頁〕。

「遼《ママ》原の火のごとく」３Ａ運動を拡げた功労者として等しく名が挙がるのが清水斉（宣伝課長）である。斎藤鎮男（第一六軍軍政部企画課・少尉）は清水が「民衆組織者としての天与の資質」に加えて「満洲の協和会、北支の新民会」で経験を積んでいたことを指摘する〔斎藤一九七七、一一三頁〕。しかし、清水は戦後(一九八七年)のインタビューで大政翼賛会や新民会運動が3A運動に影響を与えたという見方を否定している。「実際の肉付けは全部ジャワの、インドネシアの人たちがやってますからね。私はそれをただ通訳、仲介をしてくっつけるということで、だから、ほとんど日本人の意志というのは入ってないです(中略)私自身は、ほんとに橋つなぎでインドネシアの言うことを日本の中へ入れて、日本と分けさせてやっていく。すべて7・3とか6・4ですよ」[清水一九九一、三二七―三二八頁]。町田は清水を「日本人よりもネシアに近かった同君のことだから、寝食などは二の次で、資金の調達さえ自分で狂奔して、その馬力は制御すべくもなかった」[町田一九六七、一六一頁]と形容する。清水の姿は、インドネシアに派遣された日本人の一部に見られた――ムルデカ(独立)に向かうインドネシア民族主義の熱情に共鳴してその奔流に身を任せる――あり方を代表している。

盟主・日本のもとに政党解消・大同団結を訴える運動の体裁をとっていたとはいえ、インドネシア人は3A運動を独立と結びつけ、だからこそ運動は爆発的な勢いで拡がった。宣伝班も「盛んにそれをほのめかせたし、正直言ってそれを望んでいた」[同上、一五七―一五九頁]。しかし、南方占領各地に「独立」宣伝の禁令が南方軍から伝わるなかで、軍政官僚たちは「宣伝班の独走を非難して、三亜運動打破に乗り出した」。「その寿命は半年ほどに過ぎなかった」と町田は3A運動の終焉を語る[同上、一六三頁]。新聞報道は、一九四二年一〇月以降ぱったりと3A運動を報じなくなった[深見編一九九三、五五頁]。南方軍に対して第一六軍岡崎参謀長が「治安」の懸念と結びつけて「高度の自治許容」に向けた首相声明を要請したのも同じ頃であった。このことは、3A運動の「成功」を目の当たりにして、軍政協力の圧倒的な「声」がいつ抗議の「声」に転化して「治安の確保」が覚束なくなるか分からないという不安を第一六軍がすでに抱き始めていたことを示唆している。

すでに触れたように、第一六軍司令官・今村均の軍政方針について斎藤は「できるだけ現地を破壊しない」「緩和軍政」であったことを強調する。そして、オランダ人・白人を利用したのと同じ発想から、民族運動についても「彼らの民族的気持ちが満足するような方向」を志したという〔斎藤一九八〇、二一―三頁〕。一九四二年七月、ようやくジャカルタにたどり着いたスカルノと会見した今村は、「独立」付与を明言する権限は自分にはないが「幸福に生活ができるようにすることは保証する。それは私の権限でできる」と言外に「独立支持」を匂わせた上で軍政協力を求めた。これに対してスカルノは今村の言外の真意を汲んで、軍政協力が独立への早道につながるとして、対日協力に反対する周囲を「逆に説得」して軍政協力に踏み切ったという。この一種の腹芸めいたやり取りを、斎藤は「今村の人徳」のなせる業であった語る〔斎藤一九九一、一七七―一七八頁〕。見逃してならないのはそれが、スカルノおよびインドネシア民族主義者があくまで独立至上主義の立場から軍政に協力するのだという「隠された意図」を、日本側もまた「不問に付す」という腹芸でもあったということだ。こうして、日本側のインドネシアに対する軍政上の要求が強まり、民族主義者がこれに応じて軍政協力に向けた動員を強化すればするほど、インドネシア独立に向けた圧力も強まるという政治力学が生まれた。大本営や南方軍が民族運動の利用を「火遊び」〔斎藤一九七七、八〇頁〕だと批判したのは、このような政治力学が動き出すことに対する懸念からだったとも言えるのである。

一九四二年一一月、今村司令官はラバウル防衛の第八方面軍司令官として転出した。「緩和軍政」は転換期を迎え、軍政は民族運動が独立運動に向けて政治化することに対する警戒を強めた。その一方、全体の戦局が厳しさを増すにつれて、インドネシアとくにジャワ島は、軍政の安定を誇るだけでなく、人口稠密《ちゅうみつ》で生産力の高い占領地として南方占領地全体の現地自活に向けた補給基地的性格を帯びるようになった。とりわけ食糧供出と労務者(ロームシャ)の徴発に対する要求が強まった。その実態については正確な統計に欠ける。収穫高の一〇%から三〇%程度の米穀の供出が強制されたジャワ島のある地域についての報告では、米の配給制度がない一方で供出量が独断的に割り当てられるために農民の間で食糧不安が強まっていたことが指摘されている[後藤一九八九、一一五頁]。労務者についてはジャワ島全体で約二一〇万人にのぼる労務動員がなされ、島外に移送された労務者も一九四四年四月現在で少なくとも約一六万五〇〇〇人にのぼった。劣悪な労働・医療衛生環境と食糧不足のなかで「一ヶ年の減耗率二〇%に及ぶ」という記録が日本側に残されている[同上、九二頁]。こうした数字の背後には、日本側でしばしば語られる「ジャワ天国」という記憶とはかけ離れた、日本占領時代インドネシア社会の暗黒の風景が拡がっていた。

このような支配と動員の強化は、民族主義運動によるいっそうの対日協力なしには不可能であった。一九四三年三月、まさにそのような目的で3A運動に代わる大衆動員運動としてプートラ(民衆総力結集運動)が始まった。スカルノはその先頭に立ち、対日協力に向けた総力結集の名の下に民族的結束の強化と社会の組織化をめざし、食糧供出や労務動員に協力した。スカルノの軍政協力に対しては、オランダ留学経験者など欧米志向の民族主義者の間では批判が強く、シャフリルは反ファッショの立場を貫き対日協力を拒否した。しかし、知識人運動的な性格が強い対日非協力派は、政治力・動員力でスカルノに太刀打ちできず、占領期間中を通じて軍政協力に対する批判者として雌伏するにとどまった。同じく流刑から解放されたハッタは、スカルノとともに軍政に協力してプートラにも関与したが、より中立的で控えめな活動を展開し、シャフリルら対日非協力派との連絡役を務めた。

スカルノを中心とする軍政協力が圧倒的な影響力と動員力をもつことは、日本軍をおおいに助けた。その反面、プートラなどの民族主義勢力による軍政協力運動が浸透すればするほど、運動の政治化に対する日本軍の危惧もまた強まった。しかも、一九四三年五月、日本はビルマやフィリピンに対する「独立」付与の決定の一方でインドネシアを帝国領土化することを秘かに決断して、インドネシアに対しては将来の帰属を明らかにしないまま軍政に対する「政治参与」制度を発足させる運びとなった。この政策と整合性をもたせるために、プートラが発足して半年にも満たない一九四三年八月、斎藤は清水らとともにスカルノを訪れ、プートラを解消して表立っては民族主義を志向しない対日協力組織に衣替えするように説き伏せた〔斎藤一九七七、一二六―一二九頁〕。一九四四年三月、政治色のないジャワ全住民を包摂する官製団体としてジャワ奉公会が発足した。

さらに第一六軍は、一九四三年一〇月、「独立」を前提とせずあくまで「郷土」を防衛する目的の軍隊として、ジャワ防衛義勇軍(通称ペタ)の編成を命じた。ジャワ五〇〇〇万の人口に日本軍駐留部隊わずか一万五〇〇〇という状況は明らかに兵力不足であり、将来予想される連合国軍の攻撃に対するジャワ防衛戦を考えれば「日本軍政に心から協力する」現地住民による「軍隊」が必要だった。その一方、軍政協力にもかかわらず、「独立」国でないために大東亜会議にスカルノ、ハッタが招待されなかった(日程をずらして一一月一三日に来日)ことは大きな不満を呼んだ。この際「独立」に向けて加熱するナショナリズムを吸収するためにも「原住民部隊」の創設は決め手と考えられた。義勇軍創設の中心には政治工作を担当してきた第一六軍参謀部別班があたった。まず幹部養成のために義勇軍錬成隊(教育隊)が作られ、その卒業生が約五〇〇名からなる大団を編成した。その兵力は日本の敗戦時までに六六大団・三万三〇〇〇名すなわち駐留日本軍の二倍の規模にまで拡大した。

ジャワ防衛義勇軍で見習士官・陸軍少尉として区隊長(五〇名規模の部隊長)などを務めた森本武志(一九二一生)は、自ら膨大な数の関係者に取材し収集した資料をもとに『ジャワ防衛義勇軍史』[森本一九九二]を著した。同書によれば、インドネシア人幹部の中核には参謀部別班がかねて養成してきたタンゲラン青年道場(陸軍中野学校のジャワ版)の出身者が入った。在留邦人出身の市来竜夫も勇躍して義勇軍創設に参加し、指導部員としてインドネシア語・日本語対訳の「教練教程」を作成した。錬成隊(教育隊)の教育期間は短く教材も乏しかったことから「気力(スマンガット)の充実と候補生の自覚と熱意を燃え立たせる」精神主義的な教育に重点がおかれた。そして「現場に於て独立を煽るような言動は堅く禁止されていた」が、実際には「学科の時に、オランダに虐げられたインドネシアの歴史を語って、独立インドネシアを暗示しまた、将来の独立国軍の幹部となる自覚を持つことを促してきびしい訓練に耐えさせた」と指摘する[森本一九九二、九一頁]。日本人指導官の間でも「独立」を当然視する者が多かったことが、谷和宏伍長の次の手記からもうかがえる。

これは大変なことになった。しかしやり甲斐はあるぞ。インドネシア建軍、その柱となるべき将校の養成(中略)同じ釜のメシを食い、同じ毛布にくるまって寝て、インドネシア独立のためその礎石となる[同上、一〇四頁]。

このように、3A運動に始まり、プートラ、ジャワ奉公会、ジャワ防衛義勇軍と、日本軍は独立運動を誘発せずに軍政協力を獲得するための動員をめざして、文字通り手を替え品を替えてプログラムを走らせた。そのたびにインドネシア民衆は日本側が期待する以上の熱狂的な反応をみせた。しかしそれは独立に向けたナショナリズムの高揚がなせる業でもあり、どのみち、運動の政治化を避けられるものではなかった。また清水斉や参謀部別班、防衛義勇軍指導官ら日本人の一部は、往々にして職務を超えてインドネシア民族主義への共鳴に身を委ねた。このとき彼らが没入したのは、日本中心の独善的な解放・「聖戦」論ではない。むしろ彼らは、あらゆる障碍を乗りこえようとするインドネシア・ナショナリズムという「他者の正義」に圧倒され、魅了され、対象に自らを同一化した。やがてその共感から、もしそれが独立の障碍になるのであれば、日本でさえも欧米と等しく乗りこえられるべき存在と捉える独立至上主義に自らを同一化させていく日本人も現れることになるのである。

否定される日本帝国――ブリタル反乱とビルマ国軍蜂起

戦局悪化のなかで遅ればせながら出されたとはいえ、待望の「独立」を約束した一九四四年九月の小磯声明に対するインドネシアの反応は、ほどなくして歓迎から不満へと転じた。ビルマやフィリピンの場合は、行政機構の設立から「独立」に向けて着々と進む準備と並行して「独立」が約束され、まもなく期日が確定するという形式が踏まれた。ところが小磯声明は、そのあと何らの具体的な進展もなかった。その一方、米穀の強制供出・労務動員など兵站基地としてのインドネシアとりわけジャワに対する重圧はますます強まった。拡がる深い失望と怒りのなかで発生したのが、一九四五年二月、ジャワ防衛義勇軍東部ジャワ・ブリタル大団による反日武装蜂起であった。

森本によれば、ブリタル大団のインドネシア人将兵は、日本人指導官の将校・下士官に民衆の面前で平手打ちされるなど侮辱されることがしばしばだった。また、一週間の外泊休暇で里帰りした兵士たちは、自分たちの入営後半年の間に食糧・医薬品の不足で故郷が悲惨な状態になっていることを知り、日本に対する憎しみと失望を募らせた。さらに兵士たちは、自分たちの部隊の陣地構築に動員された労務者が、劣悪な衣食住・医療環境のもとでマラリアや赤痢が蔓延して次々と死に、労務者不足で婦人や子供までが狩り出される状況を目撃した。このような日本占領下の暗黒と、反故同然にされた「独立」の約束に対する不信から、早くも小磯声明直後の一九四四年九月からブリタル大団内部で、連合国軍の反攻に呼応して反乱を起こす計画が練られ始めた。そして一九四五年二月一四日未明、謀議の秘密が漏れているという疑惑から、タンゲラン青年道場出身の小団長スプリアディが急遽反乱の火蓋を切ったのである。日本人犠牲者は即死二、重傷後死亡一、負傷一であった〔森本一九九二、五四三―五五五、五七七頁〕。

一九四五年二月一五日。蜂起の翌日、ペタ反乱部隊と日本軍鎮圧部隊のにらみ合いが続くなかで、インドネシア側の信頼が篤い清水斉が反乱者の投降説得のためにジャカルタから駆けつけた。そして、第一六軍の「処罰しない」という方針を伝えて土地の古老とともに反乱軍将校団を説得し、反乱軍は営舎に帰団した。しかしその後になって第一六軍では厳罰論が高まり、清水の約束を裏切るかたちで軍事裁判が開かれた。被告五十数名のうち六人が死刑判決を受け、一九四五年五月一四日に処刑された〔同上、五八二―五八五、五九三―五九五頁〕。スプリアディは事件後行方不明となったまま、インドネシア独立宣言後、象徴的な意味を込めて初代国軍総司令官に任命された。事件は、日本占領下のインドネシア独立運動が「与えられる独立」から「勝ち取る独立」に転換した歴史的契機〔後藤一九九一b、三八六頁〕として位置づけられたのである。日本側から見れば、当初あれほど順調に軍政を開始して「民心」を把握したかに思われていたインドネシアで起きたこの事件は、「他者」により「否定」され崩壊していく日本帝国の姿を象徴するものでもあった。

一九四五年二月一五日午後二時三〇分。

ちょうどブリタルで日本軍鎮圧部隊と清水斉がペタ反乱部隊と対峙していた前後の時間である。東京の宮中では、また最高戦争指導会議が開かれていた。フィリピンではマニラ市街戦が始まって二週間近くが経ち、米軍の無差別砲撃と日本軍の銃剣・狙撃・残虐行為のなかで市民の大量死が続き、炎暑のなか街は屍臭に包まれた。硫黄島に対する艦砲射撃・爆撃もこの日に始まった。米海兵隊が上陸して凄惨な地上戦が始まるのは二月一九日のことである。この日の会議に付された「世界情勢判断」は短文で、アメリカがいよいよ兵力の重点を「東亜」に向け、八月か九月には帝国本土に包囲進攻態勢の確立をはかってくるだろうと分析している。

今や戦局は日独にとりて急迫しありと雖《いえど》も敵国も亦夫々深刻なる苦悩を包蔵しありて正に彼我の根比べの段階に到達しあり(中略)必勝の闘魂を堅持し飽く迄戦い抜く者に最後の勝利が帰するものと言うべし〔参謀本部編一九七九、二三二頁〕。

こうして「根比べ」を語るばかりで誰も責任をとる者がないままに、日本はいましばらく戦争を続けた。一九四五年三月に入ると東南アジア大陸部で動きが激しくなった。まず、ヴィシー政権崩壊後、ドゴール政権に接近する動きがフランス軍のなかに生まれていた仏印で、一九四五年三月九日、日本軍は仏印武力処理(明号作戦)で先制攻撃に出てフランス植民地政府を解体し、ベトナム(安南)、カンボジア、ラオスの各王国に「独立」を宣言させた。しかし武力処理では混乱はおさまらず、フランスおよび日本からの解放をめざす民族独立運動組織ベトミン(越南同盟)のゲリラ活動が強まっていく。

一方、ビルマ戦線では、インパール作戦中止後、追撃する英軍に対して反撃を試みたイラワジ会戦で日本軍が敗北、三月一九日、北部の中心都市マンダレーが陥落、英軍に占領された。ビルマ戦線には、いよいよ日本軍の防衛線崩壊の兆しが表れていた。

一九四四年一二月、陸軍専任嘱託の身分でビルマ政府最高顧問小川郷太郎の法制秘書としてラングーンに赴任した中村俊晴(一九一〇生)は、当時の軍司令部の様子について「参謀連中の間には、無力感の浸透から自暴自棄の空気が現われ、焦慮する参謀長が高級参謀に鉄拳制裁を加え、遂には蹴転がすという異常な興奮状態が頻発」しており、「参謀連中は、その鬱憤晴らしに、夜毎茶屋酒を浴びる」毎日であったと記している〔中村一九七七、「序」〕。この「焦慮する参謀長」とは、インパール作戦後の一九四四年九月に着任したあの田中新一である。かつて大本営で好機南進論を戦争指導班長の有末大佐に腕力で無理強いし、ガダルカナル撤退に反対して佐藤軍務局長に殴りかかり、東條首相に暴言を吐いた作戦部長が、いまやビルマで戦線崩壊の焦慮から部下に暴力をふるっていたわけである。

一九四五年三月二七日。

アウンサン国防大臣兼ビルマ国軍司令官は、突如、全軍(約一万人)に命じて抗日蜂起に立ち上がった。アウンサンとパサパラ(反ファシスト人民自由連盟)を組む共産党もすぐに蜂起し、一部農民も蜂起に参加した。このときビルマ国軍内部にいた日本人軍事顧問約一〇〇人のうち、二〇人以上が殺された。他は逃亡を黙認され、元南機関員は丁重に扱われた。前線から退却する日本軍に対する待ちぶせ攻撃、日本兵への闇討ち、ビルマ人から恨みを買っていた憲兵などへの襲撃、食糧倉庫や武器庫、橋の破壊といったかたちで展開された反乱は、必ずしも大規模なものではなかったが、日本軍支配の正当性がビルマ人によって根幹から否定された意味は大きかった。進出した連合国軍に対してパサパラは全面的に従った。日本軍を共通の敵とすることにより、両者の関係は表向きしばらく「蜜月」が続いたと根本敬は指摘する〔根本一九九六、一三四—一三八頁〕。

ビルマ国軍反乱とブリタル反乱には戦局の転換を背景としていた共通点がある。ジャワ防衛義勇軍の反乱謀議も当初は連合国軍進攻に呼応した計画が練られたが、秘密の暴露を恐れて予定より早い決起となったために鎮圧された。これに対してビルマの反乱は、アウンサンの優れた指導力のもとに連合国軍進攻のタイミングに合わせて満を持して全部隊が決起したことで成功した。しかし両者が本当の意味で共通しているのは、戦局の転換に合わせて日本軍を「裏切った」ことではなく、日本の支配に対する全民衆的な怒りと恨みが反乱の原動力になっていたことだ。

南機関工作員としてビルマ国軍顧問で残っていた高橋八郎(一九一四生)は、反乱が発生したとき、ビルマ国軍参謀長と共にアラカン山系にいた。あまりの暑さにフンドシ一つになって木陰で昼寝中、反乱開始の合図となった銃声の音で眠りを破られると、目の前に立つ参謀長から丁重に反乱の開始を告げられたという。高橋は「案外冷静」で、「いよいよやったか」と思ったという。彼自身が日本軍司令部の襲撃を考えていたほどだったからだ。「それは一口で言いますとね、ある村長の言葉ですが、日本人は三人おったらそのうち二人は悪人だ、だから反乱を起こしたと。また、ビルマ軍が立たなければ、俺たちだけでやるといきまいていた部落もあったそうです。私のいたアラカン地方は特にその空気が強かった」〔森山・栗崎一九七六、一七三―一七六頁〕と高橋は回想する。戦後帰国した高橋は、一九五五年ふたたびビルマに渡り、ビルマ国防省に勤務して教育訓練や国軍史編纂にあたることになる。

一九四五年四月二三日。ビルマ方面軍司令部は首都ラングーンの放棄を決めた。司令部要員はトラックの隊列に分乗して、午後九時四五分、夜の静寂を破る轟音を響かせて出発した。ほどなくしてトラックの隊列は「自由印度軍の将兵部隊」に追いついた。中村俊晴は「われわれはトラックに依り、彼等はトラックの砂塵にむせびながらの徒歩行軍である。死生を共に誓い合った同盟軍といえども、一旦敗色濃しとなれば、かくの如き差別である」「同情と、申訳ないという気持ちを禁じ得なかった」と記している〔中村一九七七、一七頁〕。五月二日、英軍はラングーンを占領した。

このとき脱出するバモオ一行に日本はラウレルに対するように飛行機を手配せず、一行は空襲下を故障しがちなバスで避難を強いられた〔根本一九九六、一四〇頁〕。その後バモオは日本に脱出し、日本の敗戦後もしばらく新潟県に身を潜めたが、一九四六年一月に出頭して巣鴨拘置所に収監され、同年八月に帰国を許された。一方ビルマでは、アウンサンを中心にイギリスからの独立に向けて複雑な政治が展開した。そのなかで、一九四七年四月の選挙で勝利したアウンサンは、前年に監禁先のウガンダから帰国したウー・ソオ元首相の一派により七月一九日に暗殺された（真相には謎が多い）。一九四八年一月、ビルマ連邦は完全独立したが、強力な指導者を失い、共産党やカレン民族同盟の武装闘争で発足当初から内乱状態に襲われて不安定な国造りが続いていくことになる（一九六二年、国軍クーデターによりネィ・ウィン政権が発足）。

一九四五年六月一二日。遠く日本に在って、ビルマ国軍蜂起の事情を友人の記者・倉島竹二郎から聞いた作家・高見順は、日記にこう記している。

彼の話では、オン・サン少将がビルマで一番先に裏切りをやったという。あのオン・サンが？——ビルマにいた時分私たちの一番信じていた人である。バー・モーよりも信じていた。が、私の胸には、怒りはなかった。——日本人が結局駄目なのだ。そういう想いに落ち込んで行った。オン・サンに裏切られた私たちの悲しみより、日本を裏切らねばならなかったオン・サンの悲しみの方がずっと深く強いことだったろう。そう思われた〔高見一九八一、一七三頁〕。

敗戦をめぐり日本人たちが残した無数の語りが、仮に目の前を流れる川の奔流であったとしよう。そこに手を入れてすくいあげたとき、私たちの掌が汲み取ることになる、もうひとつのクリシェの群れ——「自己否定と反省の語り」——がここにある。「日本人が結局駄目なのだ」——日本帝国の終末の日々を通じて、この思いのなかから、日本人はいったい何を学んでいったのであろうか。

2　「学びの場」としての東南アジア占領

退場する日本帝国

一九四五年六月八日。

最後の「世界情勢判断」は、本土決戦を決意した一九四五年六月八日の御前会議に提出された。その結語には、ついに「戦勝の神機」なる言葉が出現する。「欧州盟邦も既に崩壊し（中略）帝国は真に存亡の岐路に立ち居るも敵亦苦悩を包蔵し短期終戦に狂奔しつつあり。従って帝国は牢固たる決意の下必勝の闘魂を堅持し、皇国伝統の忠誠心を遺憾なく発揮し速かに政戦略施策を断行し以て戦勝の神機を捕捉するに遺憾無からしむるを要す」[参謀本部編一九七九、二六八頁]。

日本が南方最後の抗戦拠点と期待したインドネシアでは、独立準備調査会が発会する(一九四五年五月二八日)など、ようやくこの前後から「独立」付与に向けた動きが具体化した。そして七月一七日、最高戦争指導会議は「大東亜戦争完遂に資する」ため「東印度の独立を容認」するとして、ようやく「独立」準備の促進強化を決定した[同上、二八〇頁]。決定にともない現地軍(南方軍・第一六軍など)に対して発された機密電報は、九月初頭をメドに「独立」準備を進めるよう命令するとともに、その目的を「戦争遂行に寄与せしむるを主眼」にするとして、「独立」付与の目的が日本軍最前線の兵站基地の維持にあることを明示した。八月九日、南方軍総司令官・寺内寿一はスカルノ、ハッタらをサイゴンに招集し、同一一日、ダラットの南方軍総司令部において日本政府を代行して独立命令の下達式を行った。「インドネシアを独立せしむる方針を決定」したので、ジャワに独立準備委員会を設置して速かに具体的準備に着手せよ、準備が出来次第まずジャワから独立を実施するべしという内容であった[西嶋・岸一九五九、四二四—四三二頁]。しかし、この火事場の騒ぎのような大急ぎの準備も、結局、日本の敗戦には間に合わなかった。八月一四日午前、御前会議においてポツダム宣言受諾を昭和天皇は決裁した。スカルノ一行がサイゴンからジャカルタに帰着して空港で歓迎式が行われたのはその日の正午のことだった(午後との記録もある[深見編一九九三、二二二頁])。

一九四五年八月一六日午後一〇時過ぎ。

第一六軍軍政監部総務部長・西村乙嗣少将の宿舎をスカルノ一行が訪れた。同席した斎藤鎮男によれば、スカルノは「いまや終戦の事実を知った」ので、速やかにインドネシア共和国独立の宣言をするために「独立準備委員会の開催を認めていただきたい」と迫った。西村部長は「一句一句自分にいいきかせるように」話し始めた。「山本〔茂一郎〕軍政監に代って申し上げる」――これまで独立に協力してきて最終段階でこのように述べるのは本意ではないが「降伏した以上日本としては独立を支援することはできなくなりました」そして連合国軍からすでに降伏条件実施命令を受けており「今後は現状(スタトス・クオ)を維持しなければならず、行動の自由を失ってしまったのです」。

押し問答の末、スカルノ、ハッタは「日本が手を貸せないなら止むを得ない。ただ妨害をしないでもらいたい」と通告した。続いてスカルノは「あなた方日本人は、勝っているときには強がりをいい、負けるや忽ち尻尾を捲いて逃げるのですか。それがあなた方の誇りとする武士道というものだったのですか。もしそうなら、逆境にたったときに武士道とはどうあるべきものかを私たちが見せてあげよう」と「激しい調子でいいきった」という〔斎藤一九七七、一九八―二〇一頁〕。

実はこの会見の直前まで、スカルノとハッタは、日本と決別して独立宣言をただちに出すよう求める青年グループによって一時レンガスデンクロックに誘拐されていたが、青年たちを説得し、独立宣言をジャカルタで出すことを約束して戻っていた。西村との会見は、日本による「独立」付与手続きの中止をダメ押しで確認することで、カッコなしの真の独立宣言を内外に宣言するための段取りとしての意味があった。翌一九四五年八月一七日午前一〇時、ジャカルタのスカルノ邸においてインドネシア共和国の独立が宣言された。スカルノとハッタが、ただちに正副大統領に就任した。

一九四五年九月二日。

日本の敗戦以来、ハノイの目抜き通りのポール・ベール通りでは、仏印がふたたびフランス支配下におかれるのを防ごうと各政党の大同団結を訴えるデモ行進が毎日のように行われていた。それまで日本軍に地下活動で抵抗してきたベトミン(越南同盟)も公然と加わった。その様子をホテルの部屋から見ていた日本人外交官の石川良孝は、「八月革命」の様子を次のように回想する。

デモの最後の日はちょうど日曜日〔一九四五年九月二日〕でしたが、越南同盟の党大会があり、それが終わってデモ行進がポール・ベール通りを喚声をあげながら進んでいた時に、四方八方から戦車が入って来てデモ行進に合流しました。越南同盟の軍隊でした。実弾をダーン、ダーンと空に向かって撃ち放っていました。日曜日で休みであった官公庁の建物を開けて(中略)越南同盟の大きな旗をすべての建物に掲げてしまいました。そういうふうに越南同盟の無血革命が成就したわけです。ひとりの死傷者も出ませんでした〔石川一九九六、五六頁〕。

ジャカルタとハノイのふたつの光景からは、二〇世紀中盤における東南アジアの政治空間争奪戦のい、、、ひとまずの勝者としての民族ナショナリズム——諸国民国家の形成運動——が、この時点でもっていた圧倒的な勢いを感じさせられる。それを力なく見守る日本の軍人と外交官たちは、この政治空間争奪戦の最初の敗者として東南アジアから退場を命じられた日本帝国の姿を体現していた。そしてこのあと東南アジアは、植民地独立戦争、内戦、域内紛争と国民国家の建設が絡まり合う疾風怒濤の時代を迎えることになるのである。

東南アジア占領の歴史的衝撃

アジア・太平洋地域の植民地帝国のうち最初に崩壊したのは、ほかでもない「大日本帝国」であった。本書はこの事実をふまえて、南方＝東南アジア占領に関係した日本人による「語り・回想」から、東南アジア占領が日本に与えた歴史的衝撃に注目してきた。

考えてみれば、対米英開戦と同時にあふれかえった「解放」と「聖戦」のクリシェの群れそのものが、南方作戦が日本人に与えた歴史的衝撃のひとつの結果であった。日中戦争の混迷や日米交渉の行き詰まりに倦《う》んだ人心は、緒戦勝利の興奮のなかで「東亜民族」の「英米百年の植民地経営の桎梏」からの「解放」に戦争目的を見出したのである。一方、石井秋穂に代表される軍事エリートは軍事資源の獲得を最優先する「資源の戦争」のリアリズムを貫くことを望み、「聖戦」論が植民地独立論を誘発して占領地の管理に支障を来すことを恐れた。それゆえ南方軍総司令部はひとまず全占領地に直接軍政を実施するとともに、走り出した「聖戦」論の抑制をはかり、「独立」と「聖戦」の大義を掲げたい軍宣伝班や謀略工作とのあいだで大きな摩擦を起こしたのである。

「資源の戦争」のリアリズムと「聖戦」イデオロギーのどちらがより現実的で、どちらがより観念的なのかという問題は、実際にはきわめて流動的であった。そもそも戦争指導部の資源獲得構想自体が空想的とも言える軍事的冒険であったことは、戦争の展開が明らかにした通りであった。その一方、「聖戦」論は、被占領者(東南アジア)に対して戦争協力と受忍を強いる論理として「資源の戦争」のリアリズムを支える役割を果たした面があった。しかしそれは被占領者が占領者(日本)に「解放」の実質――「独立」を求め、さらに「独立」からカッコを外すこと――を要求するあらたな現実的意味をも付与した。そして、日本の戦争目的をめぐる動揺と混乱は日本帝国をその膨張の極点において揺さぶったのであった。

「大東亜共栄圏」の「共栄」という「虚像」と、軍事的植民地主義の「実像」という対比についても、そのような「実像」を「欲望」しても実行力が不足していた「現実」に本書は注目してきた。緒戦で勝利した日本は、たしかに東南アジアにおける新秩序形成者の立場に立ったかもしれない。しかし、占領政策の実際は旧秩序(欧米植民地支配)の温存と利用に依存し、経済植民地化の実行力も不足していて、「宥和」と「圧制」にたよる日本支配の脆弱性と——宿主と共生できない点で寄生者でさえあり得ない——略奪的な性格は早晩明らかにならざるを得なかった。そして、日本帝国が秩序形成力に不足していたという「現実」は、「戦力」が「下る」につれて「政治」が「踊る」状況のもと、「独立」問題や大東亜会議など日本の戦時外交にも影響を与え、日本帝国の解体を促進したのである。

こうして南方＝東南アジア占領は——国力の限界を超えた戦争と占領が、いわば即物的なレベルで日本帝国の軍事的・経済的解体を促していくプロセスと、言説空間のなかで「政治的主体」として立ち上がった東南アジアのナショナリズムが語る「自主独立」と「正義」が、日本の語る「聖戦」論や「大東亜共栄圏」論を乗り越えていくプロセスが絡まり合い——いわば現実と観念の双方から日本帝国を揺さぶり解体していったのであった。

「かれら」のナショナリズム

東南アジア占領が日本に与えた歴史的衝撃という意味で、小論がいまひとつ注目したのは、日本人にとってアジア・太平洋戦争が、南方＝東南アジアの被占領者という「他者」の存在を通じて、帝国・日本のやり方が通用しないことを学習する機会ともなったという点であった。その意味で最大の焦点となったのが、「他者」のナショナリズムにどう向かい合うかという問題だった。

開戦後に澎湃として語られた「日本を盟主とする」「大東亜共栄圏」のクリシェを通観してあらためて感じさせられるのは、それがいかに「他者」を想定しない独善に満ちていたかということである。たとえば榊原政春が「大東亜戦争はアジアに於ける有色人種の解放運動だ。白人種によるアジアの支配を根本的に覆すまで我々は闘うのだ」(一九四二年一月一六日)と記す一方で、植民地「独立」問題に一向に関心を示さなかったのは、植民地が白人支配からカラー・ライン(人種の境界)のこちら側としての「大東亜共栄圏」すなわち日本の支配下に入りさえすれば、それは「解放」なのだという発想を示していた。この場合、植民地は「われら」の一員になることしか想定されていない。しかし実際には、南方＝東南アジア被占領地で立ち上がった「政治的主体」は、いずれも日本の「身内」や「兄弟」になることではなく、日本と対等な「かれら」になることを望み、主張したのだった。そしてひとたび「かれら」が「かれら」たることを主張したとき、「身内」「兄弟」の家長制度的「共栄圏」論の信奉者であった東条英機もまた、その主張を容れて主権平等原理の規範と儀典に従って振る舞わざるを得なかった。それが、戦況の悪化を背景とした「戦争の政治」の現実だったからである。

この事実は、「大東亜共栄圏」という枠組みのなかで、国民国家形成運動としてのナショナリズムが「盟主」日本でさえ容易には否定できない正当性をもっていたことを意味する。言い換えれば、まだこの時点では、人権・民主主義や民族・宗教紛争などとの関係でやがて抜き差しならぬ問題となっていく国民国家形成運動の闇の領域は問題とされていない。そして、「かれら」の力強い独立至上主義と正対したとき、日本政府も派遣軍も、あるいは民族主義運動とかかわった日本人も、あからさまな弾圧者となる以外には、肯定する以外の選択肢を想像することができなかった。さらにその選択が「日本人であること」と矛盾したとき、場合によっては日本を捨てさせるほどの大義をこの時代のナショナリズムはもっていたのであった。

そのような意味で、東南アジア占領の終末において「他者」ともっとも抜き差しならぬ対峙を迫られたのは、やはり、インドネシアに派遣された日本人たちであったと言えるだろう。

とりわけジャワ防衛義勇軍(ペタ)指導官であった日本人下士官・将校は、連合国軍に対するジャワ防衛戦を想定したなかでインドネシア人将兵との「共戦共死」の覚悟を築き上げてきた。敗戦後ただちに日本軍は義勇軍の解散と武器回収を決定したが(一九四五年八月一六日)、インドネシア側から独立戦争への参加や協力を求められた指導官も少なくなかった。

結果として参加した者は少なかった。『ジャワ防衛義勇軍史』を著した森本は、指導官たちは軍命令に従ってジャワ防衛義勇軍に参加したのであり、「思想」をもって参加したわけではない。命令は(天皇の命令であり)絶対であるという原則が彼らをインドネシア側に走らせることを思いとどまらせたと述べる。しかし、もちろん心境は複雑であった。森本は自らの経験を次のように語っている。

〔ジャワ防衛戦に備えた〕ゲリラ隊を率いている時は、限りなくインドネシア人に近付こうと努力し行動していたが、終戦になって日本人に戻ろうとする明白な心の動きがあった(中略)「もし独立戦に誘われたら俺は参加するぞ、それはかねてからの約束だから……」という若さから来る誠意が頭を擡《もた》げて「俺を必要とするなら出て行くぞ」という心の動きとなっていた。しかし彼〔教え子のインドネシア人〕は誘わなかった。私はほっとして「頑張れよ」と言って別れた〔森本一九九二、六七三―六七四頁〕。

その一方、敗戦後、時間が経つにつれて、日本軍は、連合国軍からは治安を維持して武器を絶対に渡さないよう命じられ、インドネシア側からは独立戦争に協力して武器を引き渡すよう求められ、困難な立場に追い込まれた。一九四五年九月二一日、第一六軍はあらためて参謀作戦会議で「国体に累を及ぼすことは絶対に避ける」という基本原則を再確認した。連合国軍の指示に従う努力を示したのである。しかし実際の対応は各地部隊責任者によりまちまちで、戦闘を交えず引き渡す部隊、戦闘を交えても引き渡しを拒否した例もあったが、大半は戦闘を交えたうえで武器を放棄した。一九四五年末までに中部・東部ジャワの日本軍保有兵器の約半分がインドネシア側の手に渡ったとされる。この間の衝突事件で日本側はジャワ攻略作戦の戦死者の半数ちかい四〇〇名余りが戦死するなど大きな犠牲を払うことにもなった〔後藤一九八九、二八七―二八八頁〕。

このように日本軍全体としては、インドネシア独立運動への心情的な共感を抱きつつも、連合国軍の指示に従い、日本人の帰還を優先する考え方が大勢を占めた。しかし、インドネシア側に身を投じた兵士・下士官・軍属いわゆる「現地逃亡残留兵」もまたジャワ全体で少なくとも二七七名にのぼった。後藤乾一は彼らの動機について「「独立」に対する共感といった何らかの形でのインドネシアに対する帰属意識」は強かったものの、そこに「祖国敗戦による無重力感」や「戦禍の祖国に帰ることへの不安感」「帰っても仕方がないという気持」が輻輳《ふくそう》していたと指摘する。そのうえで、ごく少数の例外ながら存在した「インドネシアの独立願望に対する浪漫的ともいえる自己同一化」の例として、市来竜夫らの名を挙げている〔同上、二八九―二九五頁〕。

一九四五年八月一五日をもって日本名を捨てたアブドゥル・ラフマン(市来竜夫)は、共和国軍のなかで実戦・教育双方にわたる任務についた。共和国政府がオランダに譲歩して結んだレンヴィル休戦協定後の一九四八年六月、市来は日本人特別ゲリラ隊の隊長となり、オランダ軍占領下の東部ジャワでゲリラ活動を展開した。しかし一九四九年一月九日、オランダ軍の猛攻を受けるなか、市来はあえて最前線に躍りでて戦死したという〔後藤一九七七、一八九―一九〇、一九八―一九九頁〕。

市来のような日本人については「逸《はや》ってインドネシア側とペースが合わず、インドネシア側が日本人を持て余していた傾向がある。だから一部は日本人部隊を別に編成して、彼らに独自に勇敢にやらせていた」〔森本一九九二、六七三頁〕という指摘がある。独立宣言後、インドネシア共和国とイギリス・オランダの間では武力衝突が続く一方、一九四五年一一月に発足したシャフリル内閣は近代的国家制度と外国資本保護など協調路線をとり、交渉による独立実現を志向した。一九四八年から首相・外相・国防相を兼務したハッタも親欧米路線で独立の実現をめざし、一九四九年一一月のハーグ円卓協定合意による主権委譲の実現に漕ぎ着けた。このような事態の推移のなかで、対オランダ武装闘争一辺倒の日本人たちはインドネシア側から見ても厄介な存在であった。オランダ側もそれを見越して日本人ゲリラ部隊に対しては厳罰でのぞみ、一九四九年八月には三名を銃殺刑に処した。このとき処刑された兵士たち(うち一人は徴用された朝鮮人だった)は「君が代」を斉唱し、「天皇陛下万歳」を三唱したという〔後藤一九七七、二〇二―二〇四頁〕。

第一六軍軍政監部要員として開戦から敗戦まで軍政に関与した斎藤鎮男は、敗戦後、外交官出身者らしくインドネシア独立運動との関係を断って日本の国益と日本人の保護(帰国)に尽くした。しかしその斎藤も、ある事件の思い出から導かれる「ナショナリズムへの共鳴」を、戦後、繰り返し語っている。事件は一九四五年一〇月一五日、英軍の上陸直前にジャワ中部スマランで起きた。日本・インドネシア両部隊の衝突事件の報を受けて、斎藤は調停のために共和国政府の代表とともに現地を訪れると、スマラン市内のブル刑務所に日本人多数が拘禁されたうえ虐殺されていたことが発覚した。日本軍が武器引き渡しを拒否するなかで悪化した関係から生じた死者一四九・行方不明三〇にのぼる最悪の邦人集団殺害事件であった〔宮元一九七三、一六四頁〕。そして斎藤は、刑務所の房の前に立ったとき視線が房壁に貼りついてしまったと回想する。そこには血の文字が消えずにあった。消そうとしても永遠に消すことができない血の文字であった。

バハギヤムルデカ　祝福独立
インドネシア独立　喜び死す
日本人万歳、大君……

この壁の血書を書いたのは、森永乳業社員として派遣されていた二九歳の青年であったという〔斎藤一九七七、二三五―二三六頁〕。斎藤は自著『私の軍政記』の締めくくりで再びこの血書に触れている。ここで斎藤は、インドネシア日本軍政の目的が「戦争目的達成と現地人の民心把握」にあることを再確認し、軍政が一国の独立に寄与したかどうかの評価と判断は史家に委ねられるべきだとする。しかしそのうえで斎藤は、自分には、帝国領土化や軍事的植民地主義を志向した南方軍政の「コロニアリズムへの傾斜の傾向」と闘い、「バランスのとれた軍政」を追求した「良心」があったと語る。そして瀕死の青年が血書した「大文字の内に蔵されている「ナショナリズムへの共鳴」こそ、軍政を叱咤し激励した「良心」の正体であった」と結んでいる〔同上、二八一―二八三頁〕。一九四一年一一月、「観念として、占領する場合にはどうするか」と軍政企画に着手してから四年間。斎藤の「良心」は、「大東亜共栄圏」という「われわれ」の「コロニアリズム」によってではなく、インドネシア・ナショナリズムという「かれら」の「声」に対する共鳴によって支えられてきたと述べているのである。アジア・ナショナリズムと出会い、共鳴し、かつ圧倒された経験――ここに、戦後を外交官として生き、やがてインドネシア駐在日本大使(一九六四―六七)としてジャカルタに戻ることにもなる斎藤鎮男にとっての、戦後に開かれた「学びの場」としてのインドネシア占領経験の核心が示されていると言ってよいだろう。

終末から戦後へ

一九四四年一二月二八日。

徴用文化人たちの緒戦時の経験を活写した『比島従軍』を出版したばかりの今日出海が――何も知らずに――マニラに到着した。近くフィリピンで行われるという「歴史的大会戦」の取材のためである。ところが着いてみれば、「歴史的大会戦」どころか、すでに軍司令部はバギオに退避し、日本軍は続々と市外へ脱出している。報道部長の秋山邦雄大佐は「また何故こんな時に来たのです」と手違いを訝《いぶか》しんだ〔今一九七八、一一四頁〕。今は、あまりの状況の変化に愕然とした。

昭和十七年のマニラと、昭和二十年のマニラとは、天国と地獄ぐらいの隔たりがあった。十七年に友達になった比島人は、どこに身を隠したか皆目行方が知れぬ。日本に愛想をつかして地下に潜ってしまった(中略)日本人と比島人の乖離は極点に達し、日中でも比島人は憎悪と軽蔑なくしては日本人を見ない(中略)マニラは三年にして死の街になってしまった[同上、七―九頁]。

一九四五年一月六日。マニラ滞在わずか一週間あまりで、今日出海は、再会した人見潤介陸軍大尉が引率する報道部の一隊に加わり、マニラを脱出した。その後、北部ルソン山中に逃れた報道部の一隊と退避生活を送った今日出海は、一九四五年三月末、台湾への飛行機による脱出の可能性に賭けて、ひとり報道部と別れて飛行場があるエチアゲに向かうことを決断する。人見は餞別に岩塩を渡した。そしてエチアゲにたどり着いた今は、ドイツ降伏の報を聞いてまもなく、エチアゲ飛行場に偶然不時着した陸軍偵察機の新司偵に搭乗を許されて、奇跡的に台湾へと脱出した。文字通り万に一つの幸運であった。その経験を綴った手記が、一九四九年に出版された『山中放浪』である。今日出海は、フィリピンにおける「大東亜共栄圏」の緒戦と終末の目撃者となり、語り部となったのである。

一九四五年一月八日未明。マニラ都心部エルミタ地区の「フィリピン総合病院」に、交通事故で重傷を負った在留邦人・大沢清が運び込まれてきた。占領下マニラで日本軍から液体燃料統制配給組合の責任者を命じられ、ガソリン・潤滑油の配給事務や代用燃料樽・代用潤滑油の製造で成果をあげた大沢は、在留邦人男子の大多数が現地召集されるなか「徴兵免除」されたが、燃料組合の日本人職員を引率してマニラを脱出中、郊外でトラックの後輪に腰と両腿を押しつぶされる事故に遭ったのである。アントニオ・シソン医師が院長の総合病院で一命をとりとめたものの、術後感染症で一月二六日から二月一六日までの三週間、大沢は人事不省に陥った。そのあいだにマニラ戦が始まった。米軍の砲撃と立てこもる日本軍による殺戮と残虐行為でエルミタ地区では市民多数が犠牲となり、なかでも建物の堅牢さから市民約八〇〇〇人が避難した総合病院は、院内各所に乱入した日本兵が医師・看護師・患者の別なく殺戮行為を繰り返し、婦女子を拉致強姦・殺害する凄絶な舞台となった。大沢が意識を回復したのは米軍が総合病院を解放した翌日であった。日本人狩りも始まる激しい対日憎悪のなか、無力で病床に横たわる大沢は、フィリピン人医師・看護師たちの好意に守られて生きのびた。

戦後、ほぼ全てのフィリピン在留邦人が――多くの日系遺児・孤児をフィリピンに残して――日本に強制送還された。「一生とどまりたい」と願い出た大沢も例外ではなかった。一九四六年一月、大沢が乗る「帰国のトラック」や「鉄道の無蓋車」には徐行するたびに石や棒切れが投げ込まれ、「バカヤロー!」「パタイ〔死んでしまえ〕!」の罵声を浴びた。「フィリピン人と親しく付き合ってきた私には、想像もできないことだった。一体誰が、一体何がこのような事態を招いたのか。私は頭を抱えてうずくまり、悲しみに身を震わせていた」〔大沢一九七八、一八八頁〕。それから一三年後、日本での「仮寝」をへて、一九五九年、大沢はフィリピンに帰った。そして大沢は、かれ個人を温かく迎えながらも対日憎悪が根強く残る戦後フィリピン社会のなかで、幸福な記憶に満ちた戦前邦人社会を奪った日本の侵略と残虐を憎みつつ、日本企業・邦人のフィリピン復帰に尽力していくことになる。

『山中放浪』のなかで、今日出海もまたなぜ「日本人」はこれほどに嫌われてしまったのかを自問している。そして、山中のある拠点を撤退した後に在留邦人が残していった狭い裏庭に畑が耕され野菜が芽を出しているのに気がついた今は、「どこへ行っても内地と同じ衣食住を要求する狭い料簡《りょうけん》」

と「猫額の庭」でも遊ばせない「勤勉実直の国民性」に「愛されざる国民」の心をかいま見るようで悲しくなったと記している〔今一九七八、六五―六七頁〕。作家の感性で、自己完結しがちな日本人の「国民性」に潜む独善性や排他性・閉鎖性を感じ取ったという「語り・回想」である。

死と悲惨に満ちた『山中放浪』のなかで救いのある情景として語られるのが、エチアゲで米軍の爆撃を逃れて「川向う」に疎開していたフィリピン人ロペス一家との出会いである。ここでは人見がくれた岩塩が役に立った。一家の子供たちが塩分欠乏で瀕死の状態だったからである。恩人として歓待された今は、パイプをくわえた芸術家風で丸顔の主人と語り合い、わずか二間ばかりの掘立小屋に暮らす十数人の大家族・子供たちとのんびりと食事し昼寝するという、五カ月間にわたる逃避行とは別世界の平和な時間を過ごした。このとき今は、日本の家族を思い出し、「生きたい。生きたい。帰りたいと心底から思うともうじっとしていられず、のたうち廻りたい衝動に駆られた」。平和にまさるものはない。「戦争は本当にイヤになった」という、理屈抜きの思い。終末の光景から戦後の始まりを告げる「語り・回想」のひとつの典型を、ここには見出すことができる。

同じ『山中放浪』のなかで、今日出海がその死を惜しんだ軍人がいる。占領まもないバタンガス州リパの町で群衆を前に翻訳不可能な精神主義の教説を叫び、困惑した通訳のルスが「ぼくはみたことがある。(中略)日本人は(中略)みんな正直で立派なんだ」と言い換えて「成功」してしまったあのエピソードの持ち主、望月重信である。一九四四年五月二一日、望月は「タガイタイ教育訓練所」からマニラに向かう途中、民間のバスを襲ったゲリラ(強盗)と遭遇して戦死していた。

タガイタイ教育訓練所とは、望月が人見潤介らの協力を得て、「新比島」を建設する「真に愛国的な自覚に燃えた志士的青年」を養成するために創設した全寮制の教育訓練所だった。マニラ南方の火山湖がある高原の保養地タガイタイに置かれ、望月自らが渾身で指導した（第一期生訓練・一九四三年六—八月）。望月が戦死したのは第二期生の訓練中のことだった。教材・カリキュラム、すべて望月が作り上げた。戦後（一九八〇年）、人見潤介が中心となって、訓練所のフィリピン人卒業生ＯＢ、親族、友人、後輩の藤本幸邦らが望月を惜しんで編んだ『比島の国柱』〔望月編一九八〇〕には、その教材や望月の著作が追悼文とともに集録されている。

「説教に異常な趣味をもつ」「望月和尚」と揶揄された望月が展開した教育は、基本的には興亜訓練所（マラヤ）、タンゲラン青年道場（ジャワ）と同様の精神修養・鍛錬に重点をおいたもので、「禊《みそ》ぎ」や「静座」を日課とした。主要教材も「日本精神——皇道精神または日本の国」・「日本女性の道徳律」や東洋回帰を訴える「フィリピン共和国の基礎作り」など、一見すると日本が占領下諸国に——受忍の論理として——押し付けた独善的な精神主義イデオロギーと変わらない。内容的にもその域を出ていない部分が多いことは事実である。しかし、『比島の国柱』に集録された卒業生たちの思い出は、まったくの異文化である望月の精神修養法にとまどいながらも、好意的に、またある種のユーモアをもって受けとめているのが印象的である。不思議と望月の教育は、日本の精神主義教育にありがちな独善的な押し付けとは受けとめられていなかったようである。

ユニークなのは、望月が平明な英語で難解な「日本精神」や皇道思想をフィリピン人に伝えようとしたその姿勢である。とりわけ望月は頻繁にキリスト教聖書に依拠して議論を展開した。たとえば「日本精神」では天皇に対する日本人の信仰を「キリストの霊性」と並べて論じ、「フィリピン共和国の基礎作り」では「マタイ伝」五章一三節の「地の塩」を引いて「愛国心を失ってしまった国民は、他国人の足下で踏みにじられるだろう」と愛国心の重要性を説くという調子である〔同上、一〇八―一〇九、一四二頁〕。教義理解としての当否は別として、英文教材に表れた涙ぐましいまでの「翻訳」の努力は、それがあの翻訳不可能な説教を垂れた皇道主義者の作品であることを思うとき感動的でさえある。

しかしここでむしろ注目したいのは、軍宣伝班発行の日本軍将兵向け文芸誌『南十字星』に望月が寄稿した、驚くほど厳しい日本人批判のふたつの文章である。「聖戦一年を顧みて」(一九四二年一二月)では、日本兵が「戦場に於いてあれほど立派に戦い抜いた神兵の本性を忘却」して、無辜の良民に平ビンタを食わせる、婦女子に敬礼を幾度も強要したあげく鼻先をつまんで戯れる、甚だしき者に至っては婦女子に強姦を敢行してあたら軍人の誉れを失う者がいる、邦人の中には日本軍政の威を借りて暴利をむさぼる「内なる匪賊」がいると怒る。そして「国家日本は、大東亜戦争の意義の理解を比島人に要求する前に、日本人自身に要求して止まない」「八紘一宇の理想は、日本人が愈々日本人になる事に依ってのみ達成せられるのである」と結ぶ。

もうひとつの文章「小なりといえども余りに大なり」(一九四三年二月)も同様の趣旨である。ここでは人見の報告書が遠回しに引用されている。すなわち、緒戦の軍紀厳正を人見が讃えた部隊が通過したルセナでは今でも治安が良く、労働者を拳銃により強制徴発したパナイ島アンチケ州(地名は伏せられている)は治安が最悪な状態になっているとして、日本軍の行動の良否に治安の良否がかかっていると、あの村田省蔵大使と同じ指摘をする。そして「日本人が一人残らず日本人に立ち還ることが、比島人をして比島人に立ち還らしめる唯一の力である。軍人が愈々軍人になり切ること、是が比島民心把握の最大要訣《ようけつ》である」と結んでいる。望月の文章は、伝道者らしく絶望を知らない力強い語調で記されている。しかしその内容は、「日本精神」主義者・望月重信による理想の「日本人」像から見た現実の「日本人」批判であり、否定でもあったことに注目しておきたい。

一九四五年五月一一日。命からがら台湾に逃れた今日出海は、宿舎の防空壕で村田省蔵大使と再会した。「夜半、元比島大使の村田省三《ママ》氏がタキシードのズボンに半長靴といったいでたちで、宿の防空壕へ降りて来た。私と並んで真ッ暗闇の中で坐っていた。ボソボソと話す」とある。村田には防空壕の暗闇で今の姿が見えなかったようだ〔今一九七八、二六三頁〕。

一九四五年三月二九日、ラウレル大統領一行とともに軍用機でルソン島から台湾に脱出した村田省蔵は、このときすでに一カ月以上、台湾で待機する無聊の日々を送っていた。そのなかで村田は「対比施策批判」を執筆している。南方占領の政治過程の頂点に近い者による「日本人」批判として知られる秀逸な文章のひとつである。ここで村田は今日出海と同様に、なぜ日本(人)がここまで嫌われたのか、そして望月の言葉を借りればなぜ「日本人」が「日本人」たり得なかったのかについて、村田なりの思索の結果を記している〔村田一九六九、五二一頁〕。全体で一六項目にのぼる「批判」には人事・政策決定上の不備や陸海軍の不和、憲兵隊・守備隊の横暴、軍票・食糧問題など具体的な指摘も多岐にわたる。このなかで「日本人」批判として際立っているのは「東洋人なるもの物質を度外〔視〕し単に精神のみにより生く可きものなるかの如き誤解を与えたること」と「我多数の同胞は教育あるも教養に欠くる所あり之がため稍《やや》もすれば異民族に疎んぜらるゝこと」の二項目である。

前者については、フィリピンに対して「国家を説き、社会を教え精神教育の要を語る」ことも、物足りてこれを試みるのであれば可能かもしれない。しかし職業の安定を奪われ、生活必需品を欠き、食糧は欠乏し、生活様式は極度に低下し、法の保護すら得られない状態では、フィリピン人が日本の口にする東洋主義を嫌忌するのもやむを得ない、と指摘する。後者については、日本は世界に比類のない教育の普及と識字率の高さを誇りながら「日常の行動作法」がこれに伴わない、とりわけ「一度国を出て文化の必ずしも高度ならざる民衆に接したる場合」品行がきわめて悪くなる――具体的内容は望月はじめ本書で繰り返し指摘されてきたことと重なる――と指摘する。

注目すべきことに「対比施策批判」は村田の「ひとりごと」ではない。ルソン島山岳地帯を敗走する日本軍に同行させられていたラウレルがある日（一九四五年三月一日）漏らした――三年間の占領を通じてフィリピン民衆は日本人が「残忍なる民族」という観念を抱くに至ったという――言葉を受けて「民衆心理を把握し得ざりし我失敗の跡」をたどろうとして、心中でラウレルと対話しながら書かれたものだった〔村田一九六九、四三一、六九九―七一四頁〕。

「対比施策批判」を書いてから半年後の一九四五年九月、村田省蔵は横浜拘置所に収監され、二年後の一九四七年八月に巣鴨拘置所を釈放されるまでを、戦犯容疑者として過ごした（訴追はされず、証人として東京裁判等に出廷した）。釈放後も公職追放により要職からしばらく遠ざかった。しかし、一九五一年に追放が解除されると、村田は海運業界に復帰して官民の要職を歴任していく。なかでも注目されるのが、一九五七年に亡くなる直前まで戦後日本財界のアジアとの関係再構築に村田が果たした重要な役割である。村田はサンフランシスコ平和条約に基づいて始まった日比賠償交渉（第一次）で特命全権大使を務め(一九五四年)、条約調印・日比国交回復直後の一九五六年八月には親善使節団長として再度訪比した。その一方で村田は一九五五年一月に日本国際貿易促進協会会長として北京を訪問して周恩来首相と会談し、同年五月、中華人民共和国との日中貿易協定(第三次)調印に漕ぎ着けた[同上、七二二—七二三頁]。

村田省蔵の戦争認識を研究した半澤健市は、「少し赤くなってるんじゃないか」と陰口を言われながら共産圏貿易にも取り組んだ戦後期の村田を「平和を求めるブルジョアジー」と呼ぶ。その「インペリアル・ブルジョアジー」からの転回の契機は、戦争体験であったと論じる。村田は「大東亜共栄圏」の理念自体は最晩年まで堅持した。しかし現実としての「過ぐる戦争」の実態をフィリピンと巣鴨(東京裁判)で見聞し、なおかつ自らが深く関与してきたことの意味を思索した結果、ついに「大義」が虚妄であることを認め、戦争犯罪の存在を肯定し自分も加害者であったことを肯定するに到った。その到達点として半澤は、村田晩年(一九五五年)の雑誌『世界』への寄稿文を挙げる。

われわれは中国人に対して十余年にわたって侵略戦争を行ったのであった。土地を侵し、余億の中国の民衆に与えた精神的物質的の損害は測り知れないほど大きい。われわれ日本人としては過去の罪業を深く愧《は》じなければならぬ。

国名は中国しか出ていないが、侵略戦争を謝罪する村田の胸中にはフィリピンとアジア諸国があったと考えてよいと半澤は評価している[半澤二〇〇七、一八三—二〇三頁]。フィリピン政府のバギオ脱出に同行して以来、台湾、横浜・巣鴨拘置所をへて公職追放が解除されるまでのほぼ丸七年間は、村田にとって内省と思索の日々であった。思索はイデオロギーにとらわれない現実の直視・重視へと村田を導いた。だとすればその日々は、たしかに村田晩年の、イデオロギーを度外視したアジアへの跳躍の日々に向けて開かれていたように思われるのである。(4)

「南方から帰って」

「何事かは学び得る希望をもって」〔三木一九六八、四一九頁〕――フィリピンで徴用員として一年近くを過ごした三木清は、何を学んだのであろうか。本書、最後の問いである。

赴任後、日が浅い頃に三木が認めた手紙には「何もかも浅薄で、味も深さもありません」（一九四二年五月四日〔同上、四二三頁〕）「マニラはアメリカニズムの廉価版です」（五月一九日〔同上、四二五頁〕）と、派遣された日本人一般と変わらない欧米化したフィリピン文化を軽視する言葉が並んでいる。

しかし、他の徴用文化人らと摩擦を起こしながらホテルの部屋に蟄居して読書と研究三昧の日々を過ごしているうちに、三木は違った印象を書き送るようになる。

「民族というものがどうして形成されてくるか、その諸条件が如何なるものであるか（中略）いわゆる東亜共栄圏内では、支那に次いでここが面白いようです」（七月二三日〔同上、四二八頁〕）。「最初目立って感じられたアメリカニズムの影響というものは部分的、表面的で、やはりスペインの影響の方が深くて広いように思われます。しかもフィリッピン人が根本において東洋人共通の性格を持っていることが興味深く感じられます。第一印象だけで判断することは危険で、土地の人間の心理が分るようになるのには先ず一年はかかるのではないでしょうか」（八月七日〔同上、四三三頁〕）。そして「帰ったら纏《まと》めてみるつもり」（九月一九日〔同上、四三五頁〕）と記している。

三木清が帰国後発表した一連のフィリピン論や南方論は、生前公刊された三木の著作としては最後の作品群に位置する。しかしそれらは、「三木の思想と理論を敗戦直後の「非業の死」と結びつける三木解釈のパラダイム」〔平子二〇〇八、三〇六―三〇七頁〕にそぐわない言説として、三木清研究のなかで黙殺されてきた。検討が始まったのはごく最近のことである。哲学・思想史の立場からの本格的考察としては初めてと言ってよい平子友長の論考は、帰国後の三木が展開した「観念論」批判にとくに注目している。その議論をふまえつつ、本書はとくにフィリピン帰国後の三木の所論を端的に述べたエッセイ「南方から帰って」(一九四三年二月)に注目したい。短文ながら――本書がこれまで検討してきた――帝国・日本のやり方が通用しないということについての「学びの経験」を、東南アジア占領が日本人につきつけた思想課題としてこれほど簡潔明快に論じた文章は他にないからである。

意外にもこの文章は、ラウレル大統領顧問であり、報道部の行事にもしばしば通訳を買って出ていた浜本正勝に対する――読む人が読めば分かる――匿名の讃辞から始まる。

〔南方から帰って〕先ず私は知識というものの必要を痛感したのである。さしあたり語学の知識である(中略)あちら〔フィリピン〕で第一線に立って最もめざましく活動している人のひとりは、アメリカで幼稚園から大学までやったという人である。この人は、フィリッピン人も、アメリカ人よりも英語がうまいといって感心しているほど英語に堪能であるがそれでいて日本精神というものもしっかりと摑んでいるのである。初めは単なる通訳のように見えたが、その人がいつのまにか本尊と見えるようになり、本尊はかえって影が薄れるという有様であった〔三木一九六七、五二〇頁〕。

この浜本に対する匿名の讃辞は、一九四二年九月、報道部が主催した日比文化人会議での出来事を念頭においたものと断定できる。このとき三木清は西田哲学を講義し、浜本が通訳に立った。

会議室が突然シーンとしてきた。「あれ、おかしいな」と思ったら、私は、三木清さんの日本語の発言を日本語で言い直しているんだね。それで、あわてて英語で言い直した〔笑〕。そうしたら『人生劇場』の尾崎士郎が私の所に来て、「わしは三木の哲学が、君の解釈ではじめてわかったよ」と三木さんの前で言うんだよ〔笑〕〔浜本一九九四、八一頁〕。

この経験は三木清にとって、あの望月重信のバタンガス州リパにおける経験と同様に大きな衝撃だったに違いない。三木は「南方から帰って」で、続けて次のように述べる。

すべての観念論はけっきょく自己満足もしくは自己陶酔に過ぎない。ところが戦いにはつねに相手がある（中略）今度南方の宣伝戦あるいは思想戦に従事した、責任感のある者の誰もが切実に感じたのは表現の問題、つまりどのように表わせば日本の思想を敵にあるいは現住民にわからせることができるかということであった。これは単に語学の問題でなく、また実に論理の問題である（中略）論理を無視することがあたかも日本的であるかの如き議論は、これも前線の現実を考えない「後方の観念論」である〔三木一九六七、五二一―五二三頁〕。

日本語の講義を（英訳可能な）日本語に「翻訳」されたという衝撃的な経験から、三木は、単なる語彙の対応ではすまない、異文化の「他者」に意思を伝える「方法としての論理」の必要性に思い至り、さらには日本の思想的表現における論理の不在を痛感したのであろう。もちろん浜本が三木の西田哲学の講義を日本語に翻訳できたのは、そこに論理が存在していたからだった。

実は、論理不在のために浜本が翻訳できずに難渋したきわめて重大な、おそらく三木が知らなかった出来事がある。一九四三年、東條首相はラウレル大統領に対して二度にわたって対米英宣戦布告を事実上意味する要請を行った。ラウレルはいずれの要請も断った。その息を呑むような緊張した場面で、東條は、突然、句を詠んだ(東條はしばしば交渉の場で和歌や諺を好んで引用したという)。

義を見てせざるは勇なきなり(一九四三年七月一〇日。[読売新聞社一九七〇、第一一巻、二二九—二三〇頁])

君がため朝露踏みて行く道は尊く嬉しく悲しくありけり(一〇月一日。[伊藤ほか編一九九〇、二六四頁])

突然の句の朗詠に、浜本は東條の真意を摑みかねて通訳は二度とも不調に終わり、両首脳は話題を変えている[読売新聞社一九七〇、第一一巻、二三〇頁]。このあと大東亜会議に来日したチャンドラ・ボースとの会談でも、またもや東條が和歌を引用した。たまりかねた浜本は思わず「閣下、閣下は何をいおうとされているんですか」「おまえわからんか」「わかりません」と、声をあげてのやり取りをした。あとで首席秘書官・赤松貞雄大佐から「どちらが総理大臣かわからんではないか」と怒鳴られた浜本は「相手に私が英語で喋るときは、私が総理大臣です」と応戦して「だから相手にわかるように喋らなくちゃいかん」と言い合いになったという[深田一九九一、一四八—一四九頁]。

この笑い話としか言い様のない光景が、フィリピンの対米英宣戦布告問題という最も深刻で誤解があってはならない首脳間の議題において展開していた事実は、日本人における論理の不在に対する三木の批判の深刻さを証明している。そしておそらく日本の南方=東南アジア占領は、頂点は首脳会談から底辺は農村の宣伝工作まで、無数の翻訳トラブルに見舞われていたに違いないのだ。

さらに三木は、「南方から帰って」で次のように述べる。

> 私が南方において特に必要を感じたというのは実証的知識である(中略)ところが従来日本の学問はかような実証的研究をとかく軽視するという傾向があったのではなかろうか。もちろん学問には実証性と共に論理性が要求されるのであって、科学性というものは実証性と論理性との統一として成立するのである。ところが現在では、学問においてかような科学性よりも思想性が問題にされている(中略)ただ思想性だけを問題にして科学性を問題にせず、特に実証性を無視するということは、これも前線の現実と一致しない「後方の観念論」というものである〔三木一九六七、五二二―五二三頁〕。

哲学者の三木が実証を重視するのは意外でもあるが、それは、それだけ三木が占領地の現実をふまえない政策や精神主義プロパガンダの横行に激しい批判を胸に抱いた結果であった。しかもそれは、平子が指摘するように、たんに南方占領批判にとどまらず、三木自身の従前の哲学を含めた日本の学問に対する深刻な自己批判でもあり、また「後方の観念論」をある種の隠語と捉えるならばかなり大胆な大本営批判ともなっていた。さらに三木の批判は戦時日本人の通念としての精神論・精神主義批判に及んだ。三木が「南方から帰って」の最後に説くのは、思想と生活(実践)の一致である。

そこに乖離がある場合、その弱点を異民族はつねに容赦なく鋭敏に感知するというのが、前線の現実である。口先でどれほど立派なことを言っても、実行が伴わなければ、異民族はついて来ない。いくら声を大きくして日本的精神主義を説いても、その人の実際の生活が米英的唯物的享楽的であっては、思想も思想の用をなさぬ［同上、五二三―五二四頁］。だから「八紘一宇の理想は、日本人が愈々日本人になる事に依ってのみ達成せられるのである」――と叫んだのが望月重信だった。しかし、三木清はこう述べる。

思想と実行とが一致しないという場合、その人間に欠陥があるというばかりでなく、その思想にも何か欠陥があるのではないかどうか、反省の要があるのである。つまりその思想があまりに観念的であって、現実を処理するに役立たないというようなことがあるのではないか。即ちこの場合にも思想の実証性が問題である［同上、五二四頁］。

ふり返れば、南方＝東南アジア占領にかかわった日本人の多くは、宣伝班の文化人はもちろんのこと、官吏あるいは軍人として派遣された非言論人も含めて、アジアにおける欧米の植民地支配と人種主義を批判し、「西洋近代」――その物質文化、普遍主義、自由主義――を否定して、「日本精神」を基調とするアジア主義と全体(協働)主義を近代主義に替わる統治イデオロギーとして提示して、植民地社会に変革と刷新を求めた。このような彼らの「語り」には、たんに軍の占領政策に同調したというだけではない、同時代の日本社会の通念が反映していた。しかしそれは三木清に言わせれば「後方の観念論」から導き出された、実践によって鍛えられていない思想に過ぎなかった。そして、早晩「前線の現実」が明らかにしたのは、近代を否定するには日本があまりに近代に多くを負いすぎているという矛盾であり、人種主義を批判するには日本人自身が西洋の人種観念にあまりに呪縛されているという矛盾だった。そして家長制度的なアジア主義や「精神主義」の諸観念もまた、「他者」・被占領者としての南方＝東南アジアに対して論理的に説明することには困難を来したのである。

こうして、思想の実証性を求める三木の「問いかけ」を、東南アジア占領の挫折と重ねあわせるとき、ひとつの「答え」が浮かび上がる。変化すべきは「かれら」東南アジアではなく、実は「われわれ」日本人ではないのかという「答え」である。やがて訪れる敗戦をへて、「戦後日本人」は、良かれ悪しかれ、東南アジアに押し付けようとした「日本精神」を封印して、否定したはずの「西洋近代」をまるごと受け入れて再出発することになる。三木の「問いかけ」は、その契機が、すでに南方＝東南アジア占領の現場において胚胎していたことを示唆している。

三木清とやがて因縁の作家となる今日出海であったが、『山中放浪』で今が記した、台湾生還後の「語り・回想」は、まさに「前線の現実」とかけ離れた「後方の観念論」を目の当たりにしてPTSDに似た症状に襲われた経験を描いている。

今日出海は、三木清が「南方から帰って」で論じた日本人の精神主義と観念論の破綻を、まさに全身体的に経験して台湾に逃れてきた。「栄養失調で蒼ぶくれた兵隊。マラリアにおかされ痩せ細った兵隊。髭蓬《ひげ》々で眼ばかりぎょろりとし、希望も夢もない兵隊、兵隊、兵隊」のルソンでの数カ月にわたる山中彷徨から、飛行時間わずか一時間四〇分で台湾にたどり着いたのである。平和な風景を目にした今は、ルソン戦の現実を新聞記者たちにいくら伝えても誰も素直に聞こうとせず、むしろ今が「卑怯な敗戦主義者だといわんばかりに難詰」するありさまに苛立った。今は、酒を飲み馳走を食いながら大言壮語する同僚記者たちがどうしても許せず、酒に任せて何度も殴り合いの喧嘩となったことを記している。

一九四九年版の「あとがき」を、今日出海は非戦・反戦論の立場をはっきり記したうえでこのように結んでいる。「私が生きて帰れたのもやはり人々の好意だと信じている。私はどんな境遇、どんな思想の世になろうが、人間である以上ヒューマニズムを忘れてはならぬし、ヒューマニズムの根底に寛容な好意というものを横たわらせたいと願っている」[今一九七八、二三七、二五二、二六六―二六七頁]。

しばしば死を美化し生命を軽視する受忍の精神主義が占める場所は、この「あとがき」にはない。それは、「後方の観念論」の壮大な実験としての南方作戦・東南アジア占領が終わったとき、「戦後日本人」が求めたものが、生命尊重の平明なヒューマニズムであったことを示している。それは「後方の観念論」による壮大な実験が、戦場における英雄的な死を語る精神主義の美学をあざ笑うような大量死・大量破壊をもたらしたからでもあり、論理を欠いた翻訳不可能な精神主義が敗北したからであり、近代国際社会の主権平等原理が勝利したからでもあった。日本人の大多数もまた、敗北と自己否定を通して近代を選び直すほかに道を知らなかった。そして戦後日本が近代によって癒され、回復し、成長することを戦後日本国民は支持し、国際社会も支援していくことになるのである。

本書が検討してきた、日本の東南アジア占領とその崩壊の日々は、日本人に、「他者」の眼を通じて自己を見据える機会を与えた貴重な時間でもあった。そこから浮かび上がる戦後の日本と日本人に向けて開かれた歴史経験としての東南アジア占領の意味とは、日本が東南アジアを欧米植民地支配の軛《くびき》から解放したという歴史の陽炎《かげろう》よりも、もっとたしかな現実である。それは、敗北と絶望と自己否定を通して、そして東南アジアという「他者」との遭遇を通して、帝国・日本が語る「其所を得る」大東亜共栄圏像の虚妄を悟り、帝国・日本の過去との決別が戦後の良い出発となるであろうことに気がつき始めた日本人の姿である。そして敗戦のわずか数年後、サンフランシスコ平和会議で国際社会に復帰した日本と東南アジア諸国は賠償問題で向かいあうことになる。そこで、あまりにもあっさりと過去と決別した身軽な平和国家としての「戦後日本」と、生まれ変わったように平和を愛する健忘症の「戦後日本人」を――まだその多くが日本占領期から始まった独立戦争・内戦・政治的混乱の疾風怒濤のただ中にあった――東南アジア諸国の人々は、驚きの眼をもって迎えることになる［中野二〇〇二］。だとすれば、日本の東南アジア占領とは、日本が東南アジアを解放したのではなく、むしろ帝国・日本の軛から日本人を精神的に解放する営みであったとさえ言えるように思われるのである。

注

序章

(1) 本書が日付を明記する場合は、各資料の照合から日付を確定できたことを示す。なお、川西政明の研究によれば、阿部知二に届いた徴用令書の封書は速達で一九四一年一一月一五日午前の東京中央局の受付である。だとすれば、大陸命五六四号(南方攻略命令)と同時に徴用令書が一斉に発送された可能性が高い[川西二〇〇一、一六一頁]。

(2) 以下、本書では本文中に日付を明記している場合には同書からの出典注を省略する。

(3) 地域名称としての東南アジアは、一九四三年の連合国軍東南アジア司令部設置が地域名称として公用された初めての例とされる。その後、冷戦期を通じて、今日用いられている地域名称としての東南アジアが定着した[矢野一九八六、二六―三二頁]。本書では史料用語としては「南方占領」を用い、現代の地域名称としては東南アジアを用いる。

(4) 『史料集 南方の軍政』[防衛研究所編一九八五]をはじめ『戦史叢書』シリーズに「抄録」されている石井秋穂「南方軍政日記」は、しばしば原本の字句が修正され、あるいは(関係者に配慮して)省略・削除されているため、正確には防衛研究所所蔵の原本[石井一九五七]を参照する必要がある。『戦史叢書』に引用されている他の諸資料もまた同様の注意が必要である。本書ではとくに差し支えがない限り、『戦史叢書』など公刊資料から引用し、異同がとくに問題になる場合には原本を引用して出典を示すこととする。

(5) 神戸大学附属図書館デジタルアーカイブ【新聞記事文庫】(http://www.lib.kobe-u.ac.jp/sinbun/)を利用して確認することができる。第二章でも同アーカイブより新聞記事を検索利用した。

第一章

(1) 以下、同日誌については日付を明記する場合は出典注を省略する。

(2) 一九三七年一一月、日中戦争に際して設置された大本営(陸海軍の最高司令部)と政府の連絡のための会議。一九四〇年一一月に大本営政府連絡懇談会と改称され、一九四四年八月からは最高戦争指導会議と改称した。同会議に天皇が臨席する場合は御前会議とされ、一九三八年から四五年までの間に一五回開催された。

(3) "Japanese Continue Indo-China Attack," *New York Times*, September 24, 1940, 4.

(4) 一九四一年九月五日の御前会議以後の情勢について詳しい石井秋穂の「語り・回想」では、戦争指導班はもっぱら主戦派として描かれる。しかし『機密戦争日誌』によれば、一九四一年八月まで、戦争指導班の有末次や種村佐孝は開戦決意に消極的であり、アメリカの石油対日全面禁輸が動かぬ情勢となったのを受けて、八月下旬に到ってはじめて参謀本部が主戦論で統一されたことが分かる。石井が軍務課の支那班担当者であった当時に好機南進論を起案したことを考えれば、主戦論・避戦論を分けたのは、個人の信念というよりは軍事官僚としての役割・職分であったように思われる。以下などを参照[保阪一九八九。戦史室編一九七四、第四巻。軍事史学会編一九九八、上、一三八—一五一頁]。

(5) 本出典では南方占領地行政実施要領の「第二　要領」の「八」が誤って「七」と記載されている。

第二章

(1) 日本人は占領地の現地住民を「土人」・「土民」と呼ぶことがきわめて一般的であった。

(2) 米極東陸軍ユサフェには一九四一年七月に米大統領命令で米軍指揮下に統合されたフィリピン陸軍が加わっており、日本軍は米比軍と通称した。

(3) 当時派遣された従軍記者には、松本直治のように国民徴用令により軍宣伝班(のち報道部)に所属した記者と、各新聞社からの特派員の二種があった。扇谷は後者であった。

(4) 東南アジアでイギリス帝国の防衛を担っていたのはその大半がインド軍であり、次いでオーストラリア軍であり、日本側では英印軍・英豪軍を通称として用いた。

(5) 「白人の字句使用」内務省閣書第九号、一九四二年一月二四日(レファレンス・コード A05032053600)アジア歴史資料センター(http://www.jacar.go.jp/)。

(6) 『官報号外』衆議院議事録速記録第三号「東條国務大臣の演説」一九四二年一月二二日、一六頁。帝国議会会議録データベースシステム(http://teikokugikai-i.ndl.go.jp/)。

(7) 「御宸翰」『法令全書』第三冊(慶応三年)、六四―六五頁。国会図書館近代デジタル・ライブラリー(http://kindai.da.ndl.go.jp/info:ndljp/pid/787948/81)。

(8) 村田省蔵、村田威次宛書簡、一九四二年三月一一日。「日本のフィリピン占領期に関する史料調査フォーラム」収集資料。

(9) 村田省蔵はガナップ党を「市井無頼の徒」と呼び[村田一九六九、七〇三頁]、人見潤介は特殊な被差別民の集団であるかのような印象を受けたと語っている(人見潤介談、二〇一〇年一〇月一二日)。米統治下の社会のなかで孤立した存在として日本人の目には映ったようだ。

(10) 比島軍政監第二八〇号「政党解散、比島奉仕団組織に関する件・「ガナップ党」対策」、一九四二年一一月二一日、陸亜密大日記六二巻、一九四二年、第一三号。国会図書館憲政資料室マイクロフィルム。

(11) 岩武照彦「「南方軍政日記」中補正または追加を適当とする諸点、平成一二年二月二七日」。[石井一九五七]にメモとして添付されている。

(12) この記述は石井の回想と真っ向から食い違う。石井によれば寺内は「話を半分も聞かないうちに「白人はみんな、どこかへ監禁せんといかん。みっともない」」と言い、今村は「大々的に隔離する方針にした」と不満げに応答した。その後、収容政策の無理を悟った大本営・南方軍は処遇の緩和と白人の軍政への利用を指示したが、今村は収容方針の変更を拒んだとしている[石井一九五七、一一三―一一四頁]。

(13) 同じ出来事の回想として、[尾崎一九四三、一〇七―一〇八頁。尾崎一九五四、一四六―一五二頁。読売新聞社一九七〇、第一一巻、一五六―一五九頁]。この出来事の日付は、宣伝班に同行したフィリピン人作家夫妻の報告からも確認できる[渡集団編一九九六、四八、六四頁]。

第三章

(1) 和田三造「陸軍幕僚長に対する戦況報告の図」(昭和一八年頃)東京国立近代美術館所蔵(アメリカ合衆国より無期限貸与)をさすと思われる。

(2) 村田省蔵、村田威次宛書簡、一九四二年七月八日。「日本のフィリピン占領期に関する史料調査フォーラム」収集資料。

(3) 6th MD OCA, "Civilian Casualties as a result of the Japanese Atrocities in Panay, Report," September 11, 1944. Bdle.#2 Vol. 15, Japanese War Crime Records/ Closed Reports, Philippine National Archives.

第四章

(1) その様子が写真に記録されている[斎藤一九七七、口絵]。

(2) 『官報号外』衆議院議事速記録第三号(一九四二年一月二二日)、一六頁。帝国議会会議録データベースシステム。

(3) 『官報号外』衆議院議事速記録第一号(一九四三年六月一六日)、五―七頁。同上。

(4) 『官報号外』予算委員会議事録第二号(一九四三年六月一七日)、七―八頁。同上。

(5) 「東条英機」『国史大辞典』ジャパンナレッジ(http://www.jkn21.com)。

(6) 「日本ニュース」第一七九号(一九四三年一一月一〇日)。「日本ニュース」は全編をＮＨＫ戦争証言アーカイブス(http://www.nhk.or.jp/shogenarchives/)で閲覧できる。

(7) 外務省記録『大東亜会議開催及会議の状況／6』「フィリピン国代表所見訳文」(S.1.7.0.0.-48)(レファレンス・コード B02032956400)アジア歴史資料センター。なお『東條内閣総理大臣機密記録』に収録された「大東亜会議議事速記録」[伊藤ほか編一九九〇、三〇四―三四五頁]と外務省記録では訳文が異なっている。

(8) 「日本ニュース」第一五三号(一九四三年五月一一日)。

第五章

(1) 村田省蔵、村田震一宛書簡、一九四四年八月三〇日。「日本のフィリピン占領期に関する史料調査フォーラム」収集資料。

(2) 「一九四三年一月九日支那政府が米英に対する宣戦布告には……we, therefore declare that the National Government has today entered into a state of war with the United States and Britain…… とあり同時に日本政府は同日 The National Government of the Republic of China have today, January 9, 1943, declared war against the United States and the British Empire. The reason for this action is clear from the Proclamation of War …… とあり、之にて明らかなり」。

(3) "Now, therefore, I, Jose P. Laurel, President of the Republic of the Philippines, do hereby proclaim that a state of war exists between the Republic of the Philippines and the United States of America and Great Britain, effective September 23, 1944, at ten o'clock in the morning."「日本ニュース」第二二七号(一九四三年一〇月五日)。

(4) これはまったくの余談と言うべきであろうか――村田が手紙で「東亜建設」の「大事業を引きついでやる光栄ある義務がある」と書き送った一九四二年当時一三歳の次男・威次は、村田が横浜・巣鴨拘置所にいる間に大きな人生の転機を迎えた。「昨今の年頃の者はカフェーやダンス熱に浮かされ始末におえぬ有様なるが威次も同様」(一九四六年二月二一日)と村田を心配させた威次だったが、まもなく面会に訪れた長女・閑子は「威次は不思議な才能」があり「自分の好むものは直に相当の域に達す」(三月七日)と告げた。もともと音楽の才能に長けていたが、この年(一九四六年)ドラムを始めてたちまち才能を開花させたのである。村田が釈放されて自宅に戻ったときにはすでにジャズ・ドラマーとしてクラブに出かける毎日、二〇歳前だというのに会社員の兄の倍も稼いでいた。村田はジャズ修業の米国留学についてアドバイスするなど、驚きつつも威次の思いがけない「大事業」に目を細めていたことが日記からはうかがえる(八月三〇日。[大阪商船(株)一九五九、四八四、四八九、五〇六—五〇七頁])。まもなく威次は慶応ボーイの若手ジャズ・ドラマーとして「新鮮なドラミング」「スタン・レヴィのような白人バッパー」と高い評価を得て、戦後日本を代表するビッグ・バンドのブルーコーツなどで活躍していくことになる[瀬川二〇〇四、八八頁]。

引用・参照文献

明石陽至編集解題(一九九八)『渡邊渡少将軍政(マラヤ・シンガポール)関係史・資料』全五巻、龍渓書舎
明石陽至(二〇〇一)「渡邊軍政――その哲理と展開」[明石編二〇〇一]
明石陽至編(二〇〇一)『日本占領下の英領マラヤ・シンガポール』岩波書店
明石陽至編・解説(二〇〇四)『榊原家所蔵 南方軍軍政総監部関係文書』全九巻、龍渓書舎
秋山龍(一九九四)「軍政最高顧問・村田省蔵をめぐって」[日本のフィリピン占領期に関する史料調査フォーラム編一九九四]。インタビュー収録は一九九二年
安達宏昭(二〇〇二)『戦前期日本と東南アジア』吉川弘文館
阿部艶子(一九四四)『比島日記』東邦社
荒哲(一九九九)「フィリピンのリカルテ将軍に関する一考察」『国際政治』第一二〇号
飯田祥二郎(一九六二)「ビルマの軍政と独立問題を回顧して」防衛省防衛研究所戦史研究センター(以下防衛研究所)所蔵資料(南西・軍政・七二)
池端雪浦編(一九九六)『日本占領下のフィリピン』岩波書店
池端雪浦、リディア・N・ユー・ホセ編(二〇〇四)『近現代日本・フィリピン関係史』岩波書店
石井秋穂(一九五七)「南方軍政日記」防衛研究所所蔵資料(文庫・委託・九六)。同日記の抜粋は『史料集 南方の軍政』[防衛研究所戦史部編一九八五]に所収されている。照合のうえ、後者から引用して差し支えない場合は後者から引用した
石井秋穂(一九六〇)「石井秋穂大佐日記其一」防衛研究所所蔵資料(南西・全般・三九)。同資料は石井が一九四

一年一一月二七日より一九四二年五月三〇日まで記した日記を、一九六〇年に複製したものである
石井正紀(一九九一)『石油人たちの太平洋戦争』光人社
石井米雄監修(一九九一)土屋健治・加藤剛・深見純生編『インドネシアの事典』同朋舎出版
石川良孝(一九九六)「駆け出し外交官の戦時下仏印体験記」『軍事史学』第三二巻第二号
石坂洋次郎(一九七七)『マヨンの煙』集英社
伊藤隆・武田知己編(二〇〇四)『重光葵 最高戦争指導会議記録・手記』中央公論新社
伊藤隆・廣橋眞光・片島紀男編(一九九〇)『東條内閣総理大臣機密記録』東京大学出版会
井伏鱒二(一九九七a)「昭南タイムス発刊の頃」『井伏鱒二全集 第一〇巻』筑摩書房](初出「南方文化戦士として」『サンデー毎日』一九四三年一月一七日号)
井伏鱒二(一九九七b)「南航大概記」[同上](初出『花の町』文藝春秋社、一九四三年)
井伏鱒二(二〇〇五)『徴用中のこと』中公文庫(初出『海』一九七七年九月号—一九八〇年一月号連載)
今村均(一九六〇)『今村均大将回想録 第四巻 戦い終る』自由アジア社
岩武照彦(一九八一)『南方軍政下の経済施策』上・下巻、汲古書院
岩武照彦(一九八九)『南方軍政論集』巌南堂書店
岩武照彦(一九九一)「南方軍政の物資動員計画に関与して」[インドネシア日本占領期史料フォーラム編一九九一]。インタビュー収録は一九八六年
インドネシア日本占領期史料フォーラム編(一九九一)『証言集——日本軍占領下のインドネシア』龍渓書舎
宇都宮直賢(一九八一)『南十字星を望みつつ』私家版
内海愛子(二〇〇一)「敵国人の抑留——ジャワのオランダ人」『上智大学アジア学』第一九号
扇谷正造(一九四三)『立上る比島』新紀元社
大阪商船(株)(一九五九)『村田省蔵追想録』大阪商船(株)

大沢清（一九七八）『フィリピンの一日本人から』新潮社
太田兼四郎（一九七二）『鬼哭』フィリピン協会
太田常蔵（一九六七）『ビルマにおける日本軍政史の研究』吉川弘文館
大西覚（一九七七）『秘録昭南華僑粛清事件』金剛出版
大西覚（一九九八）「昭南華僑粛清事件・マラヤ人民抗日軍掃討戦をめぐって」［「日本の英領マラヤ・シンガポール占領期史料調査」フォーラム編一九九八］。インタビュー収録は一九九四年
奥野健男（一九六四）「解説」昭和戦争文学全集編集委員会編『昭和戦争文学全集　第四巻　太平洋開戦――一二月八日』集英社
尾崎士郎（一九四三）『戦影日記』小学館
尾崎士郎（一九五四）『人生劇場（離愁篇）』新潮社
小野豊明（一九九四）「比島宗教班の活動」［「日本のフィリピン占領期に関する史料調査フォーラム編一九九四］。インタビュー収録は一九九二年
小野佐世男（一九四五）『小野佐世男ジャワ従軍画譜』ジャワ新聞社
香取俊介（一九九八）『マッカーサーが探した男　隠された昭和史』双葉社
神谷忠孝・木村一信編（一九九六）『南方徴用作家――戦争と文学』世界思想社
萱原宏一（一九八三）『戦中比島嘱託日誌』青蛙房
川西政明（二〇〇一）「文士と戦争――徴用作家たちのアジア」『群像』第五六巻第九号
河西晃祐（二〇〇五）「「帝国」と「独立」――「大東亜共栄圏」における「自主独立」問題の共振」『年報・日本現代史』第一〇号
河西晃祐（二〇一二）『帝国日本の拡張と崩壊――「大東亜共栄圏」への歴史的展開』法政大学出版局
許雲樵・蔡史君編（一九八六）田中宏・福永平和訳『日本軍占領下のシンガポール――華人虐殺事件の証明』青木

書店
熊井敏美(一九七七)『フィリピンの血と泥――太平洋戦争最悪のゲリラ戦』時事通信社
倉沢愛子(一九九二)『日本占領下のジャワ農村の変容』草思社
倉沢愛子編(一九九七)『東南アジア史のなかの日本占領』早稲田大学出版部
倉沢愛子(二〇〇五)「二〇世紀アジアの戦争――帝国と脱植民地化」倉沢ほか編『岩波講座アジア・太平洋戦争1』岩波書店
桑野福次(一九八八)『ある商社員と大東亜戦――徴用軍属ビルマ日記』旺史社
軍事史学会編(一九九八)『大本営陸軍部戦争指導班 機密戦争日誌』上・下、錦正社
小池聖一(一九九五)「海軍南方「民政」」〔疋田編著一九九五〕
厚生省社会・援護局援護五〇年史編集委員会監修(一九九七)『援護五〇年史』ぎょうせい
後藤乾一(一九七七)『火の海の墓標――ある〈アジア主義者〉の流転と帰結』時事通信社
後藤乾一(一九八九)『日本占領期インドネシア研究』龍渓書舎
後藤乾一(一九九一a)「「大東亜戦争」の意味」矢野暢編『講座東南アジア学10 東南アジアと日本』弘文堂
後藤乾一(一九九一b)「ブリタル反乱」石井米雄監修『インドネシアの事典』同朋舎出版
小林英夫(一九七五)『"大東亜共栄圏"の形成と崩壊』御茶の水書房
今日出海(一九四四)『比島従軍』創元社
今日出海(一九五〇)「三木清に於ける人間の研究」『新潮』第四七巻第二号
今日出海(一九七八)『山中放浪――私は比島戦線の浮浪人だった』中公文庫。原著は日比谷出版社(一九四九)
斎藤鎮男(一九四四)「東印度独立指導の一指標」『新ジャワ』第一巻第二号
斉藤鎮男(一九七七)『私の軍政記』日本インドネシア協会
斉藤鎮男(一九八〇)「斉藤鎮男氏インタビュー記録」〔東京大学教養学部国際関係論研究室編一九八〇〕。インタ

ビュー収録は一九七八年
斉藤鎮男（一九九一）「ジャワ軍政に参画して」〔インドネシア日本占領期史料フォーラム編一九九一〕。インタビュー収録は一九八七年
榊原政春（一九九八）『一中尉の東南アジア軍政日記』草思社
佐藤賢了（一九八五）『軍務局長の賭け――佐藤賢了の証言』芙蓉書房（『佐藤賢了の証言』一九七六年の改題・改訂）
参謀本部編（一九六七）『杉山メモ――大本営・政府連絡会議等筆記』上・下、原書房
参謀本部編（一九七九）『敗戦の記録』原書房
参謀本部第一部研究班（一九四一）『南方作戦に於ける占領地統治要綱案』防衛研究所所蔵資料（南西・軍政・六二）
重光葵（一九五二）『昭和の動乱』上・下、中央公論社
重光葵（一九八六）伊藤隆・渡邊行男編『重光葵手記』中央公論社
清水斉（一九九一）「民衆宣撫ひとすじに」〔インドネシア日本占領期史料フォーラム編一九九一〕。インタビュー収録は一九八七年
柴田善雄（一九九五）「南方軍事財政と通貨金融政策」〔疋田編著一九九五〕
白石隆（一九九七）『スカルノとスハルト――偉大なるインドネシアをめざして』岩波書店
杉原薫（一九九六）『アジア間貿易の形成と構造』ミネルヴァ書房
鈴木敬司（一九五三）「日本とビルマ」『師友』第四四号
瀬川昌久（二〇〇四）『ジャズに情熱をかけた男たち――ブルーコーツの七〇年』長崎出版
袖井林二郎編（一九八五）『世界史のなかの日本占領』日本評論社
平子友長（二〇〇八）「三木清と日本のフィリピン占領」清眞人・津田雅夫・亀山純生・室井美千博・平子友長

『遺産としての三木清』同時代社
高岡定吉（一九八八）『比島棉作史』比島棉作史編集委員会
高嶋航（二〇一二）『帝国日本とスポーツ』塙書房
高見順（一九四四）『ビルマ記』協力出版社
高見順（一九六五）『高見順日記 第一巻』勁草書房
高見順（一九七二）「昭和文学盛衰史」『高見順全集 第一五巻』勁草書房（初出「徴用作家」『文学界』一九五七年一二月号）
高見順（一九八一）『敗戦日記』文春文庫。
ダワー、ジョン・W（二〇〇一）猿谷要監修、斎藤元一訳『容赦なき戦争―太平洋戦争における人種差別』平凡社ライブラリー
武島良成（二〇〇三）『日本占領とビルマの民族運動――タキン勢力の政治的上昇』龍渓書舎
武島良成（二〇〇九）「日本占領期ビルマにおける国立銀行問題」『史林』第九二巻第二号
田中宏編（一九八三）『日本軍政とアジアの民族運動』アジア経済研究所
種村佐孝（一九五二）『大本営機密日誌』ダイヤモンド社
茶園義雄編（一九八六）『BC級戦犯米軍マニラ裁判資料』不二出版
千代田化工建設（株）社史編集室編（一九八三）『玉置明善――経営のこころ』千代田化工建設（株）
寺下辰夫（一九六七）『サンパギタ咲く戦線で――実録・比島報道部隊』ドリーム出版
東京大学教養学部国際関係論研究室編（一九八〇）『インタビュー記録D・日本の軍政』
長崎暢子（一九八九）『インド独立――逆光の中のチャンドラ・ボース』朝日新聞社
中野聡（一九九六）「宥和と圧制――消極的占領体制とその行方」［池端編一九九六］
中野聡（一九九七）『フィリピン独立問題史――独立法問題をめぐる米比関係史の研究（一九二九〜四六年）』龍渓

書舎
中野聡(二〇〇二)「賠償と経済協力——日本・東南アジア関係の再形成」後藤乾一ほか編『岩波講座東南アジア史8 国民国家形成の時代』岩波書店
中野聡(二〇〇七)『歴史経験としてのアメリカ帝国——米比関係史の群像』岩波書店
永野善子(一九九〇)『砂糖アシエンダと貧困——フィリピン・ネグロス島小史』勁草書房
永野善子(一九九六)「棉花増産計画の挫折と帰結」〔池端編一九九六〕
中村俊晴(一九七七)『ラングーン脱出』自費出版
中山寧人(一九四一)「蘭印の現況とその動向」『現代』一九四一年九月号
成田龍一(二〇一〇)『「戦争経験」の戦後史——語られた体験/証言/記憶』岩波書店
西嶋重忠・岸幸一(一九五九)『インドネシアにおける日本軍政の研究』早稲田大学
「日本の英領マラヤ・シンガポール占領期史料調査」フォーラム編(一九九八)『インタビュー記録 日本の英領マラヤ・シンガポール占領(一九四一〜四五年)』龍渓書舎
日本のフィリピン占領期に関する史料調査フォーラム編(一九九四)『インタビュー記録 日本のフィリピン占領』龍渓書舎
根本敬(一九九六)『アウン・サン——封印された独立ビルマの夢』岩波書店
根本敬(一九九七)「ビルマの都市エリートと日本占領期——GCBA、タキン党、植民地高等文官を中心に」〔倉沢編一九九七〕
波多野澄雄(一九九六)『太平洋戦争とアジア外交』東京大学出版会
浜本正勝(一九九四)「ラウレル大統領とともに」〔日本のフィリピン占領期に関する史料調査フォーラム編一九九四〕。インタビュー収録は一九九二年
林博史(二〇〇五)『BC級戦犯裁判』岩波新書

林博史(二〇〇七)『シンガポール華僑粛清』高文研
早瀬晋三(一九八九)『「ベンゲット移民」の虚像と実像』同文館出版
パレンバンの石油部隊刊行会編(一九七三)『パレンバンの石油部隊』産業時報社
パレンバンの石油部隊刊行会編(一九八二)『パレンバンの石油部隊後編』産業時報社
半澤健市(二〇〇七)『財界人の戦争認識——村田省蔵の大東亜戦争』神奈川大学21世紀COEプログラム「人類文化研究のための非文字資料の体系化」研究推進会議
疋田康行編著(一九九五)『「南方共栄圏」——戦時日本の東南アジア経済支配』多賀出版
疋田康行・鈴木邦夫(一九九五)「企業進出の概要」[疋田編著一九九五]
人見潤介(一九八〇)「比島戦線における望月重信君」[望月編一九八〇]
人見潤介(一九九四)「第一四軍宣伝班・報道部をめぐって」[日本のフィリピン占領期に関する史料調査フォーラム編一九九四]。インタビュー収録は一九九二年
深井英五(一九五三)『枢密院重要議事覚書』岩波書店
深田祐介(一九九一)『黎明の世紀——大東亜会議とその主役たち』文藝春秋社
深見純生編(一九九三)『日本占領期インドネシア年表』インドネシア史研究会
藤原彰(二〇〇六)『天皇の軍隊と日中戦争』大月書店
藤原岩市(一九八六)『留魂録』振学出版
ベネディクト、ルース(一九七二)長谷川松治訳『菊と刀——日本文化の型』社会思想社。原著は社会思想研究会出版部(一九四八)
防衛庁防衛研修所戦史室編(一九六七a)『戦史叢書 蘭印攻略作戦』朝雲新聞社
防衛庁防衛研修所戦史室編(一九六七b)『戦史叢書 ビルマ攻略作戦』朝雲新聞社
防衛庁防衛研修所戦史室編(一九六八)『戦史叢書 インパール作戦』朝雲新聞社

防衛庁防衛研修所戦史室編（一九七三）『戦史叢書　大本営陸軍部　大東亜戦争開戦経緯　第一―三巻』朝雲新聞社
防衛庁防衛研修所戦史室編（一九七四）『戦史叢書　大本営陸軍部　大東亜戦争開戦経緯　第四・五巻』朝雲新聞社
防衛庁防衛研究所戦史部編（一九八五）『史料集　南方の軍政』朝雲新聞社
保阪正康（一九八九）『陸軍省軍務局と日米開戦』中公文庫
保阪正康（二〇〇四）『昭和史　忘れ得ぬ証言者たち』講談社文庫
ホセ、リカルド・T（二〇〇四）中野聡訳「信念の対決――「ラウレル共和国」と日本の戦時外交関係一九四三～一九四五年」［池端ほか編二〇〇四］
堀田正一（一九九四）「鉱山開発の現場から」［「日本のフィリピン占領期に関する史料調査フォーラム編一九九四」。インタビュー収録は一九九二年
馬暁華（二〇〇〇）『幻の新秩序とアジア太平洋――第二次世界大戦期の米中同盟の軋轢』彩流社
町田敬二（一九六七）『戦う文化部隊』原書房
丸山静雄（一九八四）『インパール作戦従軍記――一新聞記者の回想』岩波新書
丸山静雄（一九八五）『インド国民軍――もう一つの太平洋戦争』岩波新書
三木清（一九六七）『三木清全集　第一五巻』岩波書店
三木清（一九六八）『三木清全集　第一九巻』岩波書店
村田省蔵（一九六九）福島慎太郎編『比島日記　村田省蔵遺稿』原書房
松本直治（一九九三）『大本営派遣の記者たち』桂書房
松本直治（一九九八）「報道班員として――文化人の徴用」［「日本の英領マラヤ・シンガポール占領期史料調査」フォーラム編一九九八］。インタビュー収録は一九九四年
宮元静雄（一九七三）『ジャワ終戦処理記』ジャワ終戦処理記刊行会
村嶋英治（一九九九）「タイ近代国家の形成」石井米雄ほか編『東南アジア史1（大陸部）』山川出版社

望月信雄編(一九八〇)『比島の国柱』私家版
森本武志(一九九二)『ジャワ防衛義勇軍史』龍渓書舎
森山康平・栗崎ゆたか(一九七六)『証言記録 大東亜共栄圏――ビルマ・インドへの道』新人物往来社
矢野暢(一九七五)『「南進」の系譜』中公新書
矢野暢(一九八六)『冷戦と東南アジア』中央公論社
山城正道(一九九八)「昭南特別市の行政に携わって」[「日本の英領マラヤ・シンガポール占領期史料調査」フォーラム編一九九八]。インタビュー収録は一九九五年
山本有造・盛田良治編(一九九九)『〈近代日本の南方関与〉に関する戦後日本刊行文献目録(稿)』京都大学人文科学研究所山本研究室
ユニチカ社史編集委員会編(一九九一)『ユニチカ百年史』上・下、ユニチカ
横堀洋一編(一九九三)『昭南新聞(一九四二~一九四五)』五月書房
吉川利治(二〇一〇)『同盟国タイと駐屯日本軍』雄山閣
吉川洋子(一九九一)『日比賠償外交交渉の研究』勁草書房
吉沢南(一九八六)『私たちの中のアジアの戦争――仏領インドシナの「日本人」』朝日選書
読売新聞社(一九六七―七六)『昭和史の天皇』全三〇巻、読売新聞社
読売新聞社(一九六九)『昭和史の天皇 第九巻』読売新聞社
読売新聞社(一九七〇)『昭和史の天皇 第一〇・一一巻』読売新聞社
ラウレル、ホセ・P(一九八六)山崎重武訳『ホセ・P・ラウレル博士戦争回顧録』日本教育新聞社出版局。原著はJose P. Laurel, *War Memoir of Dr. Jose P. Laurel,* Manila: Jose P. Laurel Memorial Foundation, 1962
歴史学研究会編(二〇〇六)『世界史史料10 二〇世紀の世界I』岩波書店

渡集団報道部編（一九九六）『第十四軍・軍宣伝班　宣伝工作史料集　第一巻』龍溪書舎

Benda, Harry, 1958. *The Crescent and the Rising Sun: Indonesian Islam under the Japanese Occupation 1942-45*, Hague: Van Hoeve Ltd.

Brinkley, Douglas and David R. Facey-Crowther, eds. 1994. *The Atlantic Charter,* New York: St. Martin Press

Manikan, Gamaliel L. 1977. *Guerrilla Warfare on Panay Island in the Philippines.* Quezon City: Bustamante Press, Inc.

McCoy, Alfred W., ed., 1980. *Southeast Asia under Japanese Occupation*, New Haven, CT: Yale University Southeast Asia Studies

Recto, Claro M., 1946. *Three Years of Enemy Occupation,* Manila: People's Publisher.

Silverstein, Joseph, ed., 1966. *Southeast Asia in World War II: Four Essays,* New Haven, CT: Yale University Southeast Asia Studies, No. 7

あとがき

一九九二年四月二〇日。京都市左京区吉田河原町、京大会館の会議室。

寺田勇文さん、盛田良治さんと私の三人は、元陸軍大尉の人見潤介さんへのインタビューをすでに五時間続けていた。寺田さんが新幹線で東京に帰らなければと、腰を浮かせたときのこと。人見さんがごそごそと何やら取り出して見せてくれた。やがて復刻することになる人見資料［渡集団編一九九八］の一部であった。録音には私たちが「宝物」を目にして動揺した様子が記録されている。

派遣された日本人が残してきた「語り・回想」を紡ぐかたちで東南アジア占領をめぐる日本人の歴史経験を再構成してみたいという、本書執筆の動機を自問すると、結局この日のインタビューの記憶にさかのぼる。この頃、池端雪浦先生の「号令一下」、寺田さん、永野善子さん、早瀬晋三さん、川島緑さんはじめ一群の日本のフィリピン研究者たちが、残された時間と闘うようにして資料収集とインタビュー調査に駆け回っていた。少し前まで日本占領期と言っても素人同然の私たちだったが、この前後数年は文字通り夢中になって取り組んだと思う。一九八〇年代後半から財団法人トヨタ財団の助成を受けて行われていた東南アジア日本占領期の史料収集事業の一環であった（「日本のフィリピン占領期に関する史料調査フォーラム」一九九〇―一九九三年度）。

アメリカ史研究者として出発し、現在も大学ではアメリカ史を講義している私が、たまたま植民地期米比関係史を専門としていたことをきっかけに誘っていただかなければ、本書執筆の機会も決して訪れなかった。そう思うと私の感謝は、誘っていただいた池端先生はもちろん、共同研究者の皆さん、インタビュイー、資料寄贈・提供者の皆さん、そして実り多い共同研究を可能にしたトヨタ財団に向かうのである。現代史サマーセミナーや歴史学研究会などで日本現代史研究の諸先輩から――酒の合間に(?)――得た耳学問にも感謝である。とはいえそれらの成果というには内心忸怩たるものがある。「門外漢」の気楽さで、人々の歴史経験にこだわりながら、フィリピンだけでなく東南アジア占領史の全体像を俯瞰できるようにと取り組んだのだが、紙幅の制約もあり、力の及ばぬところも多かった。それでも読者の皆さんが本書を通じて、日本と東南アジアとの歴史的遭遇の「現場」に少しでも興味をもち、埋もれているかもしれない身の回りの「語り・回想」に手を伸ばす機会となれば、筆者としてこれ以上望むことのない幸せである。まだ時間は残されている。

当時七六歳の人見さんは、京大会館まで伏見区の自宅からナナハン・バイクでやって来た。さすが歴戦の陸軍大尉とびっくりしたものだ。本書のゲラの一部にも目を通していただいた。「あの戦争はなんだったのか」を戦後問い続けて生きてきた人見さんの思いに十分こたえる内容ではないかもしれないけれども、何とか本書をお届けすることができてホッとしている。

編集者の吉田浩一さんには、あわてて原稿をとりまとめる過程で、製作の手の内というか秘密まで共有していただいた。ここまでたどり着けたのも全て吉田さんのおかげと、厚く御礼申し上げます。

二〇一二年六月

中野　聡

浜本正勝(1905–1996)　114, 253, 276–278, 280, 284, 285, 287, 325–327
バモオ Ba Maw(1893–1977)　112, 115, 117–119, 195, 227, 229, 251, 253, 257–259, 261, 262, 304
バルガス，ホルヘ・B. Jorge B. Vargas (1890–1980)　111, 215, 286
人見潤介(1916–)　6, 7, 11, 28, 73, 74, 136, 137, 172–194, 211, 213, 316, 318, 319
ピブーン Plaek Phibunsongkhram (1897–1964)　85–88, 257, 262
深井英五(1871–1945)　221, 248
深田祐介(1931–)　234, 251–254
藤原彰(1922–2003)　247
藤原岩市(1908–1986)　271
ボース，スバス・チャンドラ Subhas Chandra Bose(1897–1945)　251, 268–276, 327
ボース，ラシュ・ビバリ Rash Bihari Bose(1886–1944)　271
堀田正一(1913–2004)　164
本間雅晴(1887–1946)　72, 101

マ 行

町田敬二(1896–1990)　14, 210, 212, 213, 231, 232, 265, 288–290, 292, 293
松本直治(1912–1995)　5, 6, 12, 79, 130, 131, 133
丸山静雄(1909–2006)　273, 274
三木清(1897–1945)　15, 16, 200–203, 324–330
牟田口廉也(1888–1966)　269, 270
武藤章(1892–1948)　122, 124, 226, 285
村田省蔵(1878–1957)　14, 15, 30, 103, 104, 114, 148, 255, 277–283, 285, 287, 321–324
村田威次(1928–)　103, 148
望月重信(1910–1944)　136–138, 173, 177, 188, 318–321, 326, 329
森本武志(1921–)　297, 299, 311

ヤ 行

山下奉文(1885–1946)　3, 79, 100, 129, 132–135, 285

ラ 行

ラウレル，ホセ・P. Jose P. Laurel (1891–1959)　251, 254–256, 259, 261, 262, 265, 275–287, 321, 322, 327
ラモス，ベニグノ Benigno Ramos (1893–1945)　112–114, 278, 285
リカルテ，アルテミオ Artemio Ricarte(1866–1945)　59, 60, 110, 114, 182, 278
林文慶(1869–1957)　133, 134
レクト，クラロ・M. Claro M. Recto (1890–1960)　279–283, 286
ロハス，マヌエル Manuel Roxas (1892–1948)　60, 255, 285, 286

ワ 行

渡邊渡(1896–1969)　28, 66, 67, 127, 128, 131, 132, 134, 135
和知鷹二(1893–1978)　113, 133, 277, 280, 282
ワンワイタヤコーン(1891–1976)　251, 257, 261

今日出海(1903-1984)　2, 4, 5, 9, 11, 72-74, 77, 183, 199-202, 315-318, 321, 330

サ 行

斎藤鎮男(1914-1998)　7, 8, 14, 28, 121, 150, 292, 294, 296, 306, 314, 315
榊原政春(1911-2002)　8, 9, 11, 28, 30, 105, 143-147, 149, 155, 156, 161-163, 165-171, 194-200, 202, 230, 291, 310
佐藤賢了(1895-1975)　47, 52, 140, 141, 206, 248
佐藤幸徳(1893-1959)　270
佐藤裕雄(1901-1972)　215, 216, 227, 291
里村欣三(1902-1945)　13
重光葵(1887-1957)　27, 208, 209, 220, 236-250, 260, 275, 281
芝生英夫(1908-1984)　44, 50
島田恵之介(1894-1959)　7
清水斉(1913-2000)　212, 213, 292, 293, 296, 298-300
シャフリル，スタン Sutan Sjahrir (1909-1966)　125, 290, 295, 296, 313
昭和天皇(1901-1989)　48, 51, 53, 68, 238, 241, 248, 264, 305
スカルノ Sukarno(1901-1970)　112, 125, 289, 290, 292, 294-296, 305, 306
杉山元(1880-1945)　43, 47, 122, 208, 226, 243, 283
鈴木敬司(1897-1967)　42, 43, 56, 91, 117, 118, 125, 222-227, 258
鈴木宗作(1891-1945)　129, 283

タ 行

高岡定吉(1900-1992)　156, 159, 160
高橋八郎(1914-1986)　302
高見順(1907-1965)　3, 4, 12, 13, 84, 86, 89, 91, 93, 94, 107, 304
武田功(1902-1947)　225, 226
武田麟太郎(1904-1946)　4, 13
田中新一(1893-1976)　47, 206, 207, 301
谷口五郎(1902-1996)　14
種村佐孝(1904-1966)　34-36, 38, 50, 68, 207, 208, 216
玉置明善(1908-1981)　14, 82, 83
張景恵(1872-1962)　251
塚田攻(1886-1942)　215, 216, 228, 291
辻政信(1902-1961)　115, 126, 127, 132
寺内寿一(1879-1946)　122, 124, 226, 278, 305
寺下辰夫(1904-1986)　77, 106
東郷茂徳(1882-1950)　220, 224
東條英機(1884-1948)　5, 15, 43, 69, 101-103, 111, 122, 141, 207-209, 214-221, 224, 229, 232-239, 241, 242, 244-254, 256, 257, 261, 263-265, 271, 272, 310, 327
戸塚良一(1899-1947)　189, 190, 192

ナ 行

中村俊晴(1910-？)　301, 303
中山寧人(1900-1980)　99
西村乙嗣(1900-1987)　54, 306

ハ 行

秦彦三郎(1890-1959)　243
ハッタ，モハマッド Mohammad Hatta(1902-1980)　125, 290, 292, 296, 305, 306, 313
服部卓四郎(1901-1960)　90, 223, 226

人名索引

（生没年が判明する人物に関しては記した）

ア 行

アウンサン Aung San(1915–1947)　42, 43, 91, 117–119, 223, 258, 259, 301–304
アキノ，ベニグノ Benigno Aquino (1894–1947)　113
阿部知二(1903–1973)　4, 9, 13
有末次(1897–1943)　47, 48, 68, 206
飯田祥二郎(1888–1980)　3, 27, 88, 118, 149, 212, 213, 217, 225, 226, 232, 269
石井秋穂(1900–1996)　27, 39–41, 50, 52, 53, 55, 61–64, 67, 68, 93, 109, 110, 120, 122, 124–126, 135, 144, 145, 151, 168, 209, 215, 216, 222–232, 238, 263, 291, 292
石川良孝(1917–)　307
石坂洋次郎(1900–1986)　4, 174, 177, 201, 202
石原莞爾(1889–1949)　34
市来竜夫(1906–1949)　14, 163, 164, 297, 313
井伏鱒二(1898–1993)　4, 12, 13, 78, 80, 81, 84, 107, 129, 132
今村均(1886–1968)　3, 6, 7, 27, 93, 122–124, 133, 168, 213, 294
岩畔豪雄(1897–1970)　228
岩武照彦(1911–)　23, 30, 108, 120, 123, 124, 150–152, 169, 219
ウー・ソオ U Saw(1900–1948)　117, 118, 303
宇都宮直賢(1898–1997)　28, 114, 132, 162, 163, 190, 285
扇谷正造(1913–1992)　74, 75
汪兆銘(1883–1944)　207, 208, 219, 228, 251, 253
大沢清(1906–2002)　30, 76, 77, 164, 316, 317
大西寛(1903–1994)　129, 131, 132
大宅壮一(1900–1970)　4, 13
岡崎清三郎(1893–1979)　291, 293
尾崎士郎(1898–1964)　4, 9, 11, 77, 137, 201, 202
オスメーニャ，セルヒヨ Sergio Osmena(1878–1961)　58
小野佐世男(1905–1954)　71
小野豊明(1912–2003)　3, 5, 10, 11

カ 行

海音寺潮五郎(1901–1977)　4, 13
萱原宏一(1905–1994)　156–158, 187
河辺正三(1886–1965)　269, 270, 273
河村参郎(1896–1947)　129, 133
熊井敏美(1917–)　185, 188, 191
黒田重徳(1887–1954)　228
桑野福次(1901–1999)　16, 30, 172, 173, 195, 202, 203, 258
ケソン，マヌエル Manuel Luis Quezon(1878–1944)　58–60, 110, 111, 255, 285
河野毅(1891–1947)　191, 192

中野 聡

1959年生．一橋大学法学部卒業，同大学大学院社会学研究科後期博士課程修了．社会学博士．現在，一橋大学大学院社会科学研究科教授．国際関係史(米比日関係史)．
著書に『フィリピン独立問題史――独立法問題をめぐる米比関係史の研究(1929-46年)』(龍渓書舎，1997年，アメリカ学会清水博賞)，『歴史経験としてのアメリカ帝国――米比関係史の群像』(岩波書店，2007年，大平正芳記念賞)ほか．

東南アジア占領と日本人
――帝国・日本の解体　　戦争の経験を問う

2012年7月27日　第1刷発行

著　者　中野《なかの》 聡《さとし》

発行者　山口昭男

発行所　株式会社 岩波書店
〒101-8002 東京都千代田区一ツ橋2-5-5
電話案内 03-5210-4000
http://www.iwanami.co.jp/

印刷・理想社　カバー・半七印刷　製本・松岳社

ISBN 978-4-00-028375-5　Printed in Japan

戦争の経験を問う（全13冊）

経験を切り口に戦争のリアリティに迫る

【兵士たちの経験】

兵士たちの戦場　山田　朗
体験と記憶の歴史化

＊日本軍の治安戦　笠原十九司
日中戦争の実相

＊兵士たちの戦後史　吉田　裕

【「帝国」のゆらぎ】

ネイションの模索　リ・ナランゴア
近代モンゴルと日本

＊抵抗と協力のはざま　根本　敬
近代ビルマ史のなかのイギリスと日本

＊東南アジア占領と日本人　中野　聡
帝国・日本の解体

資源の戦争　倉沢愛子
「大東亜共栄圏」の人流・物流

【変容する社会】

＊総力戦体制と「福祉国家」　高岡裕之
戦時期日本の「社会改革」構想

＊せめぎあう地域と軍隊　河西英通
「末端」「周縁」軍都・高田の模索

「銃後」の民衆経験　大串潤児
地域における翼賛運動

【戦争を語る、戦争を聞く】

戦争のディスプレイ　河田明久
アジア・太平洋戦争と大衆消費社会

〈特攻隊〉の系譜学　中村秀之
イメージと語りのポリティクス

＊「戦争経験」の戦後史　成田龍一
語られた体験／証言／記憶

（＊は既刊）